Gemeinsamkeiten stärken – Unterschieden gerecht werden

Erfahrungen und Perspektiven
zum konfessionell-kooperativen Religionsunterricht

Gemeinsamkeiten stärken – Unterschieden gerecht werden

Erfahrungen und Perspektiven zum konfessionell-kooperativen Religionsunterricht

FRIEDRICH SCHWEITZER, ALBERT BIESINGER

zusammen mit

REINHOLD BOSCHKI, CLAUDIA SCHLENKER,
ANKE EDELBROCK,
OLIVER KLISS, MONIKA SCHEIDLER

HERDER VERLAG · GÜTERSLOHER VERLAGSHAUS

Die Deutsche Bibliothek CIP Einheitsaufnahme

Gemeinsamkeiten stärken – Unterschieden gerecht werden:
Erfahrungen und Perspektiven zum konfessionell-kooperativen Religionsunterricht /
Schweitzer, Friedrich; Biesinger, Albert u.a.. – Freiburg (Breisgau);
Basel; Wien : Herder; Gütersloh : Gütersloher Verl.-Haus 2002
ISBN 3-451-27600-3 (Herder)
ISBN 3-579-05313-2 (Gütersloher Verlagshaus)

Umschlaggestaltung Finken & Bumiller
Titelbild: K. + H. Benser, Zefa, Düsseldorf

Herstellung: fgb · freiburger graphische betriebe
www.fgb.de

Gedruckt auf umweltfreundlichem,
chlorfrei gebleichtem Papier
ISBN 3-451-27600-3 (Verlag Herder)
ISBN 3-579-05313-2 (Gütersloher Verlagshaus)

Den Kindern,
die uns die Augen
für ihre Wahrnehmungen und Reflexionen
in neuer Weise geöffnet haben.

INHALT

VORWORT

Welche Zukunft soll der Religionsunterricht haben? Wie kann er verstärkt auf die Herausforderungen pluraler Verhältnisse im Aufwachsen von Kindern und Jugendlichen bezogen sein? Welche Notwendigkeiten und Möglichkeiten der Reform zeichnen sich ab?

Solche Fragen werden in diesem Buch unter dem Aspekt des konfessionell-kooperativen Unterrichts – der Zusammenarbeit zwischen evangelischem und katholischem Religionsunterricht in der Schule – aufgenommen und soweit als möglich geklärt. Erstmals konnte ein Schul- bzw. Unterrichtsversuch mit kooperativem Religionsunterricht in der Grundschule in breiter Form ausgewertet werden – aus der Perspektive der Kinder ebenso wie aus der des Unterrichts sowie der Lehrerinnen und Lehrer. Ergänzend werden auch die Sichtweisen der Eltern sowie der Schulleitung bzw. der Klassenlehrerinnen und -lehrer berücksichtigt.

Das Buch ist aus der Zusammenarbeit mit der religionspädagogischen Praxis entstanden, und es wendet sich selbst bewusst an diese Praxis. Beschrieben werden Erfahrungen mit konfessionell-kooperativem Religionsunterricht, für den auch weitere Impulse und Perspektiven formuliert werden – bis hin zu Vorschlägen für die Gestaltung von Unterrichtseinheiten zum Einsatz geeigneter Methoden. Am Ende des Buches findet sich eine Empfehlung zur Weiterentwicklung der konfessionellen Kooperation.

Dem praxisbezogenen Anliegen entsprechen auch der Aufbau und die gewählte Darstellungsweise. Durchweg gehen wir von praxis- und erfahrungsnahen Beschreibungen aus – von Kinderäußerungen, vom Unterricht und von den Beobachtungen der Lehrerinnen und Lehrer. Auf Anmerkungen haben wir weitestgehend verzichtet. Hinweise »zum Weiterlesen« werden an verschiedenen Stellen im Buch genannt. Die wichtigste Literatur zum Themenbereich findet sich im Literaturverzeichnis. Über das Forschungsprojekt, das unserer Darstellung zugrunde liegt, informiert in knapper Form das sechste Kapitel.

Am Zustandekommen des Buches waren viele beteiligt, denen wir sehr zu Dank verpflichtet sind. Schon an dieser Stelle nennen wir die beteiligten Lehrerinnen und Lehrer sowie die Kinder, ohne deren Mitarbeit das Vorhaben nicht möglich gewesen wäre. In der Danksagung am Ende des Bandes versuchen wir, unsere Verbundenheit auch im einzelnen zum Ausdruck zu bringen.

Tübingen, im Spätherbst 2001

Evangelische Religionspädagogik	*Katholische Religionspädagogik*
Friedrich Schweitzer	Albert Biesinger
Claudia Schlenker	Reinhold Boschki
Anke Edelbrock	Monika Scheidler
Oliver Kliss	

EINLEITUNG

Gemeinsamkeiten stärken – Unterschieden gerecht werden:
Warum eigentlich?
Ganz allgemein wird heute besonders in der Grundschule davon ausgegangen, dass die Gemeinsamkeiten zwischen den Kindern gestärkt werden müssen. Kinder verschiedener Herkunft und mit unterschiedlichen kulturellen Voraussetzungen sollen lernen, sich in eine Schulklasse oder Lerngruppe zu integrieren. Toleranz und Gemeinschaft sollen eingeübt, Formen der konstruktiven Konfliktlösung entwickelt werden. Bei all dem ist auch der Religionsunterricht gefragt. Wenn im Religionsunterricht das Verbindende erfahren und ökumenische Gemeinschaft gefunden wird, kann dieser Unterricht auf große Zustimmung zählen.

Fügt sich unsere erste Forderung *Gemeinsamkeiten stärken* insofern gut in die Arbeit der Grundschule und deren Integrationsaufgabe ein, so kann unsere zweite Forderung *Unterschieden gerecht werden* auf kritische Nachfragen stoßen. Dies ist besonders dann der Fall, wenn damit auch Unterschiede zwischen »evangelisch« und »katholisch« gemeint sind. In welchem Sinne kann man heute eigentlich noch von evangelischen oder katholischen Kindern sprechen? Sind die Unterschiede zwischen den Konfessionen für die Kinder auch nur im entferntesten noch bedeutsam, wenn doch allenthalben ein Traditionsabbruch beobachtet und vom Ausfall der religiösen Erziehung im Elternhaus berichtet wird? Gibt es da noch »Unterschiede«, denen die Schule gerecht zu werden hätte?

Eines ist jedenfalls klar: Wer von *Unterschieden* im Blick auf Schule und Religionsunterricht sprechen will, muss sich auf die Kinder mit ihren Erfahrungen, ihren Interessen und ihren lebensweltlichen Zusammenhängen einlassen. Deshalb beginnen wir hier nicht einfach beim Unterricht, sondern bei den Kindern selber. Hier zunächst einige Ausschnitte aus Gesprächen, die wir mit Kindern geführt haben:

»Wenn es eine schiefe Zahl ist, ist es vielleicht evangelisch …«[1]

Interviewerin: Warum gibt es eigentlich Katholische, und warum gibt es Evangelische?
Schüler: Die sind in dem Jahr geboren.
Interviewerin: In welchem Jahr?
Schüler: 1999 vielleicht – oder 1998 – 1991?
Interviewerin: Und wer ist dann katholisch, und wer ist evangelisch?
Schüler: Wenn es eine schiefe Zahl ist, ist es vielleicht evangelisch, wenn es eine gerade ist …

Dieser Schüler besucht die erste Klasse. Das Gespräch, aus dem diese Passage stammt, wurde mit einer kleinen Gruppe von Schülerinnen und Schülern aus dieser Klasse am Ende des Schuljahrs geführt.

Offenbar erklärt sich dieses Kind das Zustandekommen unterschiedlicher Konfessionszugehörigkeiten mit der Jahreszahl – *»schief«* oder *»gerade«*. Solche Äußerungen können natürlich leicht damit abgetan werden, dass Kinder eben mit solchen »abstrakten Fragen« noch nichts anfangen können. Was hat die Konfessionszugehörigkeit denn mit dem Jahr der Geburt zu tun? Für Erwachsene klingt das einfach nach Unsinn, nach kindlicher Albernheit.

Vielleicht lohnt es sich aber doch, über die Äußerungen dieses Kindes genauer nachzudenken. Das Kind steht vor einer Frage, und es sucht nach einer Antwortmöglichkeit. Immerhin entscheidet das Geburtsjahr doch auch darüber, wann ein Kind in die Schule kommt, in welche Klasse es geht und wann es in die nächste Klasse versetzt wird. Warum also soll das bei evangelisch und katholisch anders sein?

Lohnt es sich, dem, was Kinder selbst denken, so auf die Spur kommen zu wollen? In unseren Gesprächen mit den Kindern wurde für uns immer deutlicher, dass die besonderen Verstehensweisen und Weltzugänge der Kinder auch dort eine Rolle spielen, wo es um »evangelisch« oder »katholisch« geht. Wenn wir den Kindern gerecht werden wollen, dürfen wir nicht nur fragen, ob sie diese Bezeichnungen kennen und ob sie die eigene Konfes-

---

[1] Zitate aus Interviewgesprächen geben wir im ganzen Buch dann ohne Anführungszeichen wieder, wenn die Zitate durch den Zusammenhang eindeutig als solche bestimmt sind, u.a. auch durch engzeilige Absätze oder Kursivierung. Sprachlich sind die Zitate leicht bearbeitet, um das Lesen zu erleichtern.

sionszugehörigkeit – so vorhanden – korrekt angeben können. Ähnlich wie auch sonst bei der Entwicklung des kindlichen Denkens und ihrer Weltzugänge ist es auch hier notwendig, sorgfältig auf die Kinder zu hören. Und dazu gehört dann auch die Frage, ob Unterschiede zwischen den Konfessionen nicht nur im *Denken* der Kinder, sondern auch in ihrem *Leben* aufscheinen, beispielsweise im Blick auf die Freundinnen oder Freunde, die sie sich wünschen.

»Da macht das gar keine Rolle, ob sie jetzt evangelisch oder katholisch ist«

In einem Gespräch mit einer Gruppe von Kindern aus Klasse 3 ging es zunächst um die Frage, ob die Konfessionszugehörigkeit für die Kinder bei der Wahl ihrer Freundinnen und Freunde eine Rolle spiele. Für eines der Kinder ist klar, dass es bei ihrer *»besten Freundin« »gar keine Rolle«* spiele, *»ob sie jetzt evangelisch oder katholisch ist«*. Wichtig sei nicht, wie sie *»von außen«* ist, sondern wie sie sie *»innen«* ist.

Im Anschluss an diese Äußerung der ersten Schülerin entwickelt sich dann folgendes Gespräch:

Interviewerin: Zu was gehört denn das Katholische und das Evangelische? Gehört das zum Äußeren oder gehört das zum Inneren?
Schüler: Äußeren.
Zweite Schülerin: Äußeren und Inneren, weil das ja auch irgendwie so …
Erste Schülerin: Inneren … Das gehört zum Inneren, ja … Als Evangelischer denkt man irgendwie, irgendwie ein bisschen weniger. Oder halt mehr oder weniger, oder gleich.
Schüler: Gleich.
Erste Schülerin: … oder was auch immer. Aber man ist anders. Man ist innen anders … Man tut verrücktere Sachen oder …

Das *»Innere«* wird von den Kindern mit dem verbunden, was jemand *»denkt«* oder dann auch *»tut«*. Weiterreichende Überlegungen schließen sich an:

Zweite Schülerin: Aber vor der Geburt weiß man ja auch nicht, was man ist. Und man ist eigentlich gleich … Und dann ist es ja nur so, dass wenn …, dann kann der ja eigentlich nichts anderes denken. Vielleicht ein bisschen mehr an Gott oder so, die Katholischen irgendwie.

13

Erste Schülerin: Ich find das irgendwie blöd.
Zweite Schülerin: Aber ich finde, man ist immer noch gleich.
Erste Schülerin: Man ist anders. Man ist außen anders, man ist innen anders.
Zweite Schülerin: Das ist jeder Mensch ... außen anders ...
Man hat was anderes im Sinn ..., man denkt anders.

Am Anfang dieses Gesprächs steht die Auffassung, dass evangelisch und katholisch nur eine Äußerlichkeit darstellen, die deshalb bei der Freundeswahl auch keine Rolle spielen könne. Beim weiteren Nachdenken vertreten die Kinder aber immer deutlicher die Auffassung, dass die Konfessionszugehörigkeit auch etwas mit dem Inneren des Menschen zu tun hat – mit dem Denken und mit dem, was jemand »*im Sinn*« hat.

Hier begegnen wir Fragen, die für die kindliche Erschließung von Mensch und Welt von großem Gewicht sind. Was ist das eigentlich – das »Innere« und das »Äußere« eines Menschen? Und welche Bedeutung haben innere und äußere Unterschiede dann für die Beziehungen zwischen den Menschen? Die Klärung solcher Fragen hat in grundlegender Weise mit der kindlichen (Selbst-)Bildung zu tun – dass »*jeder Mensch*« eben »*anders*« ist – »*außen anders*« und »*innen*«, weil jeder etwas »*anderes im Sinn*« hat – diese von den Kindern formulierte Einsicht ist von nicht zu unterschätzender Bedeutung für die Persönlichkeitsentwicklung. Und es ist die Frage nach Unterschieden zwischen evangelisch und katholisch, die hier zu dieser Einsicht führt.

Brechen solche Fragen nur auf, weil die Interviewerin die Kinder darauf gestoßen hat? Sind dies überhaupt kindgemäße Fragen? In der entwicklungspsychologischen Forschung (z.B. Selman 1984) wird darauf hingewiesen, dass im späten Kindesalter bzw. im frühen Jugendalter eine Art Revolution in der Wahrnehmung anderer Menschen und auch in der Selbstwahrnehmung stattfindet. In dieser Zeit wird den Kindern oder Jugendlichen erstmals bewusst, dass Menschen ein Inneres haben – eine innere Welt, die nicht am Äußeren ablesbar ist. Menschen können ihr Inneres bewusst verbergen, können andere täuschen oder können andere so ins Vertrauen ziehen, dass sie diese an ihren innersten Gefühlen und Gedanken teilhaben lassen.

Im Zuge dieser nicht nur kognitiven, sondern die gesamte Persönlichkeitsentwicklung bestimmenden Neuorientierung über innen und außen ist das Nachdenken über die eigene Person unverzichtbar. Jedes Kind muss sich neu darüber klar werden, was zum Inneren und was zum Äußeren eines Menschen gehört und was dies für es selber bedeutet.

So gesehen steht die Orientierung über Konfessionszugehörigkeit als Äußerlichkeit oder als inneres Merkmal in einem deutlichen Zusammenhang mit der Gesamtentwicklung in der späten Kindheit. Dies gilt auch noch in einer weiteren Hinsicht, die in der oben wiedergegebenen Gesprächspassage aufscheint: Wie kommt es eigentlich, dass Kinder sich voneinander unterscheiden? »*Vor der Geburt*« ist man doch »*eigentlich gleich*«. Wie verhält sich diese ursprüngliche Gleichheit zu später ausgebildeten Unterschieden? Und was ist eigentlich wichtiger: dass alle Kinder »gleich« sind, oder dass jedes Kind »anders« ist? Diese Frage ist ebenfalls von erheblichem Gewicht im Blick auf die Welterschließung des Kindes, und sie hat weitreichende Folgen für seine Sozialentwicklung.

Anforderungen an kindgemäßen Religionsunterricht

Was ergibt sich aus solchen Kinderäußerungen und deren Interpretation? Ein kindgemäßer Religionsunterricht (vgl. Schweitzer/Faust-Siehl 2000) muss sich – und kann sich – auf die für die Kinder grundlegende Doppelaufgabe der Erschließung von Selbst und Welt beziehen. Ein solcher Unterricht soll die Kinder unterstützen, wenn sie versuchen, sich über ihre eigene Person, über ihre Herkunft und Zugehörigkeit, über ihre Erfahrungen und ihren bisherigen Lebensweg klar zu werden. Und ebenso soll ein solcher Unterricht den Kindern Hilfen anbieten bei ihren eigenen Versuchen, die Welt, wie sie ihnen begegnet, in eine erste Ordnung zu bringen. Denn neben der bereits beschriebenen Neuorientierung in der Wahrnehmung anderer Menschen und in der Selbstwahrnehmung stellt dies eine zweite grundlegende Herausforderung für Kinder im Grundschulalter dar – eine Ordnung der Welt zu gewinnen, in die sich die zahlreichen Einzelbeobachtungen und -kenntnisse der Kinder einfügen.

Damit ist auch deutlich, was wir mit *Unterschieden gerecht werden* meinen. Es geht uns um einen Religionsunterricht, der den einzelnen Kindern mit ihren unterschiedlichen Prägungen gerecht wird und der ihnen dabei hilft, sich über sich selber klar zu werden und mit dem Anderssein anderer Kinder (*dass jeder Mensch anders ist*) zurecht zu kommen. Dieses Anliegen verbindet uns mit einer »Pädagogik der Vielfalt« (Prengel 1993), wie sie auch sonst in der Pädagogik immer mehr an Gewicht gewinnt.

Weiterhin gehören zu den »*Unterschieden*«, von denen wir sprechen, aber auch solche, denen die Kinder in ihrer Umwelt begegnen. Spätestens im dritten Schuljahr, so ist uns rasch deutlich geworden, machen die Kinder Erfahrungen mit einer hervorgehobenen Differenz: Die einen gehen zur Erstkommunion, die anderen sind nicht eingeladen – die einen feiern ein großes Fest, andere wissen vielleicht davon, dass sie Jahre später, bei der Konfirmation, ein ähnliches Fest feiern können. Und wie die Schule auf solche Erfahrungen der Kinder reagiert, ist pädagogisch nicht gleichgültig. Ganz unvermeidlich nimmt die Schule hier Stellung – zumindest insofern, als sie die Erfahrungen und darauf bezogenen Fragen der Kinder entweder ernst nimmt oder sie als »Privatangelegenheit« der Kinder in Lehrplan oder Unterricht ausspart.

Unterschiede sind aber nicht alles, und es kann auch nicht die einzige Aufgabe der (Grund-)Schule sein, den unterschiedlichen Prägungen der einzelnen Kinder nachzugehen. Daneben steht schon für die Kinder selbst der Wunsch nach Zugehörigkeit und Anerkennung in der Lerngruppe oder Klasse – und damit die Suche nach »*Gemeinsamkeiten*«. Pädagogisch ausgedrückt geht es um eine Balance von Integration und Differenzierung, von Sozialität und Individualität. Dem entspricht, wie wir noch sehen werden, theologisch die Balance zwischen Konfessionalität und Ökumene oder zwischen der Vielfalt im Christentum und dessen Einheit.

Spätestens an dieser Stelle kann sich freilich ein Einwand gegen unser Verständnis von kindgemäßem Religionsunterricht erheben. Wie bereits deutlich geworden ist, geht es uns hier und im Folgenden um konfessionell-kooperativen (katholisch-evangelischen) Religionsunterricht. Damit sind Einheit und Unterschiede im *Christentum* im Blick, nicht aber diejenigen Kinder, die eine *nicht-christliche* oder auch *gar keine Religionszugehörigkeit* haben. Auch in unserer Sicht ist dem Anliegen, aus dem dieser Einwand erwächst, großes Gewicht beizumessen. Auch Kinder mit nicht-christlicher Religionszugehörigkeit – muslimische Kinder, jüdische Kinder usw. – haben ein Recht auf einen Religionsunterricht, der ihnen gerecht wird. Und selbstverständlich dürfen auch Kinder ohne Religionszugehörigkeit nicht einfach aus der Gemeinsamkeit herausfallen, die sich aus der schulischen Integrationsaufgabe zwingend ergibt. Aber ist das wirklich ein schlagender Einwand gegen konfessionell-kooperativen Religionsunterricht?

In unserer Sicht wäre es verfehlt und lähmend für die Praxis, wollte man ernsthaft verlangen, dass immer *alle* Probleme zugleich angegangen oder gar gelöst werden. Unser Ansatz beim konfessionell-kooperativen Religionsunterricht ist sicher nur ein Anfang – aber er ist *tatsächlich* ein Anfang! Unserer Erfahrung mit konfessionell-kooperativem Religionsunterricht zufolge erwachsen aus diesem Unterricht auch wichtige Erkenntnisse beispielsweise im Blick auf kindliche Umgangsweisen mit Gemeinsamkeiten und Unterschieden in religiöser Hinsicht, die auch für interreligiöses Lernen oder eine Kooperation mit nicht-christlichen Formen von Religionsunterricht hilfreich sein können.

Unabhängig davon, wer am kooperativen Religionsunterricht beteiligt ist, setzt dessen kindgemäße Gestaltung voraus, dass die Verstehensweisen und Weltzugänge der Kinder konstitutiv berücksichtigt werden. Für dieses Kriterium steht der Begriff der *Elementarisierung*, wie er sich in der Religionspädagogik eingebürgert hat (vgl. Schweitzer 2000a). Wie wichtig Elementarisierung bei zentralen Themen des Religionsunterrichts wie Gleichnisse, Gerechtigkeit und Gottesfrage ist (Schweitzer u.a. 1995), braucht hier nicht wiederholt zu werden. Entscheidend ist im vorliegenden Zusammenhang die Erkenntnis, dass auch konfessionell-kooperativer Religionsunterricht keineswegs eine allein organisatorische Aufgabe etwa der Einrichtung entsprechender Lerngruppen darstellt, sondern ebenso und darüber hinaus die Aufgabe einer Elementarisierung einschließt. Schon die bislang berichteten Beispiele von Kinderäußerungen über evangelisch und katholisch oder über Konfessionszugehörigkeit und Freundschaften unterstreichen, dass Kinder auch in dieser Hinsicht *anders denken* als Erwachsene. Eben deshalb kann es leicht passieren, dass der Unterricht die Verstehensmöglichkeiten der Kinder verfehlt. Betrachten wir ein Beispiel aus dem Unterricht, in dem die mit den kindlichen Verstehensweisen verbundenen didaktischen Herausforderungen und Schwierigkeiten plastisch hervortreten:

In einer dritten Klasse, die von einer katholischen Lehrerin im Klassenverband unterrichtet wird, soll Elisabeth von Thüringen als eine für beide Konfessionen wichtige Vorbildfigur behandelt werden. Es ist die zweite Stunde dieser Unterrichtseinheit. Deshalb wird zunächst einiges aus der vorhergehenden Stunde wiederholt und wird aufgezählt, dass Krankenhäuser nach Elisabeth benannt sind, die nach schwerer Krankheit früh, aber glücklich starb, und dass sie nach ihrem Tod bald als »*Jüngerin Jesu*« und als »*Heilige*« bezeichnet worden sei. Auf der Tafel wird festgehalten, dass sie »Menschen geholfen« und »Krankenhäuser errichtet« hat. – Nun bringt die Lehrerin zwei Plakate an der Tafel an, auf denen die Namen der Kinder nach Konfession getrennt aufgelistet sind. Die Kinder geben zu erkennen, dass sie dieses Prinzip der Unterscheidung durchschauen. Die Lehrerin erklärt, dass »*die katholischen Christen*... *über die heilige Elisabeth zu Jesus kommen, zu Gott kommen*« können und dürfen.

An dieser Stelle fragt nun ein katholisches Mädchen, ob Elisabeth eigentlich katholisch oder evangelisch gewesen sei. Auf die längere Erklärung der Lehrerin, dass die Reformation erst 300 Jahre später stattgefunden habe, hin fragt die Schülerin: »*Die Elisabeth war nicht getauft, oder?*« Weiter will sie wissen, ob es »*das damals schon*« gegeben habe, d.h. die Taufe.

An diesem Ausschnitt aus einem Unterrichtsgespräch wird mehreres deutlich: Zunächst nehmen die Kinder anders als die Lehrerin Elisabeth ganz allgemein als einen besonders hilfsbereiten, aufopferungsvollen Menschen wahr, ohne dass dabei die Konfessionszugehörigkeit eine Rolle spielen würde. Darüber hinaus ist zu erkennen, dass für die fragende Schülerin (und eventuell auch für die anderen Kinder) gar nicht klar war, in welchem Sinne hier von Konfession oder Konfessionen die Rede ist. Auch die ausführliche geschichtliche Erklärung der Lehrerin führt nicht weiter. Für die Schülerinnen und Schüler geht es bei Konfession eher um eine *soziale* Zugehörigkeit, wie sie durch die Taufe zustande kommt, noch nicht hingegen um eine *geschichtliche* oder gar eine *theologische* Frage.

Gemeinsamkeiten stärken – Unterschieden gerecht werden:
Ein theologisches Programm?
Wie bereits deutlich geworden sein dürfte, gehen wir nicht davon aus, dass schulischer Religionsunterricht einfach kirchliche oder theologische Vorgaben umzusetzen hat. Religionsunterricht muss heute von der Schule her begründet werden. Er gilt zunehmend als ein »(Grund-)Recht des Kindes«, nicht als ein Recht oder gar Privileg der Kirchen (Hildebrandt 2000, Schweitzer 2000b). Dem entspricht es, wenn wir von den Kindern und von der schulischen Praxis ausgehen.

Evangelisch-katholische Zusammenarbeit kann jedoch ohne theologische Klärungen ebenfalls nicht auskommen. Ganz unvermeidlich sind bei einer solchen Zusammenarbeit bestimmte theologische oder kirchliche Vorverständnisse und Annahmen mit im Spiel, über die dann in aller Offenheit diskutiert und letztlich auch gestritten werden können muss. Und dabei führt die Diskussion explizit oder implizit zu eben solchen Fragen, wie sie auch im ökumenisch-interkonfessionellen Diskurs der Theologie erörtert werden.

Trotz der Notwendigkeit theologischer Rückfragen und Klärungen würde es unserem Ansatz bei den Kindern und bei der Praxis des Religionsunterrichts nicht entsprechen, wenn wir an dieser Stelle zunächst den Stand der katholisch-evangelischen Verständigungsbemühungen darstellen wollten. Eine solche Darstellung bliebe gegenüber den Erfahrungen, von denen wir berichten wollen, leicht abstrakt und abgehoben. Die entsprechenden theologischen Fragen können hingegen im Anschluss an unsere Erfahrungsberichte in fruchtbarer Weise aufgenommen werden (s.u., Kap. 5).

Schon an dieser Stelle wollen wir aber verdeutlichen, dass die programmatische Formel *Gemeinsamkeiten stärken – Unterschieden gerecht werden* ein »Einheitschristentum« im Sinne uniformer Kirchlichkeit ebenso ausschließt wie eine »Rückkehrökumene« unter römischer Kirchenleitung. Statt dessen geht es um »Einheit in Vielfalt«, um »versöhnte Verschiedenheit« oder »gegenseitige Anerkennung in der Differenz«. Die Einheit im Christentum soll gesucht und gestärkt werden, aber nicht unter Verzicht auf den Reichtum unterschiedlicher christlicher Traditionen und auch nicht unter Ausblendung der Spannungen und Widersprüche zwischen ihnen.

Nach unserem Verständnis ist das damit freilich erst angedeutete Verständnis von Ökumene oder evangelisch-katholischer Zusammenarbeit pädagogisch in hohem Maße anschlussfähig. So wie pädagogisch Integration und Differenzierung miteinander zu verbinden sind, so in theologischer Hinsicht Einheit und Differenz.

Damit stoßen wir auf den Begriff »*konfessionell-kooperativer Religionsunterricht*«, wie er erstmals in der Denkschrift der EKD »Identität und Verständigung« (EKD 1994) deutlich fassbar wird. Dort wird unter diesem Unterricht eine phasen- bzw. zeitweise Kooperation zwischen verschiedenen religionsunterrichtlichen Angeboten sowie zwischen Ethik- und Religionsunterricht verstanden. Gedacht wird vor allem an den evangelischen und katholischen Religionsunterricht, so vorhanden aber auch an andere Formen wie jüdischen oder islamischen Religionsunterricht. Der Vorschlag einer Kooperation erwächst aus dem Interesse an Ökumene, aber auch an einer Reform der Schule, die den Herausforderungen des Aufwachsens in der Pluralität gerecht werden soll.

Der Vorschlag eines konfessionell-kooperativen Religionsunterrichts steht zugleich in einem weiteren religionspädagogischen, kirchlichen und zeitgeschichtlichen Zusammenhang, der hier nur angedeutet werden kann. Dabei geht es um den Streit um zukunftsfähigen Religionsunterricht, wie er besonders im Umkreis des Brandenburger Schulversuchs und inzwischen Schulfachs LER ausgebrochen ist (vgl. Lott 1992, Nipkow 1998, Biesinger/Hänle 1997).

Zu erinnern ist aber auch an bereits etwas länger zurückliegende Versuche der ökumenischen Zusammenarbeit im Religionsunterricht im Westdeutschland der 1970er Jahre. Diese Versuche konnten damals allerdings nicht mehr weitergeführt werden, da darin vor allem auf katholischer Seite ein Widerspruch zur konfessionellen Bindung des Religionsunterrichts gesehen wurde (vgl. Diekmann 1994). Gleichwohl gibt es in der Schulpraxis und besonders in bestimmten Schularten (vor allem Förderschule und berufliches Schulwesen) seit jener Zeit viele Versuche und Ansätze einer katholisch-evangelischen Zusammenarbeit, die allerdings häufig inoffiziell bleiben und nicht genauer ausgewertet werden.

Mit der Verlautbarung der deutschen Bischöfe »Die bildende Kraft des Religionsunterrichts. Zur Konfessionalität des katholischen Religionsunterrichts« (DBK 1996) wurden zahlreiche – in der Breite der Praxis weitgehend noch nicht realisierte – Möglichkeiten für konfessionell-kooperativen Religionsunterricht eröffnet, die in der gemeinsamen Erklärung der Deutschen Bischofskonferenz und der Evangelischen Kirche in Deutschland (DBK/EKD 1998) ausdrücklich noch einmal bestätigt werden. Die Zusammenlegung von evangelischem und katholischem Religionsunterricht im Sinne eines überkonfessionellen Religionsunterrichts oder einer Religionskunde wird deutlich abgelehnt. Zugleich werden aber Kooperationsformen auf der Grundlage des konfessionellen Religionsunterrichts bejaht und unterstützt.

In unserer Sicht steht konfessionell-kooperativer Religionsunterricht für eine nach vorn gerichtete Strategie, die deutlich machen soll, dass ein Religionsunterricht, der an konfessionellen Bindungen festhält, keineswegs mit Selbstisolation gleichzusetzen ist. Auch dieser Unterricht ist durchaus reformfähig, verständigungsorientiert und verständigungsfähig.

Die Behauptung einer Reformfähigkeit von Religionsunterricht kann freilich nur dann wirklich einleuchten, wenn auch auf eine entsprechende Praxis verwiesen werden kann. Eine kirchenoffizielle Erklärung allein reicht hier nicht zu. Darin lag für uns ein wesentliches Motiv, ein wissenschaftlich begleitetes Vorhaben zum konfessionell-kooperativen Religionsunterricht durchzuführen.

Worüber hier berichtet wird

In Zusammenarbeit mit einer Reihe von Grundschulen sowie mit den Religionslehrerinnen und -lehrern an diesen Schulen haben wir in den letzten Jahren ein Forschungs- und Entwicklungsprojekt zum konfessionell-kooperativen Religionsunterricht durchgeführt. Damit sollte ein reformfähiger, verständigungsorientierter und verständigungsfähiger Religionsunterricht erprobt und unterstützt werden. Es erschien uns dringlich, mehr über die Realisierungsmöglichkeiten von konfessionell-kooperativem Religionsunterricht in der Praxis zu erfahren. Ein besonderer Schwerpunkt lag für uns bei den Kindern, über deren Wahrnehmung von konfessionellem oder konfessionell-kooperativem Religionsunterricht fast gar nichts empirisch bekannt war, obwohl immer wieder mit den Wünschen und Wahrnehmungen der Kinder argumentiert wurde und wird. Die wohl einzige breiter ansetzende Untersuchung zur Entwicklung des konfessionellen Bewusstseins von Kindern beispielsweise stammt von David Elkind (1961ff.) und wurde bereits vor Jahrzehnten in den USA durchgeführt. Wenn in der gegenwärtigen Debatte über den konfessionellen Religionsunterricht gerne behauptet wird, heutige Kinder könnten mit den Unterschieden zwischen evangelisch und katholisch ohnehin nichts oder nichts mehr anfangen, so fehlt für solche Behauptungen jedenfalls eine empirische Grundlage.

Eine genaue Beschreibung unserer empirischen Untersuchung findet sich in Kapitel 6. Vorab ist es wichtig zu wissen, dass wir im Sinne einer *mehrperspektivischen Zugangsweise*:

- zu Beginn und am Ende des Schuljahres Interviewgespräche mit Kindern in kleinen Gruppen geführt haben,
- mehrfach über ein Schuljahr hinweg konfessionell-kooperativen Religionsunterricht beobachtet und dokumentiert haben,
- die beteiligten Lehrerinnen und Lehrer zu Beginn und am Ende des Schuljahres sowie nach den Unterrichtsbesuchen ausführlich befragen konnten,
- in knapper Form auch die Wahrnehmungen der Klassenlehrerinnen sowie der Schulleiter und -leiterinnen erhoben haben und
- in schriftlicher Form, ebenfalls zu Beginn und am Ende des Schuljahrs, die Eltern der beteiligten Kinder interviewt haben.

Schließlich noch ein Wort zu den Autorinnen und Autoren des vorliegenden Bandes: Dieses Team ist selbst ein Beispiel für – wie wir meinen – gelungene konfessionelle Kooperation. Es ist aus der guten Zusammenarbeit zwischen den beiden Tübinger Lehrstühlen für Katholische und für Evangelische Religionspädagogik erwachsen. Diese Zusammenarbeit drückt sich in verschiedenen Forschungsprojekten sowie in gemeinsamen Lehrveranstaltungen aus, die in regelmäßigen Abständen für Studierende der Evangelischen und der Katholischen Theologie angeboten werden.

Zum Aufbau des Buches

Dem inhaltlichen Anliegen entspricht auch der *Aufbau des Buches*. Wir setzen ein bei den *Kindern* (Kap. 1) und bei der *Praxis des Unterrichts* (Kap. 2), wobei Perspektiven einer konfessionell-kooperativen Didaktik im Sinne der Elementarisierung im Zentrum stehen. Vorangetrieben und getragen wird der konfessionell-kooperative Religionsunterricht jedoch von den *Lehrerinnen und Lehrern*, denen wir deshalb ebenfalls ein eigenes Kapitel widmen (Kap. 3). Darüber hinaus können wir über Wahrnehmungen von *Schulleitern, Klassenlehrerinnen* und *Eltern* berichten (Kap. 4). Damit ist auch der Punkt erreicht, an dem nach einer *theologischen Reflexion und Einordnung* der berichteten Erfahrungen und beschriebenen Modelle gefragt werden kann (Kap. 5). Es folgt ein knapper Überblick zu dem *Forschungs- und Entwicklungsprojekt*, aus dem das vorliegende Buch erwachsen ist (Kap. 6). Der Materialteil am Ende des Bandes enthält weitere, von uns entwickelte *Unterrichtsideen,* einen Überblick über die von uns *beobachteten Stunden* sowie *Empfehlungen an die Kirchen* im Blick auf die Weiterentwicklung konfessionell-kooperativen Religionsunterrichts.

Mit den Augen der Kinder

1. Warum wir bei den Kindern beginnen

Das erste Kapitel setzt bei den Kindern ein. Dabei lassen wir uns keineswegs von einer naiven »Pädagogik vom Kinde aus« leiten, wie sie beispielsweise zu Beginn des 20. Jahrhunderts in der damaligen Reformpädagogik üblich war. Es kann nicht darum gehen, »das Kind« zu idealisieren oder die Perspektiven von Kinder- und Entwicklungspsychologie zur einzigen Norm zu erklären, an der sich die Religionspädagogik auszurichten hätte.

Wenn wir bei den Kindern einsetzen, so folgen wir zunächst der in beiden Kirchen und in der Religionspädagogik zunehmend verbreiteten Forderung nach einem »Perspektivenwechsel« hin zu den Kindern und nach einer »Option für Kinder«. In diesem Sinne sind religiöse Erziehung und Religionsunterricht als ein »Recht des Kindes« (Schweitzer 2000b) zu verstehen, nicht als ein Anspruch von Kirche oder der Gesellschaft und des Staates. In einer etwas anderen Formulierung wird von Kindern und Jugendlichen als *Subjekten* gesprochen, deren eigene Wahrnehmungs- und Verstehensweisen, deren besondere Weltzugänge und Weltentwürfe ernstgenommen werden müssen. Auch dabei übersehen wir nicht, dass Kinder in vieler Hinsicht gerade noch keine sich selbst bestimmenden Subjekte *sind*, sondern dass sie zu solchen Subjekten *erst noch werden* sollen und dass dafür eine pädagogische und religionspädagogische Begleitung erforderlich ist. Dennoch ist festzuhalten: Kinder können Subjekte nur dadurch werden, dass sie schon als Subjekte anerkannt werden. Und dazu gehört, dass nicht nur Erwachsene *über* Kinder Auskunft geben, sondern dass wir auf die *eigene Stimme der Kinder hören*, auch im Blick auf religiöse Erziehung und Religionsunterricht. Zugleich kommen an anderer Stelle dieses Buches auch Lehrerinnen und Lehrer sowie Eltern zu Wort und damit auch diejenigen, die stellvertretend die Interessen der Kinder wahrnehmen. Anders als in früheren Zeiten sollen die Kinder aber nicht an letzter Stelle an die Reihe kommen, sondern gleich zu Beginn.

Unsere Entscheidung, bei den Kindern anzufangen, lässt sich nicht nur mit solchen allgemeinen Überlegungen begründen, sondern auch direkt im Blick auf Religionsunterricht und Religionsdidaktik. Wenn dieser Unterricht sein Ziel erreichen soll – religiöse Erziehung, Bildung, Begleitung, Unterstützung oder wie man es sonst bezeichnen will –, dann kann dies nur so geschehen, dass die *Kinder* etwas lernen, erfahren, einsehen usw. Anders gesagt, sind nicht die organisatorischen Formen entscheidend und auch nicht die didaktischen Absichten – entscheidend ist vielmehr, was all dies für die Kinder bedeutet, für die sich etwas erschließen soll. Zugespitzt: Über den Sinn oder Unsinn konfessionell-kooperativen Religionsunterrichts kann nur befunden werden, wenn auch die Wahrnehmungen der Kinder und ihr Lernen einbezogen wird.

Vor diesem Hintergrund ist es besonders bemerkenswert, dass die bisherige breit geführte Diskussion über konfessionellen, konfessionell-kooperativen oder anderen Religionsunterricht ohne eine genauere, auch empirische Untersuchung zu den Kindern geblieben ist. Im Rahmen seiner quantitativen Studie hat zwar auch Anton Bucher (2000) Jugendliche im Blick auf konfessionsübergreifenden Unterricht befragt. Dennoch darf die vorliegende Untersuchung den Anspruch erheben, erstmals im Umkreis von *konfessionell-kooperativem Religionsunterricht* in systematischer und empirischer Weise *Kinder* befragt zu haben. Insofern kommt den in diesem Kapitel berichteten Ergebnissen ein besonderes Gewicht zu, nicht zuletzt für die Zukunft des Religionsunterrichts.

Obwohl es bislang an Untersuchungen zu den Wahrnehmungen und Bedürfnissen der Kinder fehlt, spielt der Hinweis auf das, was Kinder – in den Augen der Erwachsenen – brauchen, in der Diskussion eine erhebliche Rolle. So wird immer wieder gesagt, dass Kinder unter der Trennung in verschiedene Religionsunterrichtsgruppen litten, dass es dabei besonders zu Beginn der Grundschulzeit zu geradezu dramatischen Szenen mit weinenden Kindern komme und dass Kinder von Konfessionszugehörigkeit ohnehin keine Ahnung mehr hätten. Demgegenüber wollten wir wissen, wie Kinder selbst solche Situationen und Erfahrungen beschreiben und was sie über einen konfessionell-kooperativen Religionsunterricht u.a. im Klassenverband berichten.

Da wir es im Folgenden nicht immer aufs Neue wiederholen, sei an dieser Stelle deutlich hervorgehoben, dass wir keine verallgemeinerbaren Ergebnisse im Sinne einer sog. repräsentativen Untersuchung beabsichtigen.

Wir haben mit Kindern in einem bestimmten Bundesland – Baden-Württemberg – gesprochen, an bestimmten Orten und in bestimmten Schulklassen. Anderswo mögen sich andere Kinder anders äußern. Wir sind aber davon überzeugt, dass die Kinder, mit denen wir gesprochen haben, etwas Wichtiges zu sagen haben und dass ihre Aussagen die Diskussion um den Religionsunterricht voranbringen.

Im Folgenden soll es zunächst um einzelne Themen gehen, die im Blick auf den konfessionell-kooperativen Religionsunterricht und die damit verbundenen Fragen in den Gesprächen mit den Kindern eine besondere Rolle spielen. In einem weiteren Abschnitt nehmen wir übergreifende Fragen auf, die stärker aus der religionspädagogischen Diskussion erwachsen.

2. Gespräche mit Kindern

2.1 Was heißt für Kinder evangelisch und katholisch?

Kennen Kinder die Begriffe evangelisch und katholisch? Besonders zu Beginn von Klasse 1 ergibt sich ein sehr uneinheitliches Bild. In manchen der Gruppengespräche kennen alle Kinder die Begriffe, in anderen Gruppen ist es nur die Hälfte oder sind es überhaupt nur einzelne Kinder. Manchen Kindern scheinen schon die Worte Schwierigkeiten zu machen (ein Kind spricht von *evangol*, ein anderes von *kadelisch*). Am Ende von Klasse 1 sind den Kindern die Begriffe fast ohne Ausnahme bekannt und werden auch von ihnen selbst gebraucht.

Die Bekanntheit der Begriffe bedeutet aber nicht, dass sie von den Kindern auch erläutert werden könnten. Auf unsere Bitte um Erläuterung hin wurden häufig nur Umschreibungen angeboten (*manche sind evangelisch, manche katholisch*) oder ein Hinweis auf die zwei Religionsgruppen in der Schule (*ein Kind, wo evangelisch ist, geht in die Gruppe hier in der Schule und die anderen da, in die anderen, katholischen*). In manchen Fällen denken die Kinder an die Kirche oder berichten einzelne Beobachtungen (*die beten anders, haben Kommunion – haben Konfirmation*). Auch »falsche« Erläuterungen werden gegeben (*evangelisch heißt, Lieder singen*).

Eine deutliche Veränderung ist erst am Ende der 3. Klasse zu beobachten. Auch dann bleiben die Erläuterungen der Kinder aber ganz im Bereich des äußerlich Wahrnehmbaren, wie es auch sonst dem kindlichen Denken in dieser Zeit entspricht. So kommt den kirchlichen Handlungen von Kommunion, Firmung und Konfirmation in den Augen der Kinder eine besonders große Bedeutung für den Unterschied zwischen evangelisch und katholisch zu. Auch sich widersprechende Auffassungen sind zu beobachten: Manche Kinder sprechen von Unterschieden beim Glauben, andere halten die Konfessionszugehörigkeit angesichts des gemeinsamen Glaubens an Gott für nicht mehr bedeutsam usw.

Damit sind freilich nur grobe Tendenzen benannt, die noch keine zureichende Antwort auf die Frage nach dem Verstehen der Kinder geben können. Eine weitere Annäherung an das kindliche Verständnis von katholisch und evangelisch ermöglicht die Unterscheidung zwischen vier Gruppen:

- Kinder, die mit den Begriffen evangelisch und katholisch gar nichts anfangen können (1);
- Kinder, die die Begriffe schon einmal gehört haben, aber noch keine rechte Vorstellung von ihrer Bedeutung haben (2);
- Kinder, die direkt versuchen, die Begriffe anhand konkreter eigener Erfahrungen zu erklären (3);
- Kinder, die zumindest anfanghaft die Begriffe über die eigene Erfahrung und Anschauung hinaus zu erklären versuchen (4).

Kinder der *ersten Gruppe* äußern sich in den Interviews wenig bis gar nicht zu entsprechenden Fragen. Auch wiederholtes Nachfragen führt hier nicht weiter als zu der lapidaren Antwort: »*Weiß ich nicht*«. In anderen Fällen, die auch der zweiten Gruppe zugeordnet werden könnten, heißt es, dass evangelisch und katholisch »*zwei andere Sachen*« sind – »*halt anders*«. Natürlich ist es möglich, dass sich die Kinder hier einfach einer »dummen« Frage verweigern, aber der Eindruck einer ehrlichen Antwort überwiegt: »*Mir fällt nichts ein … Gar nichts*«. Hauptsächlich sind dies Kinder aus der ersten Klasse, vereinzelt aber auch noch aus der dritten Klasse.

Nun kann man sich schon bei den soeben zitierten Äußerungen fragen, ob Antworten wie »*zwei andere Sachen*« und »*anders*« nicht bereits ein erstes Wissen um die Bedeutung der Begriffe evangelisch und katholisch einschließen. Im Einzelfall ist die Zuordnung nicht immer eindeutig. Auf jeden Fall aber gibt es eine *zweite Gruppe* von Kindern, die die Begriffe eindeutig kennt, auch wenn sie diese noch nicht erläutern können. Die Begriffe erscheinen dann gleichsam als Worthülsen, und es kommt zu Verwechslungen oder zum Vergessen (*katholisch, und wie heißt das andere denn noch schnell?*). Auf die besonders bedeutsame Verwechslung zwischen Konfessionszugehörigkeit und Nationalität gehen wir noch gesondert ein (s.u., 81ff.).

Bei einer *dritten Gruppe* finden sich diejenigen Kinder, die den Begriffen eine klare Bedeutung zuordnen können, wobei sie von eigenen Erfahrungen erzählen. Solche Erzählungen lassen sich wiederum drei Erfahrungsräumen zuordnen:

Religionsunterricht: Häufig verbinden die Kinder mit den Begriffen katholisch und evangelisch den Religionsunterricht. Unterschiede werden in diesem Fall etwa an der ihnen vertrauten Schulsituation festgemacht (*katholisch ist oben, evangelisch ist unten*). Für viele Kinder scheint katholisch und evangelisch überhaupt mit dem entsprechenden Religionsunterricht identisch zu sein (*wenn zum Beispiel ... wenn eine Klasse zusammen ist, dann werden die geteilt durch katholisch und evangelisch*). Auch manche Kinder, die zunächst über einen abstrakten Religionsbegriff zu verfügen scheinen, meinen am Ende dann doch den Religionsunterricht (*Evangelisch ist eine Religion. Und da lernt man alles über Gott, und man tut da Geschichten vorlesen und die muss man malen*).

Familie: Manche Kinder berichten, dass sie die Begriffe evangelisch und katholisch schon einmal zu Hause gehört hätten. Am häufigsten wird hier die Mutter genannt, aber auch der Vater, die Eltern und die Oma werden erwähnt. Dabei ist nicht immer zu erkennen, in welchen Zusammenhängen solche Fragen in der Familie aufgenommen werden. Manchmal scheint auch hier der Religionsunterricht Auslöser gewesen zu sein (*Meine Mutter sagt dann, dass ich heute evangelisch habe*). Zum Erfahrungsraum Familie gehören auch die Berichte der Kinder über Tauffeiern, Konfirmations- und Kommunionfeiern, die von den Kindern als Familienfeste geschildert werden. Zugleich bedeuten diese Feste einen Kontakt mit der Kirche. In manchen Erzählungen der Kinder kommt die Vorstellung zum Ausdruck, katholisch sei identisch mit Kommunion und evangelisch mit Konfirmation.

Kirche: Auch hier machen die Kinder die Bedeutung von evangelisch und katholisch daran fest, was sie in oder an evangelischen oder katholischen Kirchen wahrgenommen haben. So kann evangelisch für die Kinder beispielsweise heißen, dass der Kirchturm eine Spitze habe, und katholisch, wenn er eine Zwiebel habe. Fast durchweg sind es anschauliche Unterschiede bei den Kirchengebäuden, die hier von den Kindern erwähnt werden.

Die Kinder dieser dritten Gruppe beziehen sich mit Religionsunterricht, Familie und Kirche zwar auf verschiedene Erfahrungsbereiche, aber immer sind es direkte Erfahrungen und Anschauungen, auf die sich ihre Antworten stützen. Dies ist anders bei den Kindern, die wir der *vierten Gruppe* zuordnen. Diese Kinder geben abstrakt-begriffliche Erläuterungen, beispielsweise indem sie evangelisch und katholisch als »*zwei andere Glaubensrichtungen*«

erklären. Allerdings ist dies eine kleine Gruppe, und auch der Übergang von erfahrungsnahen und anschauungsbezogenen zu allgemeineren Erläuterungen ist fließend. So spricht ein Kind etwa davon, »*dass da viele evangelische Leute zusammen sind*«, um den Begriff evangelisch zu erläutern. Diese Äußerung zeigt eine Vorstellung, die sich einem abstrakten Begriff zumindest annähert. Dazu gehört auch der Aspekt der Gemeinschaft (*viele ... Leute*). Zugleich wird diese Vorstellung sehr anschaulich auf die Menschen bezogen, die einer Kirche oder Gemeinde angehören.

An dieser Stelle ist auch auf die Grenzen hinzuweisen, auf die unser Bemühen um ein Verstehen der Kinder stößt. Was beispielsweise bedeutet es genau, wenn eine Drittklässlerin sagt, »*evangelisch, das ist unsere Religion*«. Verwendet sie wirklich einen allgemeinen Begriff von Religion, oder meint sie vielleicht nur den Religionsunterricht? Und woran denkt sie, wenn sie von »*unser*« spricht – ihre Familie, ihre Religionsgruppe in der Schule, die Ortsgemeinde oder, eher unwahrscheinlich, eine landesweite Kirche? Bei der vorliegenden Äußerung brachte die Rückfrage des Interviewers zumindest eine ansatzweise Klärung. Denn nun gibt das Mädchen zur Antwort: »*Da lernen wir über Gott, da wissen wir dann über Gott*«. Sehr wahrscheinlich denkt sie an Religionsunterricht, auch wenn letztendlich nicht ausgeschlossen werden kann, dass sie den Kindergottesdienst oder eine ähnliche Veranstaltung mit im Auge hat.

Fassen wir noch einmal zusammen: Was heißt für die Kinder katholisch und evangelisch? Sehr deutlich geworden ist zunächst, was die Begriffe für die Schülerinnen und Schüler *nicht* bedeuten. Die Kinder denken – im Unterschied zumindest zu manchen Erwachsenen – nicht an das weltweite Christentum, das in konfessioneller Aufteilung aus verschiedenen Kirchen besteht. Für viele der Kinder heißt evangelisch und katholisch zunächst einmal Religionsunterricht, der in zwei Gruppen abgehalten wird. Andere Kinder denken an Unterschiede in ihrer Familie, vor allem bei konfessionsverbindenden Ehen. Und nicht zuletzt sind da die Kinder besonders zu Beginn der Grundschulzeit, die mit diesen Begriffen noch gar nichts anfangen können.

Deutlich festzustellen ist auch eine Entsprechung zu der von Jean Piaget, James W. Fowler u.a. beschriebenen Entwicklung des kindlichen Denkens (vgl. Schweitzer 1999). Besonders in dem von Piaget festgestellten Übergang von den konkreten zu den formalen (abstrakten) Operationen liegt eine Parallele zu der von uns vorgeschlagenen Unterscheidung zwischen einer eher konkreten und einer anfanghaft abstrakten Erklärung der Begriffe evangelisch und katholisch. Daraus ergibt sich die noch weiter auszuführende These, dass die kindliche Auseinandersetzung mit Begriffen wie evangelisch und katholisch ein Stück Welterschließung darstellt, das auch für den Bildungsauftrag der Grundschule bedeutsam ist. Dies lässt sich genauer erläutern, wenn wir auch die nächste Frage einbeziehen.

2.2 Und was bin ich? Selbstzuordnungen der Kinder

Häufig wird besonders von Kindern der ersten Klasse angenommen, dass sie noch nicht in der Lage seien, ihre Konfessionszugehörigkeit anzugeben. Kennen die Schülerinnen und Schüler in der Grundschule ihre eigene Konfessionszugehörigkeit? Auch hier lohnt es sich, genau auf die Kinder zu hören. Und da es hier einen deutlichen Unterschied macht, ob die Kinder gleich nach der Einschulung oder erst später befragt wurden, folgen wir in diesem Abschnitt gleichsam dem Weg der Kinder vom Anfang der Schulzeit bis zum Ende der 3. Klasse.

Einige Wochen nach Schuljahrsbeginn und nach ersten Erfahrungen mit Religionsunterricht, der in diesem Falle im Klassenverband erteilt wurde, ist etwa die Hälfte der Kinder in der Lage, ihre Konfessionszugehörigkeit richtig anzugeben. Dieses Ergebnis kann u.E. erklären, warum aus der Praxis so häufig berichtet wird, dass Kinder mit Begriffen wie evangelisch und katholisch für sich selbst nichts anfangen können. Dabei sind offenbar diejenigen Kinder im Blick, die sich nicht zuordnen können. Zugleich ist deutlich, dass diese Beobachtung nur auf einen Teil der Kinder zutrifft.

Zwischen den einzelnen Gruppengesprächen gab es große Unterschiede. Manchmal wussten alle Kinder in einer Gruppe, ob sie evangelisch oder katholisch sind, manchmal wusste es kaum ein Kind. Zu diesem Zeitpunkt war es den Kindern auch noch kaum möglich, sich eine Antwort auf die gestellte Frage anhand eigener Beobachtungen oder Erfahrungen zu erschließen. Entweder die Kinder kennen die Antwort und geben sie spontan, oder sie kennen sie nicht und bleiben bei »weiß nicht« oder »keine Ahnung«. Bezeichnend sind auch Unsicherheiten: So nimmt etwa ein Kind an, es sei beides, evangelisch und katholisch.

Am Ende des ersten Schuljahres kennen etwa zwei Drittel der Kinder ihre eigene Konfessionszugehörigkeit. Das andere Drittel ordnet sich entweder falsch zu oder kennt, was seltener ist, die eigene Konfessionszugehörigkeit gar nicht. In den Schulklassen in der Stadt war das Nicht-Kennen häufiger anzutreffen als auf dem Land.

Folgendes Beispiel zeigt, wie die Kinder nun in der Lage sind, sich ihre eigene Konfessionszugehörigkeit zu erschließen. Ein katholisches Mädchen, das sich zunächst unsicher ist, gibt an, »*vielleicht katholisch*« zu sein. Warum? »*Ich denke, ich bin auch katholisch, weil die Frau X (katholische Religionslehrerin) sagt, der C. (evangelischer Mitschüler) ist der einzigste, wo evangelisch ist*«. Dieses Mädchen erschließt sich die eigene Zugehörigkeit aus dem, was sie dem von der Lehrerin Gesagten entnehmen kann.

Nicht immer sind es aber die Aussagen von Lehrerinnen, auf die sich die Kinder stützen. Immer wieder versuchen die Kinder auch, von ihrer eigenen Konfessionszugehörigkeit auf die der anderen zu schließen bzw. entsprechende Zusammenhänge herzustellen. So berichtet ein katholisches Mädchen von ihren Eltern: »*Mein Papa ist das Gleiche, auch katholisch, und meine Mama anders*«. Ein katholischer Junge überlegt im Blick auf seinen Bruder: »*Ich glaube, mein Bruder ist so wie ich, aber ich habe ihn noch nicht gefragt*«. Offenbar gehen die Kinder häufig von sich selber und der eigenen Konfession aus, wenn sie andere einer Konfession zuordnen. Die eigene Zugehörigkeit markiert den Ausgangspunkt des Denkens und hilft, sich die Konfession anderer Menschen zu merken.

Auch der umgekehrte Schluss kommt allerdings vor, so dass Kinder von der Konfessionszugehörigkeit anderer auf die eigene schließen. Die Überlegung sieht dann so aus: So »*wie die, bin ich auch*« bzw. »*ich bin anders als die*«. In dieser Weise ordnet beispielsweise ein evangelisches Mädchen ihre katholische Mitschülerin als evangelisch ein und sich selbst dann als katholisch, da sie in einem anderen Religionsunterricht sei. Allerdings denkt sie noch darüber nach, ob es nicht vielleicht »*anders herum*« sei.

Bei manchen Kinderäußerungen lassen sich nur die Zusammenhänge erkennen, in denen die Kinder denken, nicht aber die Richtung ihrer Rückschlüsse – ob sie nun von sich selbst auf andere oder von anderen auf sich selbst schließen. So beispielsweise bei einem katholischen Mädchen, das seine Konfessionszugehörigkeit kennt. Dieses Beispiel zeigt zugleich, wie kompliziert sich die Familienverhältnisse zum Teil darstellen. Dieses Mädchen kennt nicht nur ihre eigene Konfessionszugehörigkeit, sondern auch die der einzelnen Familienmitglieder: Ihre leibliche Mutter, die verstorben ist, war katholisch. Ihre Brüder und ihr Vater sind ebenfalls katholisch. Ihr Vater ist wieder verheiratet und bekam mit seiner zweiten Frau ein weiteres Kind. Die »*neue Mutter und das neue Baby*« seien evangelisch.

Das Kind unterscheidet somit nach Familienkonstellationen: Die Angehörigen aus der ersten Familienkonstellation gehören der katholischen Kirche an, während die neuen Mitglieder evangelisch sind.

In einem weiteren Gespräch mit Kindern aus der ersten Klasse am Ende des Schuljahres wird deutlich, wie zwei Schülerinnen die katholische Erstkommunionsfeier zum Ausgangspunkt dafür nehmen, sich ihre eigene Konfessionszugehörigkeit zu merken. Der Verlauf des Gesprächs zwischen einem katholischen und einem evangelischen Mädchen lässt wieder sehr deutlich erkennen, wie diese Kinder sich selbst zuordnen:

Zunächst vermutet das katholische Mädchen, sie sei »*ich glaub, evangelisch*«. Das – tatsächlich – evangelische Mädchen folgert daraus: »*wenn sie (das andere Mädchen) evangelisch ist*«, dann bin ich »*das andere, katholisch*«. Ganz sicher ist sich jedoch keine von beiden. Klarheit ergibt sich für sie erst aus der von dem evangelischen Mädchen gestellten Frage: »*Welche sind das, die wo Kommunion haben?*« Auf die Erläuterung des Interviewers, die Katholischen hätten die Kommunion, reagiert das katholische Mädchen ungläubig: »*echt?*« Und auch das evangelische Mädchen fragt zweifelnd nach: »*katholisch?*« Daraus zieht das evangelische Mädchen ihre Schlüsse, zeigt auf das katholische Mädchen und sagt: »*Dann ist sie katholisch*«. Das leuchtet auch dem katholischen Mädchen ein: »*Dann bin ich katholisch*«.

Für die Kinder der *dritten Klasse* ist die eigene Konfessionszugehörigkeit keine Frage, über die sie lange reden. Längeres Nachdenken und Versuche, sich selbst die eigene Konfessionszugehörigkeit zu erschließen, finden sich in den Gesprächen mit diesen Kindern nicht. Die Antworten kommen jetzt spontan. Eindeutig ist zu erkennen, dass mindestens zwei Drittel der Kinder jetzt ihre eigene Konfessionszugehörigkeit kennen. Nur in wenigen Fällen ist dies eindeutig nicht der Fall.

Wie wir im nächsten Abschnitt noch genauer sehen werden, sind sich die Kinder in der dritten Klasse auch sicher im Blick auf den Zusammenhang von Konfessionszugehörigkeit und Taufe. Das gilt ebenso für die Kinder ohne Konfessionszugehörigkeit (*Ich bin nichts, weil ich bin noch nicht getauft*). Unter dem Aspekt der Zugehörigkeit stellen die Möglichkeiten der Selbstbezeichnung für die konfessionslosen Kinder dabei eine eigene Herausforderung dar. Bei Äußerungen wie »*ich bin nichts*« oder »*ich bin gar nix*« könnte ein Gefühl der Minderwertigkeit mitschwingen. Zugleich kennen sich gerade die konfessionslosen Kinder häufig gut aus. Ihnen steht der

Zusammenhang von Taufe und Kirchenzugehörigkeit klar vor Augen, vermutlich weil ihnen erklärt wurde, sie seien (noch) nicht getauft. Am *Ende des dritten Schuljahres* ordnen sich so gut wie alle Schülerinnen und Schüler korrekt zu. Sie kennen ihre eigene Konfessionszugehörigkeit oder wissen, dass sie konfessionslos sind. Nur sehr wenige Kinder sind noch immer unsicher – zum Beispiel ein evangelisches Mädchen, das sich einerseits als evangelisch bezeichnet, andererseits aber erzählt, sie sei nicht getauft. In diesem Falle zeigt das weitere Gespräch die Auffassung, dass erst die Konfirmation die Konfessionszugehörigkeit mit sich bringe, denn dieses Mädchen will – wie ihr großer Bruder – bei der Konfirmation evangelisch werden (was sich auf bei der Konfirmation vollzogene Taufen beziehen könnte).

Aufschlussreich im Blick auf die Selbstzuordnung sind auch die Angaben der Kinder zur Konfessionszugehörigkeit von Menschen, die sie kennen. Soweit sich die Kinder zu dieser Frage äußern, kennen die Kinder sowohl in der ersten als auch in der dritten Klasse vor allem die Konfessionszugehörigkeit von Mitschülerinnen und Mitschülern sowie von engeren Familienangehörigen. Bei anderen Gruppen – Nachbarn oder Freunden – ist die Konfessionszugehörigkeit selten im Blick, was wohl darauf verweist, dass evangelisch und katholisch in der Alltagskommunikation keine große Rolle spielen.

Zusammenfassend kann festgehalten werden, dass sich mit der Erschließung der Bedeutung von evangelisch und katholisch für die Kinder auch die Frage der eigenen Selbstzuordnung verbindet. Wie besonders die Gespräche in der ersten Klasse erkennen lassen, spielen dabei Identifikation und Abgrenzung eine wichtige Rolle. Bis in die sprachlichen Formulierungen hinein ist dies daran zu erkennen, dass die Kinder in der dritten Klasse immer deutlicher von »*wir*« und »*ihr*« sprechen. Dies hat auch Konsequenzen für die Bildungsaufgabe im Sinne der Welterschließung, auf die wir am Ende des letzten Abschnitts bereits hingewiesen haben. Diese Bildungsaufgabe schließt offenbar nicht nur eine Klärung von Begriffen ein, sondern erstreckt sich auch auf die Frage der Kinder: *Und was bin ich?*

2.3 Wie wird man eigentlich evangelisch oder katholisch?

Weiteren Einblick in das Konfessionsverständnis von Kindern geben ihre Auffassungen darüber, wie man eigentlich evangelisch oder katholisch wird. In einem Teil der Gespräche weisen die Kinder hier auf Taufe und Kirche hin. Aufschlussreicher sind aber die eigenen »Theorien«, die sie dazu entwickeln. Vielfach verbinden die Kinder mit der Taufe ganz andere Vorstellungen, als wir Erwachsene dies erwartet hatten oder wie es aus dem theologischen oder kirchlichen Verständnis heraus nahe läge.

Eine große Rolle spielen für die Kinder auch in diesem Zusammenhang die Eltern. »*Wenn es die Mama oder der Papa so will. Aber ich weiß es selbst nicht. Aber ich denke, wenn es die Mama oder der Papa so wollen, dann werden wir so getauft*«. Hier wird die Entscheidung der Eltern in den Vordergrund gestellt. Anderen Kindern zufolge wird die Konfessionszugehörigkeit nicht frei entschieden, sondern eher vererbt: »*wenn also Mama und Papa, die sind anscheinend auch katholisch, dann sagen sie, ich bin auch katholisch*«.

Diese Logik greift natürlich nur, solange die Eltern derselben Konfession angehören, und dies ist, wie die Kinder wissen, nicht immer so. In diesem Fall soll die Konfession der Mutter entscheiden, jedenfalls nach Auffassung der meisten Kinder. Es ist die Mama, die »*uns halt so tauft*«. Die Taufe richtet sich »*nach der Mutter*«. Der Zusammenhang kann dabei auch mehrere Generationen übergreifen: »*Ich bin katholisch und meine Mama ist auch katholisch, weil die Mama ist ja bei der Oma geboren. Und die Oma ist ja auch katholisch*«.

Eigene »Theorien« der Kinder betreffen nicht nur die Taufe. Manche gehen davon aus, dass die Konfessionszugehörigkeit angeboren sei (*katholisch geboren*). Oder es ist Gott selbst, der nach der Geburt die Konfessionszugehörigkeit festlegt, indem er spricht: »*du bist evangelisch oder katholisch; dann sagt der ›evangelisch‹ und dann bin ich evangelisch*«. Eine ähnliche Funktion kann auch der Pfarrer übernehmen, der nach Auffassung zahlreicher Kinder die Konfession bei der Taufe ansagt. In einzelnen Äußerungen scheint die Vorstellung auf, dass es »*auf dem Taufstein*« stehe oder einfach vom Kirchengebäude abhängig sei. Manchmal wird die Entstehung von Konfessionszugehörigkeit mit der Schule in Verbindung gebracht (*wenn man in die Schule kommt, weil's einem gesagt wird*), wobei offenbar die Aufteilung in unterschiedliche Religionsgruppen im Hintergrund steht.

Einige weitere Beispiele können vielleicht noch einmal die Eindrücklichkeit der kindlichen Erklärungsversuche verdeutlichen:

Evangelisch und katholisch gibt es »*wegen der Taufen. Dass man da getauft wird und der Gott sagt zu den Eltern, die sind evangelisch. Und dann weiß der Junge auch, dass er evangelisch ist und dann ist er für immer evangelisch, auch wenn er groß ist«.* Hier hat die göttliche Ansage großes Gewicht und besitzt lebenslange Gültigkeit.

Der Pfarrer sage, »*dass jetzt der so evangelisch oder katholisch ist und wird man da mit Wasser so getauft, mit evangelischem oder katholischem Wasser«.* Für dieses Kind liegt die Konfession im Taufwasser und wird durch die Berührung mit diesem übermittelt, was an magische Vorstellungen erinnert.

Wenn das Wasser über den Kopf des Täuflings läuft, müsse man genau auf den Taufstein »*gucken*«, weil darauf stehe, ob das getaufte Kind nun evangelisch oder katholisch sei: »*Da nimmt man halt von dem Wasser, tut runter, guckt, steht da auf dem Taufstein irgendwo katholisch oder evangelisch. Und dann gucken die immer drunter und sagen, das ist jetzt evangelisch oder katholisch«.*

Die bislang beschriebenen Auffassungen stammen von Kindern zu Beginn des ersten Schuljahres. Sie machen bewusst, dass Kinder auch heute nicht einfach als »unbeschriebene Blätter« in die Schule kommen und dass es notwendig ist, genau auf ihre Vorstellungen und Vorerfahrungen zu achten. Gerade bei der Frage nach der Entstehung von Konfessionszugehörigkeiten begegnen wir einer reichen Vorstellungswelt, die nicht übergangen werden darf. Interessant ist nun der Vergleich mit unseren späteren Gesprächen. Am *Ende der ersten Klasse* sind allerdings noch kaum Veränderungen zu beobachten. Nach wie vor stellen viele Kinder ihre eigenen »(Tauf-)Theorien« dar, sprechen von angeborener Konfessionszugehörigkeit usw. Eine weitere Spielart, auf die wir bereits zu Beginn des Buches hingewiesen haben (S. 12), könnte man als »Datumstheorie« bezeichnen. Demnach hängt es vom Jahr (*schiefe Zahl – gerade Zahl*) oder von der Jahreszeit ab, ob die Kinder evangelisch oder katholisch »*auf die Welt gekommen sind«.* Manchmal lassen die Kinder auch ihrer Phantasie freien Lauf, und es ist schwer zu sagen, wie ernsthaft sie eine Erklärung vertreten:

Erster Schüler: Vielleicht steht das an der Stirn, katholisch oder evangelisch.
Zweiter Schüler: Oder man geht zum Arzt und dann tut der mit dem Daumen erst mal hindrücken und dann steht's dort. Dann geht man entweder in die katholische Kirche oder in die evangelische.
Schülerin: Wie bei den Hunden. Die haben manchmal so eine komische Karte im Ohr.

In diesem Falle ist es offenbar die Untersuchung durch den Arzt, die das Vorbild für die kindliche Vorstellung bildet. Dass sich solche – für die Erwachsenen überraschende – Erklärungen immer wieder mit – aus Erwachsenensicht richtigen – Deutungen mischen (die Taufe entscheidet über die Konfessionszugehörigkeit), stellt für die Kinder offenbar kein Problem dar. Bei den *Drittklässlern* sind zunächst, am Schuljahresbeginn, ganz ähnliche Auffassungen zu beobachten. Erst am Ende von Klasse 3 scheint der Zusammenhang zwischen Konfessionszugehörigkeit und Taufe für die Kinder wirklich festzustehen und haben sie sich klar gemacht, dass es vor der Taufe keine Konfessionszugehörigkeit gibt. Eine besondere Bedeutung in diesen Gesprächen spielt die unterschiedliche Konfessionszugehörigkeit von Eltern, was allerdings nicht auf das Alter der Kinder zurückgehen muss, sondern auch durch die jeweiligen Elternhäuser (konfessionsverbindende Eltern) bedingt sein kann. In vielen solchen Fällen wird deutlich, dass sich die Kinder im Gespräch mit ihren Eltern mit solchen Fragen auseinandergesetzt haben. Auch schmerzliche Erfahrungen spielen dabei eine Rolle – das Gefühl, in der Familie nicht zusammenzugehören oder nicht gemeinsam zur Kirche gehen zu können. »*Das ist bei uns so: Meine Mutter ist katholisch und mein Vater ist evangelisch, mein Bruder ist auch evangelisch und ich bin auch evangelisch. Aber ich wollte nur einmal katholisch sein, weil da hat man so ein schönes weißes Kleid an ... Früher war's halt, dass die Mama allein katholisch ist und das ist doof. Ich finde es doof, wenn die Mama allein katholisch ist*«. Bei dieser Äußerung erstreckt sich der Wunsch nach Zusammengehörigkeit in der Familie deutlich auch auf die Konfessionszugehörigkeit. Andere Kinder sehen in solchen Unterschieden eher eine Gegebenheit, die sie nüchtern beschreiben:

Man kann sich auch umwechseln. Hat meine Mutter auch gemacht. Die war auch evangelisch, aber die hat sich dann danach, nach einer Weile, das ist schon lange her, da war ich noch nicht auf der Welt, da hat sie sich auf katholisch umgetauft oder wie man es auch immer nennt, und jetzt sind nur noch mein Vater, mein Bruder und ich evangelisch und meine Mutter ist katholisch.

In früheren Untersuchungen zur Entwicklung des Konfessions- und Religionsverständnisses wurde Kindern auch die Frage vorgelegt, wie sich dies bei ihren *Haustieren* verhalte (Elkind 1961ff., vgl. unten). Uns schien eine solche Frage zunächst befremdlich. Es schien uns zweifelhaft, ob wir den Kindern eine so künstliche Frage vorlegen sollten. In den Gesprächen kamen die Kinder aber zum Teil von selbst auf die Konfessionszugehörigkeit ihrer Haustiere zu sprechen, so dass wir uns ermutigt fühlten, ihnen diese Frage vorzulegen. Und die meisten Kinder haben sich sehr ernsthaft auf diese Frage eingelassen.

Bei den Antworten ergeben sich folgende Beobachtungen:

– Einerseits war die Meinung anzutreffen, dass Tiere weder evangelisch noch katholisch sein können. Die Begründungen dafür sind allerdings unterschiedlich: Einige meinten, dass Tiere keine Konfession haben, weil man sie im Unterschied zu Menschen nicht tauft oder nicht taufen kann (*eine Katze …, die ist doch wasserscheu!*). Tiere gehen nicht in die Kirche (*dann müsste es ja eine Hundekirche geben – gibt's aber nicht*). Auch kann man die Tiere dazu nicht befragen (*Das weiß man doch gar nicht. Die sagen das doch nicht*).

– Andererseits sind sehr viele Kinder davon überzeugt, dass ihre Haustiere ganz selbstverständlich dieselbe Konfession haben wie sie selbst. Dabei spielt offenbar die enge Beziehung zu den Haustieren eine Rolle, zugleich aber auch eine Art Übertragung auf die den Kindern nahestehenden Tiere oder Menschen: Was zu mir gehört, hat auch dieselbe Konfession wie ich!

Die Kinder formulieren hier sehr plastisch:

Weil ich katholisch bin, und ich kann es mir irgendwie nicht vorstellen, dass die [Hasen] evangelisch sind.
Mein Meerschweinchen ist evangelisch. *Warum?* Die ganze Familie ist evangelisch.

Auch bei den Tieren spielt die Taufe eine Rolle, allerdings wiederum so, wie Kinder die Taufe verstehen: »*Ich habe sogar meinen Hasen selber mit Wasser getauft … Jetzt ist er so wie ich, evangelisch*«. – »*Ich hab' schon oft meine getauft. Die Wellensittiche baden immer und die Fische sind immer getauft im Wasser*«. Hier ist es schon die bloße Berührung mit Wasser oder das Leben im Wasser, die die Konfessionszugehörigkeit bzw. das Getauftsein bedingen.

Die Äußerungen zur Konfessionszugehörigkeit von Tieren bieten also, so kann zusammenfassend festgehalten werden, eine unerwartete Bestätigung der im Blick auf die Kinder selbst berichteten Beobachtungen und Deutungen. Wie wir im Folgenden noch sehen werden, entspricht dies auch den allgemeineren Befunden zur kindlichen Entwicklung sowie zur Entwicklung des Konfessionsbewusstseins. Als übergreifender Trend zeichnet sich ab, dass es den Kindern im Laufe der Zeit immer deutlicher wird, in welchem Sinne die Eltern über die Konfessionszugehörigkeit von Kindern entscheiden und welche Rolle dabei die Taufe spielt. Und wie gerade das Thema Taufe zeigt, genügt es nicht, sich mit einer oberflächlich richtigen Antwort zu begnügen, wenn man Kindern gerecht werden will.

2.4 Warum gibt es überhaupt evangelisch und katholisch?

Für Erwachsene verweist die Frage, warum es eine katholische und eine evangelische Konfession gibt, vor allem auf geschichtliche Zusammenhänge im Sinne der historischen Entstehung der Konfessionskirchen. Die Kinder hingegen denken hier deutlich anders: Für sie stehen der Zweck und der mögliche Nutzen im Vordergrund. Sie fassen schon die Frage in entsprechender Weise – anders – auf: *Wozu* gibt es evangelisch und katholisch, und was ist der mögliche *Nutzen* davon?

Für die Kinder der ersten Klasse ist die Frage, warum es evangelisch und katholisch gebe – nach den bislang in diesem Kapitel berichteten Beobachtungen kann man sagen: erwartungsgemäß – kaum zu beantworten, ja oft nicht einmal zu verstehen. Antworten wie »*Ist eben so!*« oder »*Keine Ahnung!*« sind deshalb häufig. Offenbar sind die Kinder noch viel zu sehr mit einem ersten Verstehen dieser Begriffe beschäftigt, als dass sie schon weiterreichende Fragen stellen könnten.

Soweit sich die Kinder dann doch auf Antwortversuche einlassen, sind ihre Äußerungen allerdings höchst aufschlussreich, wobei zwischen der ersten und der dritten Klasse kaum Unterschiede feststellbar sind. So gibt es nach Meinung vieler Kinder evangelisch und katholisch »*damit nicht alle dasselbe sind*«, »*weil es sonst so langweilig wäre*«, »*damit man sich im Religionsunterricht aufteilen kann*« oder auch einfach »*damit es zwei verschiedene Religionslehrerinnen gibt*«. Die Mehrzahl der Konfessionen wird von den Kindern als gegeben, normal, üblich oder auch als notwendig wahrgenommen.

Auch die Kirchen kommen hier in den Blick (*weil es zwei Kirchen gibt*). Auch hier herrscht die Frage nach dem Nutzen vor (*weil eine Kirche allein zu überfüllt wäre, weil nicht alle Leute in einer Kirche Platz hätten*). Ähnliche Überlegungen stellen die Kinder im Blick auf Schule und Religionsunterricht an: sonst könnte man sich im Religionsunterricht nicht aufteilen, wäre es in einem Klassenzimmer zu eng, könnten nicht zwei Lehrerinnen beschäftigt werden (*Ja, dann hätten wir immer nur eine Religion und dann hätten wir ja in dem kleinen ... unten in dem Klassenzimmer. Da hat man keinen Platz mehr, weil wir machen ja immer einen Stuhlkreis*). Solche Erklärungen entsprechen dem auch sonst für die kindliche Entwicklung bezeichnenden *finalen Denken* (Piaget): Erklärungen werden nicht in Gründen gesucht (kausales Denken), sondern in zweckhaften Ausrichtungen (finales Denken). Der Mond scheint nicht, *weil* er von der Sonne angestrahlt wird, sondern *damit* wir auch im Dunkeln zumindest noch ein bisschen sehen können.

Ausnahmen von den bislang beobachteten Tendenzen sind selten. Manchmal wird allerdings noch auf »*irgendwelche Streitigkeiten*« hingewiesen oder wird vermutet, dass »*der Jesus so gesagt hat*«.

Einzeläußerungen wie die folgende ändern nichts an dem Gesamtbild, sollen aber auch nicht verschwiegen werden. Ein Mädchen in der ersten Klasse äußert sich folgendermaßen:

Weil früher, da war ein Pfarrer und der war evangelisch und dann kam ein Mann und hat mal gesagt ...: »Wenn ihr mir ein Geld gebt, dann kauft ihr euch den Schein, da kommt ihr in den Himmel«. Und dann ist ein Mann gekommen und hat gesagt: »Nein, ich geb jetzt nicht mehr. Du sollst das nicht mehr so machen«. Und dann haben die eine Gruppe gemacht. Ein paar waren bei dem und ein paar bei dem. Und dann hat der Pfarrer einmal gesagt: »Okay«. Und dann haben sie gemeint: »Jetzt sind wir evangelisch und er katholisch«.
Sehr wahrscheinlich steht hinter dieser Äußerung der Streit zwischen Luther und Tetzel um die Ablassbriefe. Das Mädchen hat offenbar aufmerksam zugehört, vielleicht bei einem entsprechenden Erklärungsversuch von Erwachsenen. Dass sie den »evangelischen« Pfarrer dann doch mit dem Ablassverkäufer durcheinander bringt, zeigt wohl an, dass ihr die entsprechenden Verhältnisse nicht so recht klar geworden sind. Dennoch erinnert uns dieses Beispiel auch daran, dass wir die Möglichkeiten der Kinder nicht unterschätzen sollten. Wie die Beobachtungen aus Klasse 3 im Folgenden zeigen, gibt es durchaus kindgemäße Umgangsweisen mit geschichtlichen Zusammenhängen.

Historische Erklärungsversuche waren vor allem bei solchen Kindern zu finden, die im Religionsunterricht das Thema »Martin Luther« behandelt hatten. Diese Schülerinnen und Schüler berichten ausführlich über die Konflikte zwischen Martin Luther und dem Papst, über die Kritik an der katholischen Kirche und die Kirchentrennung. Nach Auffassung dieser Kinder gibt es evangelisch und katholisch, weil Martin Luther mit dem Papst »Streit« hatte und daraufhin eine eigene Kirche gegründet hat, in der die Bibel eine entscheidende Rolle spielte und spielt:

Interviewer: Was meint ihr, wie ist denn eigentlich evangelisch und katholisch entstanden?
Erster Schüler (katholisch): Wegen Martin Luther.
Interviewer: Ach so. Und was hat er gemacht?
Erster Schüler: Der hat gesagt, die Bibel ist gut. Das haben manche geglaubt und manche nicht.
Zweiter Schüler (evangelisch): Manche glauben's noch.
Dritter Schüler (katholisch): Der hat die Bibel deutsch geschrieben. Weil viele konnten's ja nicht lesen, lateinisch.

Wird hier zunächst die Bibel und deren Bedeutung hervorgehoben, so im weiteren Verlauf des Gespräches die Spannung zwischen den verschiedenen Gruppen (*Hat's ein Riss gegeben. Manche haben's geglaubt und andere nicht*), und auch Papst und Kaiser kommen in den Blick (*Der Papst ist katholisch. – Und Martin Luther evangelisch. Darum haben die Evangelischen auch keinen Papst*).

Auffällig ist bei solchen Berichten und Nacherzählungen, dass sich die Kinder durchweg nicht an kirchlichen oder gesellschaftlichen Strukturen orientieren, sondern vielmehr an Personen und Ereignissen. Darin decken sich unsere Beobachtungen mit Erkenntnissen zur *Entwicklung des Geschichtsbewusstseins* im Kindes- und Jugendalter (Noack 1994). Diesen Befunden zufolge können Grundschulkinder zwischen Vergangenheit und Gegenwart unterscheiden, erschließen sich die Vergangenheit aber nicht auf Grund allgemeiner Zusammenhänge im Sinne von gesellschaftlichen oder kirchlichen Systemen, theologischen Lehren usw., sondern anhand konkreter Vorstellungen und Personen wie Martin Luther, der sich als Junker Jörg auf der Wartburg versteckt hält. Beeindruckend ist dabei die Fähigkeit der Kinder, sich für Geschichten zu begeistern, sich mit einzelnen Personen zu identifizieren und sich von deren Taten und Handlungsweisen faszinieren zu lassen. So werden Martin Luther oder Elisabeth von Thüringen zu Identifikationsfiguren, wobei die Kinder solche Helden oder Heldinnen nicht auf ihre geschichtlichen Hintergründe hin befragen. In diesem Sinne verfügen die Kinder noch nicht über ein Geschichtsbewusstsein, sondern eher über Geschichten-Bewusstsein. Sie lernen noch nicht *aus der Geschichte*, wohl aber *von Geschichten*.

2.5 Was ist besser – evangelisch oder katholisch?

Pädagogisch und psychologisch gesehen kommt es bei der Wahrnehmung von Konfession und Konfessionszugehörigkeit nicht nur auf kognitive Aspekte an, sondern auch auf affektive Haltungen und Einstellungen. Erst solche Haltungen und Einstellungen entscheiden über den Umgang mit dem anderen und mit der anderen Konfession. Besonders für die älteren unter den Autorinnen und Autoren des vorliegenden Bandes verbindet sich mit dieser Frage die lebhafte Erinnerung an harte Vorurteile gegen Evangelische oder Katholische, denen sie in der eigenen Kindheit begegnet sind.

Eine erste Frage richtet sich in diesem Zusammenhang deshalb auf *Vorurteile*, die in den Gesprächen mit den Kindern zu finden sind. Weiterer Aufschluss geben sodann Gesprächspassagen, in denen es um die Bedeutung von Konfessionszugehörigkeit bei der Wahl von Freundinnen oder Freunden geht sowie um die Entscheidung zwischen evangelischer oder katholischer Taufe, zu der wir die Kinder um Rat gebeten haben.

Zu den erfreulichen Überraschungen in den Gesprächen mit den Kindern gehört, dass ausgesprochene *Vorurteile* äußerst selten sind. Zwei der sehr wenigen Beispiele wollen wir etwas näher betrachten.

In einem Gespräch zu Beginn des ersten Schuljahrs sagt ein evangelischer Junge: »*Die Evangelischen, die denken was anderes als die Katholischen*«. Diese Aussage wiederholt er mehrfach während des Gesprächs. Auf die Fragen des Interviewers hin erläutert er: »*Die Katholischen, die denken nicht so … wie die Evangelischen, die denken nicht an die Umwelt*«.

Derselbe Junge ist auch der Meinung, die Haustiere – Hasen – einer Mitschülerin seien wohl »*katholisch, weil sie so schlimm sind*«. Die allgemeine negative Einstellung gegenüber den Katholischen haftet also nicht nur an einer einzelnen Beobachtung, die vielleicht auf Grund einer bestimmten Erfahrung vor Ort zustande gekommen sein könnte (etwa der Nicht-Beteiligung an einer Umweltinitiative). Die negative Einstellung wird vielmehr auch in anderen Zusammenhängen zum Ausdruck gebracht und verallgemeinert, was wohl dazu berechtigt, hier von einem Vorurteil zu sprechen. Bemerkenswert ist aber auch, dass die anderen Kinder in dieser Gesprächsgruppe diesem Jungen keineswegs beipflichten. So entspinnt sich an dieser Stelle gerade kein Streitgespräch darüber, was nun besser oder schlechter ist.

Das zweite Beispiel für Vorurteile ist wesentlich drastischer. In einem Gespräch am Ende des ersten Schuljahres geht es darum, wer evangelisch und wer katholisch ist:

Interviewer: Wer ist katholisch?
Erster Schüler: Du (zeigt auf eine Mitschülerin).
Interviewer: Ja, genau. Hier im Kreis, stimmt.
Zweiter Schüler: Und du.
Anna: … Nicht katholisch.
Interviewer: Die Anna …
Zweiter Schüler: Die ist gar nichts.
Erster Schüler: Du bist Müll.
Interviewer: … die Anna ist noch nicht getauft, sagt sie.
Erster Schüler: Du bist noch nicht geboren.

Wörtlich genommen wird hier das volle Menschsein von der Taufe und von der Zugehörigkeit zu einer Konfession abhängig gemacht. Ein nicht-getauftes Kind ist »*Müll*«. – Auch diese Äußerung kann zunächst im Zusammenhang der unter Kindern üblichen Beschimpfung gesehen werden und sollte für sich genommen nicht überbewertet werden. Zugleich bleibt es religionspädagogisch bedenklich, wenn »evangelisch«, »katholisch« oder eben auch »nicht-getauft« zu Schimpfworten werden oder sich mit Beschimpfungen verbinden können.

So erfreulich die Seltenheit solcher ausgesprochener Vorurteile ist – in unseren Gesprächen mit über 300 Kindern gab es kaum mehr als eine Handvoll einschlägiger Äußerungen –, so nachdenklich muss doch eine weitere Beobachtung stimmen: In vielen Fällen belegen die Kinderäußerungen Fehlinformationen und unzutreffende Beschreibungen (»*Katholische beten mehr als Evangelische*«, »*die glauben an Maria – wir glauben an Gott*« – oder, härter: der Papst sei ein »*falscher Gott*«). Solche Äußerungen belegen eine Tendenz zu Verallgemeinerungen, aus denen sich leicht Vorurteile entwickeln können. Dies gilt besonders dann, wenn solche Verallgemeinerungen sich mit Spannungen, Streit oder Feindschaft verbinden, wie es ein Kind in der ersten Klasse über seine beiden Goldfische sagt: »*Einer ist katholisch und einer ist evangelisch – nämlich die mögen sich beide nicht so*«.

An dieser Stelle ist eine historische Erinnerung hilfreich. In seiner 1908 veröffentlichten Untersuchung berichtet Edmund Leupolt, dass die von ihm befragten Kinder »eine unklare und verworrene Vorstellung von einem Unterschiede der Konfessionen« hätten: »Es behaupten sieben Schulkinder, dass die Katholiken Heiden oder Götzendiener seien, und sechs halten nur die Evangelischen für Christen. Drei reden von der Marienverehrung der katholischen Kirche und zwei von der Anbetung des Papstes ›und heiliger Männer, welche früher gelebt haben,‹ während nach der Anschauung anderer die Protestanten ›gleich zu Gott beten‹ oder überhaupt fromme Beter sind« (Leupolt 1908, 83).

Auch wenn manche der von E. Leupolt berichteten Kinderäußerungen in den von uns geführten Gesprächen eine direkte Parallele besitzen, neigten die Kinder vor hundert Jahren doch offenbar noch sehr viel deutlicher zu konfessionsbezogenen Vorurteilen.

Das bislang von uns gezeichnete Bild wird durch Beobachtungen zu zwei weiteren Themen weiter bestätigt – bei der Frage nach einem Rat für ein Kind, das sich taufen lassen will und nicht weiß, ob es evangelisch oder katholisch werden soll, sowie bei der Frage »Hättest du lieber einen katholischen oder einen evangelischen Freund, eine katholische oder evangelische Freundin?« Auf diese beiden Themen soll im nächsten Abschnitt ausführlicher eingegangen werden. An dieser Stelle kommt es uns nur darauf an, dass auch hier keine Tendenzen zu einer allgemeinen Auf- oder Abwertung der einen oder anderen Konfession zu beobachten waren. Bei der Entscheidung des noch nicht getauften Kindes machen besonders die Kinder im ersten Schuljahr die eigene Konfessionszugehörigkeit zum Entscheidungsgrund (»*so wie ich*«) bzw. die Konfession der Familienangehörigen oder auch die der Freunde. Daneben werden pragmatische Motive genannt, die das Kind bedenken soll (Entfernung zur jeweiligen Ortskirche, die zu erwartenden Geschenke usw.). Die Kinder im dritten Schuljahr argumentieren ähnlich, heben daneben aber stärker den eigenen Glauben des Kindes hervor oder die Eindrücke, die das Kind im evangelischen oder katholischen Religionsunterricht gewinnen könnte. Den Ausschlag geben soll am Ende die soziale Zugehörigkeit zu den Eltern, besonders der Mutter, aber auch zu den Freundinnen und Freunden, deren Konfessionszugehörigkeit das Kind bedenken soll.

Ähnlich fallen die Überlegungen zur gewünschten Konfessionszugehörigkeit der Freundinnen und Freunde aus. Während die Erstklässler hier noch unsicher sind und ihre Meinung im Verlauf des Gespräches mehrfach ändern können, vertreten die Kinder in der dritten Klasse ganz überwiegend die Auffassung, Konfession spiele für Freundschaften keine Rolle – eine Auffassung, die auch bei einem Teil der Kinder in der ersten Klasse schon zu finden ist. Auf die Spannung zwischen der Betonung der sozialen Zugehörigkeit, mit der die Konfession bei der Tauffrage übereinstimmen soll, und der Verneinung jeder Bedeutung von Konfession für Freundschaftsbeziehungen sei hier nur hingewiesen – auch diese Spannung muss später noch genauer geklärt werden (s.u., 72).

Zusammenfassend kann festgehalten werden, dass die nur vereinzelt zu beobachtenden Vorurteile sowie die häufiger auftretenden Fehlinformationen und -einschätzungen auf ein offenes, zugleich aber doch – zur Vermeidung der Entstehung von Vorurteilen – aufzuklärendes Verhältnis zwischen den Konfessionen bzw. zwischen Kindern mit unterschiedlicher Konfessionszugehörigkeit hinweist. Die Frage:»Was ist besser – evangelisch oder katholisch?« stellt für die Kinder offenbar in der Regel keine aktuelle Streitfrage dar. Sie wird nicht nach dem Schema: Wer ist größer, stärker, schöner, hat mehr Spielsachen, den besseren Computer etc.? behandelt.

Eigens hervorzuheben ist auch, dass die Kinderäußerungen zu Beginn und am Ende des Schuljahres mit konfessionell-kooperativem Religionsunterricht beispielsweise nicht auf eine Zunahme von positiv oder negativ bewerteten Wahrnehmungen der jeweils anderen Kinder oder auch der anderen Konfession bzw. von Vorurteilen schließen lassen. Wie ebenfalls noch genauer zu erläutern sein wird (s.u., 53ff.), fällt eine genaue Abschätzung der Wirkungen des Unterrichtsversuchs am Ende des Schuljahrs, etwa im Sinne eines Vorher-Nachher-Vergleichs, zwar schwer. Immerhin aber ist zu bedenken, dass konfessionell-kooperativer Religionsunterricht immer wieder auf die Unterschiede zwischen evangelisch und katholisch hinweist, diese dadurch bewusster macht oder jedenfalls bewusst hält und auf diese Weise auch zur Vorurteilsbildung beitragen könnte. Um so bedeutsamer ist es, dass die Kindergespräche dafür keine Belege enthalten.

2.6 Konfessionell getrennt oder kooperativ – was wollen die Kinder?

Mit diesem Abschnitt wenden wir uns einer besonders wichtigen, in der Literatur aber kaum beachteten Frage zu. Bislang waren es vor allem die Erwachsenen, die Lehrerinnen und Lehrer, die nach ihren Erwartungen und Wünschen hinsichtlich eines ökumenischen oder konfessionell-kooperativen Religionsunterrichts befragt wurden (für die Grundschule zuletzt Englert/Güth 1999, bes. 94ff., für verschiedene Schulstufen und -arten vgl. Feige u.a. 2000). Dabei ergreifen die Erwachsenen stellvertretend das Wort für die Kinder – zumindest wollen sie dies tun. Nach heutiger Auffassung haben aber auch Kinder schon das Recht, ihre eigene Sicht zum Ausdruck zu bringen und damit gehört zu werden.

Dieser Einsicht folgt auch die neueste quantitative Untersuchung zum Religionsunterricht von Anton Bucher, die, wie der Autor selber sagt, die missverständliche Frage an die katholischen Schülerinnen und Schüler einschließt:»Die evangelischen Mitschüler sollten den gleichen RU besuchen wie wir« (Bucher 2000, 93). Auch bei Bucher werden entsprechende Ergebnisse nur für die Jugendlichen in der Sekundarstufe berichtet (mit nach Schulstufe und -art sowie Bundesland unterschiedlichen Ergebnissen), nicht aber zu den in seiner Studie sonst ebenfalls befragten Kindern in der Grundschule.

Somit darf noch einmal festgehalten werden, dass im Folgenden erstmals Befragungsergebnisse zum konfessionell-kooperativen Religionsunterricht in der Grundschule in der Sicht der Kinder geboten werden. Deshalb scheint es uns auch wichtig, die Befragungsergebnisse hier etwas ausführlicher und getrennt nach verschiedenen Zeitpunkten darzustellen.

Wie begegnen die Kinder zu Beginn ihrer Schulzeit im ersten Schuljahr der Frage nach konfessionellem oder gemeinsamem Religionsunterricht? Bei den einige Wochen nach Schuljahresbeginn geführten Gesprächen ergab sich ein differenziertes Bild: Ein Teil der Kinder konnte mit dieser Frage nichts anfangen, wobei eine Rolle spielen könnte, dass sie auf Grund des konfessionell-kooperativen Religionsunterrichts überhaupt keinen nach Konfessionen getrennten Unterricht kennen gelernt hatten, über den sie dann hätten urteilen können. In zahlreichen Gesprächen äußern sich die Kinder aber doch zu dieser Frage, wobei ihre Meinungen auseinandergehen: Sprechen sich die einen für gemeinsamen Unterricht aus, so die anderen für einen in konfessionellen Gruppen erteilten Unterricht. Soweit die jeweilige Auffassung begründet wird – was bei einer erheblichen Zahl von Kindern nicht der Fall war – , treten Unklarheiten, Unsicherheiten und Verwechslungen hervor. So wird ein nach Konfessionen getrennter Religionsunterricht tautologisch begründet (»*Weil man dann so aufteilen kann in zwei Gruppen*«, sei dieser Unterricht »*gut*«), für die Trennung werden pragmatische Gründe angeführt (sonst wäre es zu viel für die Lehrer, wäre es zu laut usw., bei zwei Lehrern in derselben Stunde wird ein Durcheinander befürchtet). In einigen Fällen wird ein getrennter Unterricht abgelehnt, weil man bei den Freundinnen oder Freunden bleiben will – ein Argument, das bei anderen Kindern aber ebenfalls auf Widerspruch treffen kann. Einige Kinder sprechen sich für getrennten Religionsunterricht aus, weil man dort »*Spiele machen*« könne. Eindrücklich ist auch die Befürchtung eines Kindes, dass man im nach Konfessionen getrennten Religionsunterricht »*rechnen*« müsse!

Besonders aufschlussreich hinsichtlich der von den Kindern eingesetzten Argumente sind drei Gesprächspassagen, auf die wir deshalb eigens eingehen.

Gefragt nach dem evangelischen und katholischen Religionsunterricht sagt eine Schülerin, dass sie es besser fände, wenn man zusammen bliebe. Darauf antwortet ihr eine andere

Schülerin: Ich finde, auseinander.
Interviewer: Warum ist das besser?
Schülerin: Weil da halt jeder sein eigenes lernt und dass man sich halt auch gegenseitig dann was erzählen kann und so.

Kurz darauf und noch im selben Gesprächszusammenhang:

Schüler: Ich finde, das wäre besser auseinander, weil da kommen ja immer andere Kinder und … dann wissen die gar nicht, wo sie hin sollen … Und deswegen ist es besser getrennt. Dass sie dahin kommen, wo sie hin sollen.

Während man bei der letzten Äußerung wiederum an ein praktisches oder pragmatisches Argument denken kann – die neuen Kinder sind noch unsicher bei ihren Wegen im Schulhaus –, verweist die erste Äußerung der Schülerin auf ein Argument, das auch in der didaktischen Diskussion eine Rolle spielen kann: »*Eigenes*« lernen, damit man sich »*gegenseitig*« etwas »*erzählen kann*«.

Dieser Argumentation entspricht auch eine Wahrnehmung hinsichtlich der Lehrerin in einem anderen Gespräch:

Schülerin: Weil manche, die sind ja katholisch. Und manche sind ja evangelisch. Und jetzt, wenn jetzt nur eine evangelische Lehrerin wäre, und keine katholische, dann täte das halt … nicht so klappen.

Hier wird von dem Kind eine Korrespondenz zwischen der Konfessionszugehörigkeit der Schülergruppe und der der Lehrperson gefordert.

45

Bei den letzten Beispielen ist bereits ein Stück weit deutlich geworden, dass zumindest manche Kinder auch schon zu Beginn ihrer Schulzeit zu differenzierenden und argumentativ begründeten Einschätzungen unterschiedlicher Formen von Religionsunterricht in der Lage sind, zumindest anfanghaft. Unser letztes Beispiel aus der Schuleingangsphase fasst noch einmal einige der pragmatischen, sich zum Teil widersprechenden Einschätzungen zusammen.

Interviewer (fragt nach getrenntem Unterricht): Die einen müssen hoch, die anderen sind da. Was haltet ihr davon?
Erster Schüler: Ich find das gut, weil dann müssen wir nicht soweit hochlaufen die Treppen ...
Zweiter Schüler: Ich find's dumm ... weil man da immer getrennt ist. Wenn es zum Beispiel Freunde sind, dann werden sie getrennt ...
Dritter Schüler: Mir ist es egal, obwohl meine Freunde (getrennt) sind. Der Z., der ist ja evangelisch, und ich bin ja katholisch.

Die bislang betrachteten Kinderäußerungen liegen alle im wesentlichen noch *vor* den eigenen Erfahrungen mit Religionsunterricht. Dies ändert sich, wenn wir uns den *Gesprächen am Ende des ersten Schuljahres* zuwenden. Die Äußerungen werden nun auch deutlich differenzierter. Die Kinder sprechen in ausdrücklicher Weise über ihre Wahrnehmungen des getrennten oder gemeinsamen bzw. kooperativen Religionsunterrichts. Ein Teil der Kinder hat die Kooperation allerdings offenbar nicht bewusst als solche wahrgenommen oder nicht weiter darüber nachgedacht. Eine klare Tendenz der Bewertung der unterschiedlichen Unterrichtsformen ist jedenfalls nicht festzustellen. Manchmal wird nur von bestimmten Unterrichtssituationen berichtet, häufig kommt es zu widersprüchlichen Bewertungen auch derselben Erfahrung (besser gemeinsam – besser getrennt). Überwiegend werden pragmatische Gründe genannt (interessanterer Unterricht, Disziplinprobleme, im Klassenzimmer bleiben – andere Klassenzimmer kennen lernen usw.). In einer Reihe von Interviews werden die Freunde als Motiv für gemeinsamen Religionsunterricht genannt. Dem stehen Äußerungen gegenüber, die auf die Notwendigkeit getrennten Religionsunterrichts zielen – wegen der Unterschiede zwischen den Konfessionen (andere »*Regeln*«, andere Lieder, anders »*an Gott denken*«) und damit man weiß, wo man »*hingehört*« (was allerdings einfach die jeweiligen Klassenzimmer meinen kann). Weitergehend wird aber auch eine Chance im Voneinanderlernen gesehen (*weil dann würde man was über die Katholischen lernen, die Evangelischen, was die sagen, und die Katholischen über die Evangelischen, was die sagen*). Hier findet der didaktische Ansatz konfessionell- kooperativen Religionsunterrichts eine direkte Spiegelung in der Äußerung eines Kindes: Kooperation als Chance des Mit- und Voneinander-Lernens.

Eines der Gespräche zeigt eine differenzierte diskursive Auseinandersetzung der Kinder mit der Frage, welche Form von Unterricht bevorzugt werden soll. Zunächst antworten die Schüler sehr positiv auf die Frage nach gemeinsamem Religionsunterricht: »*Ja!*«

Erster Schüler: … weil das dann in meinem eigenen Klassenzimmer ist, wo ich immer bin …
Zweiter Schüler: Und außerdem ist der Pfarrer Y besser in Religion.
Dritte Schülerin: Ja, und weil da kann ich meine Freundin wieder treffen.

Ein weiterer Schüler sowie die ersten beiden Schüler stimmen dem zu. Eine weitere Schülerin sagt:

Weil wenn man in die andere Reli geht, dann würde nicht immer getrennt, weil das ist dann halt nicht so schön, weil man da nicht so viele Kinder kennt, weil die da kommen ja aus einer anderen Klasse.

Einige Zeit später kommen die Kinder dann noch einmal auf diese Frage zurück:

Zweiter Schüler: (Man kennt) das Klassenzimmer und die Kinder.

Dies ist freilich ein Argument, dem eine Schülerin gleich widerspricht. Sie nämlich ist für Abwechslung: »*Dann sieht man nicht immer nur das Gleiche*«!

Zumindest ansatzweise werden hier Argumente formuliert und gegeneinander abgewogen. Ein hoher Wert liegt für die Kinder darin, dass sie in einer vertrauten Umgebung und mit vertrauten Personen zusammen sind – freilich auch darin, dass sie die als besser wahrgenommene Lehrkraft bekommen. Weitere Argumente, die hier nicht alle wiedergegeben werden können, drängen am Ende in Richtung eines Kompromisses. Vielleicht – so sagen es einige Kinder – wäre es am besten, abwechselnd verschiedene Unterrichtsformen einzusetzen. Auf diese Weise könnten die jeweiligen Vor- und Nachteile ausgeglichen werden.

Die Kinder der ersten Klasse, deren Auffassungen wir bislang dargestellt haben, kennen – zu Beginn des Schuljahrs – den Religionsunterricht noch nicht oder haben – am Ende des Schuljahres – nur einen kooperativen Religionsunterricht kennengelernt. Die Kinder der *dritten Klasse*, mit denen wir gesprochen haben, bringen in aller Regel die Erfahrung von zwei Jahren konfessionell getrenntem Religionsunterricht mit, wobei auch zeitweise Kooperationen, wie sie heute an den meisten Schulen üblich sind, eine Rolle spielen dürften. Wie beurteilen nun diese Kinder die unterschiedlichen Formen von Religionsunterricht? Im Vergleich zu den Kindern im ersten Schuljahr fällt die größere Differenziertheit auf, mit der die Kinder jetzt argumentieren. Auch wenn aus den Gesprächen insgesamt nicht der Eindruck entsteht, dass die Organisationsform des Religionsunterrichts für die Kinder an erster Stelle steht oder ein brennendes Problem darstellt, haben viele von ihnen doch eine deutliche Meinung zu dieser Frage. Genauer gesagt, haben sie *Meinungen*, denn aus den Gesprächen ergibt sich wiederum keine einhellige Auffassung. Vielmehr gehen die Meinungen der Kinder deutlich auseinander. Einige Kinder sprechen auch davon, dass sie manchmal die eine und manchmal die andere Form besser finden, d.h. dass sie nach eigener Wahrnehmung in ihrer Auffassung schwanken.

Gemeinsam ist vielen Äußerungen, dass die Form des Religionsunterrichts vor allem pragmatisch beurteilt wird, d.h. auf Grund von äußeren Umständen, die mit diesem Unterricht verbunden werden. Bei gemeinsamem Unterricht werden beispielsweise zu volle Klassen befürchtet oder auch der Verlust von mit einer Konfession verbundenen Vorteilen (Kommunion ist früher als Konfirmation). Daneben werden von den Kindern aber auch bemerkenswerte inhaltliche Argumente vorgetragen, die im einzelnen aufgenommen werden sollen.

Wie differenziert die Kinder den Religionsunterricht nun wahrnehmen und beurteilen, ist schon daran abzulesen, dass nicht weniger als *vier unterschiedliche Formen* diskutiert werden:

– Den *nach Konfessionen getrennten Religionsunterricht* finden manche Kinder einfach »*doof*« oder »*blöd*«, ohne dies weiter zu begründen. Andere Kinder finden ihn »*gut*«, weil hier in verschiedene Gruppen eingeteilt werde. Sonst wäre es zu »*voll*«. Manche Kinder schätzen es, dass man bei der Einteilung erkennen kann, wer evangelisch und wer katholisch ist und dass dann kleinere Schülergruppen entstehen. Wie gegensätzlich die Argumente dabei ausfallen, zeigt sich u.a. in der Frage des

Lehrerbedarfs: Lehnen die einen einen getrennten Religionsunterricht ab, weil man dann »*immer so viele Lehrer*« bräuchte, geben andere zu bedenken, dass bei gemeinsamem Unterricht »*immer weniger Lehrer den Job*« bekommen würden. Als Ablehnungsgrund für einen getrennten Religionsunterricht nennen manche, dass sie sich nicht von ihren Freunden trennen wollen, ein Kind begrüßt diesen Religionsunterricht, denn »*dann sind wir von den Mädchen weg*« (ein Großteil der Mädchen ist offenbar katholisch). Wieder andere Kinder denken an die Kirchengebäude – auch hier mit gespaltener Meinung: Ohne getrennten Religionsunterricht (gedacht ist wohl an die Trennung der Konfessionen) bräuchte man ja eine »*ganz große Kirche*«; aber eben darin sieht ein anderes Kind ein Argument für Religionsunterricht im Klassenverband, bei dem man »*nicht so viele Bauwerke*« bräuchte.

Besonders weitreichende Überlegungen enthält folgende Äußerung: »*Jeder soll seine eigene Religion haben. Sonst kommt man nämlich ganz durcheinander.*« In diesem Sinne eines »Eigenen« wird manchmal auch auf die Lieder und Geschichten hingewiesen, die in den verschiedenen Formen von Religionsunterricht nicht gleich seien. Zumindest in einem Falle verbinden die Kinder die Entscheidung über die Formen von Religionsunterricht auch mit dem Gottesverständnis:

Eine Schülerin kann den getrennten Religionsunterricht nicht gut heißen, »weil's eigentlich egal ist, wenn man evangelisch ist (oder) katholisch. Und es gibt ja bloß einen Gott«. Ein Mitschüler pflichtet ihr zunächst bei, wird dann jedoch unsicher: »Vielleicht gibt's ja zwei Gotte«.

- *Religionsunterricht im Klassenverband* ist die nächste Form, die von den Kindern angesprochen wird. Sie sei gut, weil man »*sich da auskennt*« und weil dann kein Wechsel des Klassenzimmers notwendig sei. Man spare sich Wege im Schulhaus. Man könne etwas »*zusammen machen*«, und es sei eben einfach »*lustiger*«. Wie manche der Kinder ausdrücklich sagen, hat das damit zu tun, dass man die anderen Kinder kennt.
- Einen Kompromiss stellt für manche Kinder offenbar ein *zeitweise gemeinsamer Religionsunterricht* dar. Ein solcher Unterricht sei interessant, weil man dann von den anderen etwas hören könne. Davon wird ein besonderer Wissenszuwachs erwartet. Dazu gehört auch die Form des Team-Teaching, das in manchen Fällen praktiziert wurde.

- Angesprochen wird auch die Möglichkeit eines getrennten Religionsunterrichts mit *Lehrerwechsel*, der als eine mögliche Alternative gesehen wird. Von den Kindern wird er nicht als negativ oder verunsichernd empfunden.

Angesichts dieser differenzierten Wahrnehmung von Religionsunterricht bei den Kindern schon zu Beginn der dritten Klasse ist es besonders interessant, welche Beobachtungen sich bei den Gesprächen *am Ende des dritten Schuljahres* ergeben. Zu diesem Zeitpunkt haben die Kinder drei Jahre lang Erfahrungen mit dem Religionsunterricht gesammelt. Ein Jahr davon war durch konfessionell-kooperativen Religionsunterricht bestimmt.

An erster Stelle stehen auch jetzt für die Kinder die bereits genannten praktischen Erwägungen. Ihre Bewertung eines nach Konfessionen getrennten oder kooperativen Unterrichts orientiert sich an ähnlichen oder häufig sogar gleichen Kriterien wie in den bisher beschriebenen Gesprächen: Größe der Lerngruppen (zu voll, zu laut usw.), beliebte und unbeliebte Lehrkräfte, angenehme oder unangenehme Schulräume, häufige oder nicht so häufige Klassenarbeiten usw. Und wiederum lassen die Gesprächsverläufe keine klaren Trendaussagen zugunsten der einen oder anderen Unterrichtsform zu. Gelegentlich stimmen in einer Gesprächsgruppe alle Kinder überein und wollen gemeinsamen oder getrennten Religionsunterricht. In vielen Fällen kommt es aber zu gegensätzlichen Meinungsäußerungen, zum Teil sogar zu richtigen Streitgesprächen, in denen mit Gründen *für* oder *gegen* die konfessionelle Trennung im allgemeinen und dann auch im Religionsunterricht argumentiert wird. Dabei kommt es immer wieder vor, dass dieselben Kinder einmal für *getrennten* Unterricht und dann, wenig später, für *gemeinsamen* Unterricht eintreten. Offenbar liegen die eigenen Auffassungen auch am Ende des dritten Schuljahres noch nicht allzu fest.

Betrachten wir auch hier einige Beispiele:

Schüler: Ja, da gibt's evangelisch und katholisch, ja, weil wenn's nur Religion heißen würde, dann würde der eine in die Reli gehen, dabei ist er gar nicht in der, der andere in die …
Schülerin: Also, ich finde eigentlich auch gut, dass es verschiedene Religionen gibt, damit nicht alle … etwas Gleiches denken. Alle glauben an Gott, und dann gibt's ihn doch nicht.

Diese Passage zeigt zunächst die bereits erwähnte, noch fließende Bedeutung von »Religion« als Religionsunterricht und als Religionsgemeinschaft oder Glaubensweise. Darüber hinaus deutet sich bei der Schülerin die Auffassung an, dass es im Bereich von Religion nicht einfach richtig oder falsch gibt, sondern nur eine prinzipiell riskante Entscheidung.

Vielleicht aber greifen solche Deutungen schon viel zu weit. In anderen Gesprächen wird jedenfalls deutlich, dass auch bei solchen Auseinandersetzungen letztlich praktische Fragen gemeint sind:

Erster Schüler: Ja, evangelisch und katholisch, also sind jetzt alle das Gleiche ... das wäre ja ganz blöd ...
Erste Schülerin: Das wäre doch eigentlich auch gut.
Zweite Schülerin: Ja, das wäre doch eigentlich auch gut.
Erster Schüler: Ja, aber dann können die nicht mehr zusammen ... weil sie jetzt so viel Quatsch machen zusammen ...
Zweite Schülerin: Ja, aber schau mal, wenn jetzt alle katholisch wären, dann gäbe es ja ein Riesendurcheinander in der Kirche da.

Mehrfach sprechen die Kinder aber auch davon, dass sie es interessant finden zu erfahren, was die »*anderen*« machen. Hier ist offenbar ein kooperativer Religionsunterricht gemeint, bei dem die Kinder phasenweise in getrennten Lerngruppen und phasenweise gemeinsam unterrichtet werden. In den gemeinsamen Phasen findet dann ein Austausch darüber statt, was in den getrennten Gruppen erarbeitet wurde.

Eindrücklich sind auch die von den Kindern getroffenen Einschätzungen der Kompetenzen, die sie bei den Lehrerinnen und Lehrern wahrnehmen. Von ihren Erfahrungen mit Lehrertausch berichten die Kinder etwa so:

Schüler: Der (evangelische Lehrer) kann halt nicht so viel von den Katholischen erzählen, weil er evangelisch war ...
Schülerin: Ja, das ist schon klar ... die evangelische Lehrerin kann besser evangelisch erzählen und die katholische Lehrerin kann besser katholisch erklären.

Der Lehrertausch ist bei den Kindern insgesamt beliebt (Schüler: *dass mal ein Unterschied ist, dass man weiß, wie es da ist und wie es da ist*). Zumindest einzelne Kinder machen allerdings auch deutlich, dass für sie der Unterricht bei einem Lehrer oder einer Lehrerin der anderen Konfession seine Grenzen haben muss. Eine katholische Schülerin bringt zum Ausdruck, dass sie einen solchen Unterricht nicht gut fände:

... weil wir so sehr vom Evangelischen geredet haben. Und wenn wir jetzt alles umändern müssten, das könnte ich mir nicht vorstellen.

Dieses Kind befürchtet eine Verunsicherung, wenn es von einer Lehrkraft der anderen Konfession unterrichtet würde. Es will sich nicht umstellen müssen.

Zusammenfassend ist festzuhalten, dass die Gespräche besonders am Ende des dritten Schuljahres die Erfahrungen mit unterschiedlichen Formen des konfessionell-kooperativen Religionsunterrichts widerspiegeln. Diese Erfahrungen sind nicht ohne Einfluss auf die Wünsche der Kinder. Besonders deutlich ist dies bei der Form des Lehrertauschs, den die Kinder häufig lobend erwähnen. Ebenso nachhaltig ist aber auch der Eindruck, dass für die Kinder – sei es im ersten oder im dritten Schuljahr – weniger die organisatorischen Grundmodelle (getrennte Lerngruppen, Klassenverband usw.) entscheidend sind als vielmehr die von ihnen gewünschte Qualität von Unterricht im Sinne freundlicher Beziehungen, geringer Störungen durch Lärm, Disziplinproblemen, Gruppengrößen, guten räumlichen Voraussetzungen usw. Dies lässt sich wohl auch entwicklungspsychologisch so verstehen, dass Kinder im Grundschulalter noch selten über die Gestalt oder Gestaltung von Schule als Institution nachdenken. Dazu werden sie in aller Regel ja auch nicht herausgefordert. Schule begegnet ihnen als eine Gegebenheit, in die sie selber nicht verändernd eingreifen können oder dürfen.

3. Übergreifende Fragen

Im letzten Abschnitt haben wir uns möglichst eng an diejenigen Fragen und Themen angeschlossen, die in den Gesprächen mit den Kindern vorkommen. In diesem Abschnitt soll es nun um Fragen gehen, wie sie uns im Blick auf den konfessionell-kooperativen Religionsunterricht immer wieder gestellt werden. Das gilt zunächst für das Interesse daran, was die Kinder denn nun während eines Jahres mit konfessionell-kooperativem Religionsunterricht gelernt haben. Es gilt ähnlich aber auch für die kontrovers diskutierte Spannung zwischen »Beheimatung« und »Begegnung«, die wir unter dem Aspekt der Entwicklung des konfessionellen Bewusstseins aufnehmen.

Darüber hinaus können die Gespräche mit den Kindern in bestimmten Hinsichten noch weiter ausgewertet werden, die im Zusammenhang konfessionell-kooperativen Religionsunterrichts ebenfalls aufschlussreich sind:

Kriterien für die Wahl zwischen verschiedenen Konfessionszugehörigkeiten, wie sie bei der Auseinandersetzung mit einer Dilemmageschichte sichtbar werden; der von den Kindern wahrgenommene oder gewünschte Zusammenhang zwischen Freundschaften und Konfessionszugehörigkeit; der religionspädagogisch bedeutsame Unterschied zwischen prägenden Einflüssen und dem Selbstbewusstsein der Kinder; konfessionelle und nationale Identitäten. Am Ende fassen wir unsere Ergebnisse in der Frage zusammen, welchen Religionsunterricht Kinder brauchen.

3.1 Vorher – Nachher:
Was haben die Kinder im kooperativen Unterricht gelernt?

Auf die Frage, was ein Jahr konfessionell-kooperativen Religionsunterrichts bei den Kindern verändert oder bewirkt habe, richtet sich verständlicherweise das besondere Interesse der bildungs- bzw. kirchenpolitischen Diskussion. Hier konkretisiert sich das Bestreben nach »Identität« und »Verständigung« oder nach »Beheimatung« und »Begegnung«, wie es in den entsprechenden kirchlichen Erklärungen und didaktischen Entwürfen heißt. Gerade weil wir hier sehr weitreichenden Erwartungen begegnen, ist schon vorab auf die Grenzen der Beantwortbarkeit dieser Frage hinzuweisen, wobei es zum Teil um grundsätzliche Grenzen geht, zum Teil aber auch um Grenzen des von uns durchgeführten bzw. begleiteten Unterrichtsversuchs und der eingesetzten Untersuchungsmethoden.

Ein Jahr konfessionell-kooperativer Religionsunterricht ist nicht mit einer sog. Interventionsstudie zu verwechseln. Bei einer solchen, in der pädagogischen Psychologie beispielsweise zur Förderung der moralischen Urteilsfähigkeit durchgeführten Interventionsstudie wird in der Regel ein besonderes Unterrichtsangebot oder -programm (sog. »treatment«) eingesetzt (vgl. Oser/Althof 1992). Im Anschluss daran wird überprüft, wie sich dieses Angebot auf Kinder oder Jugendliche auswirkt. Im konfessionell-kooperativen Religionsunterricht sind schon die Voraussetzungen für eine solche Untersuchung nicht gegeben. Der entsprechende Unterricht lässt sich nicht auf eine klar eingegrenzte Intervention beschränken. Er wird von einer bestimmten Lehrerin oder einem bestimmten Lehrer durchgeführt, wobei – das zeigen unsere Gespräche mit den Lehrerinnen und Lehrern sehr deutlich (s.u., 170ff.) – die jeweilige Biographie sowie die theologischen und religiösen Prägungen der Person eine wichtige Rolle spielen. Auch die wechselseitige Beeinflussung zwischen den Kindern und Jugendlichen lässt sich nicht normieren oder eingrenzen, was im übrigen pädagogisch auch nicht sinnvoll wäre. Und schließlich geht es beim konfessionell-kooperativen Religionsunterricht um eine Vielfalt von Inhalten, nicht einfach um eine begrenzte Unterrichtseinheit etwa zum Thema »evangelisch und katholisch«. So ist als erstes festzuhalten, dass wir es bei konfessionell-kooperativem Religionsunterricht keineswegs mit einer in ihrer Wirkung eindeutig messbaren Intervention zu tun haben. Vielmehr stellt dieser Unterricht einen Komplex von Aspekten dar, die mit Vorsicht und Sorgfalt auszuloten sind.

Ebenso wichtig ist eine zweite Grenze: Es ist während eines Schuljahrs kaum möglich, den Einfluss außerschulischer Gegebenheiten zu kontrollieren. Denken wir beispielsweise daran, dass im dritten Schuljahr für die katholischen Kinder die Vorbereitung auf die Erstkommunion stattfindet, so ist unmittelbar deutlich, dass hier auch die konfessionelle Identität der Kinder beeinflusst werden kann. Ähnliches gilt beispielsweise für Angebote der kirchlichen Kinder- und Jugendarbeit, die zumindest für manche Kinder eine wichtige Rolle spielt.

Gelegentlich sind wir gefragt worden, ob wir auch *Vergleichsgruppen* untersucht hätten, um so den Einfluss konfessionell-kooperativen Religionsunterrichts genauer abschätzen zu können. Auf diese Weise, so wurde dann gesagt, müsste es doch möglich sein zu sehen, ob die Teilnahme an konfessionell-kooperativem Religionsunterricht einen Unterschied macht. Auf den ersten Blick leuchtet dieser Vorschlag ein. Macht man sich jedoch klar, dass es auch in diesem Falle nicht möglich wäre, den Einfluss außerschulischer Faktoren während eines ganzen Jahres zu kontrollieren, ist der vorgeschlagene Vergleich allerdings weniger überzeugend. Auch für solche Vergleiche gilt, dass sie nach dem Schema von Intervention und Wirkung gedacht sind und sich kaum für den vorliegenden Zusammenhang eignen. Wir selbst haben deshalb keine solche Vergleichsgruppenuntersuchungen durchgeführt. Es wäre eine eigene Aufgabe, die Möglichkeiten solcher Vergleiche genauer zu prüfen.

Eine dritte Grenze der Beantwortbarkeit der Frage nach den Wirkungen eines Schuljahrs mit konfessionell-kooperativem Religionsunterricht werden wir in einem späteren Abschnitt (S. 75ff.) noch ausführlicher diskutieren. Gemeint ist die Entwicklung eines konfessionellen (Selbst-)Bewusstseins, die sich nur als ein langfristiger Prozess begreifen lässt. Ein solches Bewusstsein entsteht offenbar nicht in wenigen Wochen oder Monaten, ja nicht einmal während eines Jahres oder der gesamten Grundschulzeit. Ein einzelnes Schuljahr stellt hier wohl nur eine vergleichsweise kleine Etappe auf einem langen Wege dar. Wollte man wissen, ob in diesem Schuljahr die mit programmatischen Formeln wie »Identität« und »Verständigung« oder »Beheimatung« und »Begegnung« verbundenen Ziele erreicht worden sind, ginge dies deshalb von vornherein an der Eigenart des Entwicklungsprozesses vorbei.

Eine naheliegende Möglichkeit, etwas über die Veränderungen bei den Kindern zu erfahren, kann in direkten Nachfragen bei den Kindern gesehen werden. Wie nehmen die Kinder sich in dieser Hinsicht selber wahr? Diese Möglichkeit erwies sich in den Gesprächen mit den Kindern jedoch als wenig weiterführend. Kaum ein Kind konnte beispielsweise etwas darüber sagen, ob und wie sich seine Meinung über die jeweils andere Konfession im Laufe des Schuljahrs verändert hat. In vielen Fällen blieb diese Frage überhaupt unbeantwortet, so dass sie bei weiteren Gesprächen übergangen wurde.

Wenn wir die Kinder in offener Weise fragten, was ihnen im vergangenen Schuljahr besonders wichtig gewesen und deshalb in Erinnerung geblieben sei, nannten sie fast durchweg bestimmte Geschichten und besondere Aktivitäten wie Malen, Basteln oder Kirchenbesuche, manchmal auch besonders eindrückliche Erzählungen und Lebensbilder beispielsweise von Martin Luther oder Elisabeth von Thüringen. Offenbar war für die Kinder wichtig, dass sie im Unterricht etwas Interessantes erfahren oder tun können, und dies ganz unabhängig davon, ob ein Thema mit konfessioneller Kooperation zu tun hatte oder nicht.

Die deutlichste Veränderung zwischen den von uns in Klasse 1 und Klasse 3 sowie am Anfang und am Ende des Schuljahrs befragten Kindern ergeben sich im Blick auf den Umgang mit den Begriffen »evangelisch« und »katholisch«. Waren die Kinder besonders zu Beginn von Klasse 1 im Umgang mit diesem Begriffen, soweit diese überhaupt bekannt waren, sehr unsicher, so kann im Blick auf die Gespräche am Ende des dritten Schuljahres von einer selbstverständlichen Verwendung dieser Begriffe gesprochen werden (s.o., 25ff.). Zugleich können diese Begriffe nun auch erläutert werden, wobei die Kinder auf äußerlich wahrnehmbare Merkmale oder Handlungen wie Erstkommunion, Firmung und Konfirmation verweisen. – Darf in solchen Veränderungen aber eine Wirkung des konfessionell-kooperativen Unterrichts gesehen werden? Diese Behauptung könnte u.E. nicht belegt werden. Genau so gut könnte es ja sein, dass einfach die allgemeine kognitive, soziale und religiöse Entwicklung diese Veränderungen bedingt. Und möglich wäre auch, dass ein konfessioneller Religionsunterricht zu ähnlichen Ergebnissen führt. Dafür spricht beispielsweise, dass auch die am Unterrichtsversuch noch nicht beteiligten Kinder zu Beginn des dritten Schuljahres deutlich anders von »katholisch« und »evangelisch« sprechen als die Kinder in der ersten Klasse.

Wenn wir gefragt werden, was konfessionell-kooperativer Religionsunterricht bewirkt, geht es nicht immer um wünschenswerte Lerneffekte. Manchmal stehen hinter dieser Frage auch Befürchtungen hinsichtlich negativer Lerneffekte. Deshalb haben wir die Gespräche mit den Kindern auch daraufhin untersucht, ob am Ende des Schuljahrs vielleicht verstärkt Vorurteile hervortreten oder eine Verunsicherung hinsichtlich der eigenen Zugehörigkeit zu beobachten wäre. Über die Vorurteile haben wir bereits oben berichtet: Gegen Angehörige der jeweils anderen Konfession hegen die Kinder ganz unabhängig vom Zeitpunkt der Befragung so gut wie keine Vorurteile, und daran ändert sich durch den kooperativen Religionsunterricht nichts. Auch eine Verunsicherung der Kinder hinsichtlich ihrer eigenen Konfessionszugehörigkeit ist den Gesprächen nicht zu entnehmen. Am Ende des dritten Schuljahrs ordnen sich die Kinder in korrekter Weise einer Konfession zu, wobei auf die Ausnahme der nicht-getauften Kinder, die sich häufig ebenfalls als evangelisch oder katholisch bezeichnen, bereits hingewiesen wurde.

Aus unseren eigenen Beobachtungen lässt sich die Frage nach den Wirkungen eines Schuljahrs mit konfessionell-kooperativem Religionsunterricht also nur mit großen Vorbehalten beantworten. Vieles muss offen bleiben. Auch die Beobachtungen von Lehrerinnen und Lehrern, dass es bei der konfessionellen Kooperation besonders bei katholischen Kindern zu deutlichen Prozessen einer »Beheimatung« in der katholischen Konfession gekommen sei (s. dazu noch unten, 183), führt über diese Grenze nicht hinaus. Die Eindrücke der Unterrichtenden können nicht als endgültiger Nachweis gelten, solange entsprechende Untersuchungsergebnisse für die Kinder fehlen. Immerhin machen die Alltagseindrücke aber deutlich, dass auch für die Lehrerinnen und Lehrer keineswegs die – denkbaren – negativen Lerneffekte im Vordergrund standen.

Am Ende dieses Abschnitts bleiben uns zwei Hinweise wichtig: Zum einen, und darauf soll im Kapitel zu Unterricht und Didaktik noch genauer eingegangen werden, hat das Jahr mit konfessionell-kooperativem Religionsunterricht den Kindern mit Sicherheit eine Vielzahl von Lernmöglichkeiten geboten, bei denen Gemeinsamkeiten und Unterschiede zwischen den Konfessionen von zentraler Bedeutung waren. Diese Beobachtung lässt jedenfalls erwarten, dass ein – allerdings nicht genau messbarer – Lernfortschritt im Sinne einer konfessionsbezogenen Reflexions- und Urteilsfähigkeit wahrscheinlich ist. Zum anderen, und auch dies ist noch genauer zu erläutern, sprechen unsere Beobachtungen dafür, dass die Ausbildung eines konfessionellen (Selbst-)Bewusstseins einen langfristigen (Entwicklungs-)Prozess darstellt, der sich über mehrere Jahre oder sogar Jahrzehnte hinweg erstreckt. Die Lernergebnisse eines einzelnen Schuljahres müssen, wenn diese These zutrifft, in den Horizont eines solchen Prozesses eingeordnet werden. Erst dann lässt sich über ihre Bedeutung urteilen.

3.2 »Was soll ich werden – evangelisch oder katholisch?« Ratschläge der Kinder

In der psychologischen Forschung zur moralischen und religiösen Entwicklung haben sich sog. Dilemmageschichten bewährt, bei denen die Befragten herausgefordert werden, sich in einer schwierigen Situation zu entscheiden und ihre Entscheidung zu begründen. Am bekanntesten sind das Heinz-Dilemma von Lawrence Kohlberg und das Paul-Dilemma von Fritz Oser, die nach der Hauptperson der jeweiligen Geschichte benannt sind (nachzulesen bei Schweitzer 1999, 113, 122). Solche Geschichten führen die Befragten in eine Konfliktsituation, die nicht leicht oder auch gar nicht aufzulösen ist.

Um zusätzliche Einblicke in das kindliche Verständnis von evangelisch und katholisch zu gewinnen, haben auch wir uns diese Untersuchungsmethode zu Nutze gemacht. Die von uns eingesetzte Geschichte fordert zu einer Entscheidung zwischen den Konfessionen heraus. Bei den Antworten ist vor allem von Interesse, wodurch eine Konfession für Kinder attraktiv wird, welche Entscheidungshilfen sie bei einer Wahl zwischen evangelisch und katholisch heranziehen und wie sie dies ggf. begründen.

Am Ende des Schuljahres legten wir den Kindern folgende, möglichst anschaulich gestaltete Geschichte von Charlotte vor:

Maria, Klaus, Tim und Charlotte gehen alle in die dritte Klasse der Grundschule. Da sie alle in derselben Straße wohnen, gehen sie häufig gemeinsam nach Hause.

So auch heute. Sie erzählen sich, was sie am Nachmittag tun wollen. Maria geht zum Reitunterricht. Darauf freut sie sich schon sehr. Und Klaus fährt mit seiner Mutter zum Geburtstag seines Großvaters. Auch Tim hat schon Pläne: Er will ins Freibad. Nur Charlotte ist ausgesprochen still. Sie redet so gut wie gar nicht und erzählt auch nicht, ob sie am Nachmittag etwas vorhat.

So kennen die anderen Charlotte gar nicht. Tim sagt zu ihr: »Was ist denn heute eigentlich mit dir los? Du sagst ja gar nichts! Musst du heute Nachmittag zum Zahnarzt?«

»Nein«, sagt Charlotte, »ich überlege. Ich weiß einfach nicht, was ich machen soll. Nein, nein, nicht heute Nachmittag, sondern mit der Taufe. Ihr wisst doch, dass ich nicht getauft bin. Aber ich wäre es wirklich gerne. Meine Eltern haben auch nichts dagegen. Sie haben mir gesagt, ich müsse mich nur entscheiden, ob ich mich in der evangelischen oder in der katholischen Kirche taufen lassen will. Und jetzt weiß ich nicht, wie ich mich entscheiden soll.

Könnt ihr mir nicht weiterhelfen und sagen, was ihr an meiner Stelle machen würdet?«

Mit dieser Frage endet die Geschichte. Wie gesagt geht es um eine Entscheidungssituation, in die sich die Kinder hineinversetzen sollen. Ein echtes »Dilemma« im o.g. Sinne ist dies freilich nicht. Anders als das Heinz-Dilemma von Kohlberg muss bei der Entscheidung zwischen evangelisch und katholisch nicht gegen eine moralische Norm verstoßen werden. Gleichwohl geben die Antworten der Kinder zu erkennen, *wie* entsprechende Entscheidungen für die Kinder zustande kommen bzw. zustande kommen sollen.

Da sich die Antworten der Kinder in der ersten Klasse inhaltlich von denen in der dritten unterscheiden, folgen wir in diesem Falle wieder den Klassenstufen. Allerdings dürfen auch die Gemeinsamkeiten bei den Formen bzw. Strukturen der Argumentation nicht übersehen werden.

»Wie ich« und was für sie »besser« ist: Ratschläge aus der ersten Klasse

Viele Kinder in der ersten Klasse geben zur Antwort, Charlotte soll so werden »*wie ich*«. Ohne Begründung und ohne weiter auf Charlotte und ihre Situation einzugehen, ziehen die Kinder ihre eigene Konfession als Hauptentscheidungskriterium heran. Das klingt dann beispielsweise so:

Interviewer: Was würdet ihr der Charlotte raten?
Schüler: katholisch.
Interviewer: Und warum?
Schüler: katholisch. Einfach weil ich's selber bin!

Die Kinder, die so antworten, gehen ganz von sich selber aus. So wie sie sind, soll auch Charlotte sein oder werden. Sie reflektieren die Situation noch nicht wirklich von Charlottes Perspektive her. Wie wir bereits gesehen haben, argumentieren die Kinder auch bei der Frage nach der Konfessionszugehörigkeit ihrer Haustiere in ganz ähnlicher Weise. Auch dabei sagen sie häufig, die Haustiere seien so *»wie ich«* (vgl. oben, 36). Auch darin drückt sich das Gefühl einer engen Zusammengehörigkeit aus, das Kinder in diesem Alter offenbar ähnlich für Personen wie für Tiere aus ihrer Lebenswelt empfinden.

Neben der eigenen Person werden verständlicherweise auch häufig die Eltern genannt. Die Konfession der Eltern soll bei der Wahlentscheidung den Ausschlag geben. Ein evangelisches Mädchen ruft direkt nach der Geschichte: *»Ich weiß was! Sie muss in die Kirche reingehen, wo ihre Eltern sind.«* Diese Antwort ist zugleich insofern bemerkenswert, als sie im Vergleich zu dem einfachen Kriterium *»wie ich«* einen gewissen Wechsel der Perspektive voraussetzt. Das Mädchen denkt von Charlotte und von ihrer Situation her – es sind *deren* Eltern, die bei der Entscheidung berücksichtigt werden sollen. Es kommt aber auch vor, dass bei den Antworten nicht zu erkennen ist, an welche Eltern gedacht wird (z.B.: *wo die Mama und der Papa gehen*).

Auf die Frage, was denn dann bei konfessionsverschiedenen Eltern zu tun sei, reagieren die Kinder mit dem Hinweis auf die Mutter. Deren Konfession soll Entscheidungskriterium sein: *»Zur Mama. Weil ich ihr Kind bin. Weil sie mich auf die Welt gebracht hat«,* so beispielsweise ein katholisches Mädchen. In einzelnen Fällen verweisen die Kinder auf die Konfession des Vaters: *»Ich tät Papa nehmen, weil der am meisten mit mir macht«.*

Wie an diesen Antworten deutlich wird, entscheiden die Kinder entweder nach der eigenen Person oder nach solchen Personen, die ihnen nahe stehen. Das trifft auch auf die Freunde zu, die neben den Eltern ebenfalls häufig genannt werden. Ein katholischer Junge rät Charlotte dort hinzugehen, *»wo die besten Freunde sind«.* Ganz ähnlich sieht es auch ein evangelisches Mädchen: *»Ich würd sagen, dort wo sie die besten Freunde hat, dort soll sie getauft werden«.* Wiederum verschwimmen dabei die Unterscheidungen zwischen den eigenen Freunden und den Freunden des zu beratenden Kindes: »*Ich wäre zu meinem Freund in die Kirche, hätte mich taufen lassen, wo mein Freund auch* ...«.

Sollte es einmal zu einer Pattsituation kommen, so dass Charlotte gleich viele katholische und evangelische Freundinnen und Freunde hat, raten die Kinder, sich nach denen zu richten, »*wo sie halt besser leiden kann*«.

Die letzte Äußerung leitet bereits über zu der zweiten Argumentationsweise, die in den Äußerungen der Kinder zu beobachten ist. Charlotte soll sich dafür entscheiden, was für sie »*besser*« ist. Dabei kann es sehr konkret um handfeste Nutzerwägungen gehen, wie sie beispielsweise ein evangelischer Junge anstellt: »*Katholisch, da kriegt man bei der Kommunion mehr Geschenke*«. Unabhängig von seiner eigenen Konfession empfiehlt dieses Kind als Kriterium den Nutzen oder die zu erwartenden Vorteile: Bei der Kommunion gebe es mehr Geschenke als bei der Konfirmation, deshalb sei es für Charlotte besser, katholisch zu werden.

Es sind aber nicht nur materielle Dinge, sondern auch andere Vorteile, an die die Kinder denken. So soll sich Charlotte in der Kirche taufen lassen, die größer ist: »*Da passen dann welche rein*« – »*da kann sie nämlich auch ganz viele einladen*«. Gedacht wird offenbar an ein großes Fest und vielleicht auch daran, für viele Leute im Zentrum zu stehen. Ähnlich denkt ein katholischer Junge, der für die Kirche plädiert, in der die meisten Kinder getauft worden sind: Es sei besser, katholisch zu werden, »*weil's da mehrere Kinder davon hat – evangelisch sind nur drei oder vier*«. In diesem Fall steht die Religionsgruppe in der Schule im Hintergrund, die für den Jungen attraktiv ist. Andere Kinder finden hier gerade eine kleine Gruppe erstrebenswert. So bevorzugt ein Kind die eigene Konfession, »*weil bei uns in katholisch nicht so viele Leute sind*«. Manchmal wird der – als besser angesehene – Religionsunterricht direkt als Entscheidungskriterium vorgeschlagen: »*Wenn Charlotte sich die evangelische Klasse anguckt oder die katholische, dann kann sie rauskriegen, welche ihr besser ist. Dann weiß sie nämlich, in welche Klasse sie gehen will*«. Schließlich ist noch der Ratschlag zu nennen, sich für das schönere Kirchengebäude zu entscheiden: »*Sie könnt sich beide Kirchen angucken. Und sich aussuchen, welche am schönsten ist, und dann das werden*«. Oder, stärker praktisch gewendet: Am besten ist es, zu der Kirche zu gehören, in deren Nähe man wohnt.

In der ersten Klasse kommt es allerdings auch noch häufig vor, dass keine Entscheidungskriterien genannt werden können. Die Antwort auf die

Frage, wie sie selbst an Charlottes Stelle entscheiden würden, heißt dann einfach »*ich weiß nicht*«. Manche Ratschläge der Kinder erscheinen – zumindest aus der Sicht von Erwachsenen – sehr willkürlich. Charlotte soll katholisch werden, »*weil das Wort süß ist*«, oder evangelisch, weil »*das ist halt auch schön*«. Weitere vorgeschlagene Möglichkeiten sind Auslosen oder Auszählen.

Die oben (s. 33ff.) beschriebene Beobachtung, dass der Zusammenhang zwischen Taufe und Konfessionszugehörigkeit keineswegs allen Kindern bewusst ist, findet auch hier seine Bestätigung. So fragt ein Kind den Interviewer: »*Weißt du, ob (Charlotte) evangelisch oder katholisch ist?*« Der Grund für diese Rückfrage zeigt dann, dass dieses Kind sich nicht darüber im klaren ist, dass Charlotte vor der Taufe zu keiner Kirche gehört: »*Sie soll in die Kirche gehen, wie sie halt ist*«. Ganz ähnlich ein anderes Kind: »*Vielleicht einfach ihre Mama fragen, ob sie katholisch oder evangelisch ist. Wenn die Mama halt weiß, dann sagt sie es ihr. Und dann kann sie sich da taufen lassen, wo sie auch ist*«. Hier könnte allerdings auch die Ausrichtung an der Konfessionszugehörigkeit der Mutter mit im Spiel sein.

Fast alle Kinder ließen sich auf die von ihnen stellvertretend verlangte Entscheidung ein. Erwähnenswert sind lediglich zwei Ausnahmen:

Ein Kind rät von der Taufe ab, egal welcher Konfession (*in gar keiner*).

Zwei Kinder interessieren sich so sehr für die Frage der Freizeitgestaltung, dass sie die Frage nach der Taufe aus den Augen verlieren. Sie schlagen vor, Charlotte solle doch kegeln gehen oder ihre Mutter dazu bringen, mit ihr ins Frei- oder Hallenbad zu gehen. Auch ein gemeinsames Essen wäre schön.

Inhaltliche Gründe, wie sie aus theologischer Sicht entscheidend wären, werden von den Kindern – erwartungsgemäß – kaum genannt. Einige wenige Beispiele, die dieser Tendenz widersprechen, sollen gleichwohl nicht verschwiegen werden:

Ein katholischer Junge meldet sich direkt nach der Geschichte und empfiehlt Charlotte, katholisch zu werden, »*weil, wenn ich Jesus wäre, ich tät's empfehlen: katholisch*«. Eine weitere Erläuterung wird allerdings nicht geliefert. Der Bezug auf Jesus unterscheidet diese Antwort aber doch deutlich von den bislang berichteten und kommt mit dem Bezug auf Jesus theologischen Erwartungen zumindest tendenziell nahe.

Eine ähnliche Äußerung findet sich in den Gesprächen nur noch ein einziges Mal, bezeichnenderweise im selben Gruppengespräch. Hier empfiehlt ein evangelischer Junge Charlotte, evangelisch zu werden, »*weil da mehr über Jesus ist, und mehr Geschichten*«. Vermutlich denkt dieses Kind an die inhaltliche Gestaltung des evangelischen Religionsunterrichts.

Schließlich nennt ein evangelisches Kind die Innenraumgestaltung der evangelischen Kirche am Ort. Seiner Meinung nach gibt es dort »*mehr Kreuze von Jesus und solche Sachen*«. Deshalb empfiehlt er Charlotte seine eigene Konfession.

Zusammenfassend ist festzuhalten, dass die Kinder aus der ersten Klasse besonders zwei Entscheidungskriterien in den Vordergrund stellen: zum einen die eigene Konfession bzw. die der ihnen nahestehenden Personen, zum anderen die Erwartung von Vorteilen im weitesten Sinne, angefangen bei konkreten Nutzerwartungen wie Geschenken bis hin zu besseren Spiel- und Feiermöglichkeiten oder interessanterem Religionsunterricht.

»Wie die Eltern und Freunde« – »Kommunion oder Konfirmation«? Ratschläge aus der dritten Klasse

Wieder sind es Eltern und die Freunde und Freundinnen, die für die Entscheidungen bedeutsam sind. Zugleich vergrößert sich nun aber die Gruppe der Personen, an denen sich die Kinder ausrichten wollen. Beispielsweise kommt die Person der Religionslehrerin als mögliches Entscheidungskriterium in den Blick.

Bei den Antworten, die die Eltern berücksichtigen, ist es entweder die Meinung der Eltern (*Ich würde dann halt meine Mutter fragen, was ihr lieber ist – Das, was die Eltern wollen – ihre Eltern fragen, was sie besser finden*) oder die Konfession der Eltern (*so wie ihre Familie oder wie ihre Mutter oder wie ihr Vater, dass sie dann auch gleich ist*), die für die Empfehlung entscheidend ist. Einige Kinder haben konfessionsverbindende Ehen im Blick: »*Oder wenn die Eltern nicht gleich sind, dann müsste sie sich schon für eins entscheiden*«. Die Kinder sehen deutlich auch die besondere Schwierigkeit, die aus dieser Konstellation erwächst. Mitfühlend antwortet beispielsweise ein evangelisches Mädchen, »*weil wenn der Vater evangelisch ist und die Mutter katholisch, und sie hat keine Brüder, dann steckt sie ja wirklich in der Klemme. Da kann man ja wirklich nicht mehr helfen. Weil ist ja auch doof, weil sie will ja auch bei der Mutter lieber sein, aber auch beim Vater. Und da muss sie sich ja irgendwie entscheiden*«. Ein Kind schlägt vor, man könne in diesem Falle danach entscheiden, wer »*netter*« sei oder danach, »*wer mir besser gefällt*«. Ein anderes Kind protestiert: »*Ist doch blöd, wenn sie beide gleich lieb hat*«.

Die Orientierung an den Freunden gewinnt im Vergleich zur ersten Klasse an Gewicht. Ein katholisches Mädchen, das zunächst »*wie Mama oder Papa*« sein wollte, erwägt im weiteren, »*entweder so oder … weiß nicht, wenn meine ganzen Freunde evangelisch wären, dann würde ich auch so*«. Ein anderes Mädchen wünscht eine Entscheidung, bei der man im Religionsunterricht nicht getrennt wird (*halt nicht auseinander kommen*). In einem anderen Gruppengespräch hingegen werden unterschiedliche Konfessionen favorisiert: »*Wenn sie nämlich jetzt katholisch ist und die andere Freundin evangelisch, dann kann sie ja sich gegenseitig sagen, was sie in der Religion machen*«. In gemischtkonfessionellen Freundschaften wird hier der Vorteil gesehen, sich über die in den verschiedenen Religionsgruppen behandelten Inhalte austauschen zu können.

Einige wenige schlagen vor, Charlotte solle ihre Wahl von der Religionslehrerin abhängig machen: »*Erst mal die Lehrerin anschauen*«, »*also wenn man die eine gar nicht mag, und die andere netter ist, dann würde ich zur netteren gehen*«. Es muss allerdings offen bleiben, ob hier wirklich die Person der Religionslehrerin den Ausschlag geben soll oder der als interessanter wahrgenommene Religionsunterricht, was zu folgender Argumentationsweise weiterführt:

Die zweite Argumentationsweise bezieht sich auf erwartete Vorteile. Bei der Frage des möglichen Nutzens, die zur Entscheidungsgrundlage gemacht werden soll, spielen Kommunion und Konfirmation eine wichtige Rolle. Auch darin unterscheiden sich die Äußerungen aus der dritten Klasse von denen aus der ersten. Dabei werden ganz unterschiedliche Aspekte hervorgehoben. Evangelische wie auch katholische Kinder nennen die unterschiedliche Anzahl der Feste (*Katholisch. Da sind zwei Feste und nicht nur eines – die Kommunion und die Firmung*). Die doppelte Feier wird nicht nur als möglicher Nutzen wahrgenommen. Ein evangelisches Kind favorisiert für Charlotte die evangelische Konfession, denn »*dann hat sie keine Firmung und muss dann nicht noch mal dasselbe durchmachen – und dann bist du auch so lange in die Kirche*«.

Weitere Aspekte von Kommunion bzw. Konfirmation betreffen den Zeitpunkt. So soll Charlotte überlegen, ob sie lieber ein Fest haben will, wenn sie groß ist, »*dass sie dann Konfirmation hat, oder dass sie, wenn sie noch ein bisschen kleiner ist, Kommunion hat*«. Ein Vorteil der katholischen Konfession, so ein katholischer Junge, sei die frühere Zulassung zur Eucharistiefeier (*man kriegt schon früh die Hostie*).

Auch die Kleidung bei der Kommunion ist für die evangelischen wie auch für die katholischen Kinder eine nicht zu vernachlässigende Größe: »*Ich find das halt besser, weil man da so schöne Kleider anziehen darf*«.

Der finanzielle Aspekt bewegt ein evangelisches Kind zu einem Plädoyer für die katholische Konfession: »*Katholisch, weil da kriegt man zweimal, da kriegt man immer Geld. Weil ich kriege nur einmal Geld. Und meine Cousine kriegt zweimal*«.

Neben Kommunion und Konfirmation werden wiederum weitere Aspekte genannt, beispielsweise der bessere Religionsunterricht, die nettere Religionslehrerin, die größere Anzahl an Freundinnen oder die kleinere Anzahl von Pflichten (ein evangelischer Junge sieht im Bekreuzigen eine unangenehme Pflicht der Katholiken).

Über die Orientierung an erwarteten Vorteilen führen Argumente hinaus, die im weitesten Sinne als »pragmatisch« angesprochen werden können:

Charlotte soll sich dort taufen lassen, »*wo sie als erstes die ganze Zeit war, in der Religion*«.

Ein anderes Kind hat wohl eine Minderheitensituation vor Augen. Es geht davon aus, dass lediglich ein Kind aus einer Klasse am Religionsunterricht einer anderen Klasse teilnehmen muss: »*Wenn jetzt zum Beispiel der eine noch so traurig ist, weil der alleine ist in einer anderen Klasse und dann noch bloß den einen, dann würd ich halt dahin gehen*«. Auch hier wird eine pragmatische Entscheidung getroffen, die allerdings von Mitgefühl – und vielleicht sogar Mitleid – gesteuert wird.

Inhaltliche Begründungen im Sinne der theologischen Erwartungen bleiben selten. Das gilt auch für die Kinder aus der dritten Klasse. Um so interessanter sind die Ausnahmen:

Ein evangelisches Kind rückt den Ablauf des Gottesdienstes in den Vordergrund: »*Die Entscheidung ist für die schwer, weil sie weiß's nicht, wie's in der katholischen Kirche zugeht, und wie's in der evangelischen Kirche zugeht. Ich würde mal gucken, wie's da geht und wie's da geht und dann so, wo es ein bisschen besser gefällt, da würd ich hingehen*«.

Zwei Kinder führen in unterschiedlichen Gruppengesprächen den persönlichen Glauben als Kriterium an. Eine evangelische Schülerin überlegt zunächst: »*Es kommt darauf an, welcher Unterricht ihr besser gefällt*«. An dieser Stelle unterbricht sie sich selbst und fährt vor: »*Nein, es kommt darauf an, was sie mehr glaubt. Also beide glauben an Gott, aber die glauben auch arg, also die Katholischen glauben auch arg an Maria. Wenn sie auch arg an Maria glaubt, dann ist sie katholisch. Und an Gott*«. Eine Schülerin ohne Bekenntnis rät: »*Die soll sich mal beide Kirchen angucken und gucken, an was sie eigentlich mehr glaubt. Entweder evangelischen Glauben oder katholischen Glauben*«.

Neben den Kindern, die auch hier für Auslosen oder Auszählen plädieren, sind schließlich noch diejenigen zu nennen, die den privaten Charakter von Charlottes Entscheidung hervorheben: »*Also ich denke, es ist ihre Sache*«. Dabei kann sich auch eine Tendenz zur Selbständigkeit abzeichnen: »*Ich tät nicht sagen, sie soll evangelisch oder katholisch sein, weil die Freunde können ja eigentlich nicht darüber bestimmen, was sie sein soll*«.

Vergleichen wir am Ende die Antworten aus der ersten und der dritten Klasse miteinander, so fallen folgende Unterschiede auf: Die Drittklässler können in der Regel besser zwischen ihrer eigenen und der fiktiven Situation der Geschichte unterscheiden. In der eigenen Konfessionszugehörigkeit sehen sie kaum mehr ein Entscheidungskriterium. Das »*wie ich*« tritt deutlich zurück. Dafür gewinnen die Eltern und Freunde an Gewicht. Deren Meinung und Konfessionszugehörigkeit sollen den Ausschlag geben, wobei auch die Religionslehrerin in den Blick kommen kann. Erwägungen möglicher Vorteile sind in beiden Klassenstufen ähnlich stark ausgeprägt. Allerdings denken die Kinder in der dritten Klasse häufiger an Kommunion und Konfirmation, was wohl mit der lebensgeschichtlichen Nähe der Erstkommunion für Kinder in der dritten Klasse zusammenhängt. Neu ist in der dritten Klasse, dass auch an den Glauben einer Person als Entscheidungskriterium gedacht wird, was aber vereinzelt bleibt.

Zu Beginn dieses Abschnitts haben wir auf die Dilemmageschichten in der entwicklungspsychologischen Forschung verwiesen. Am Ende kann nun gefragt werden, ob es auch bei den Ergebnissen Entsprechungen zu dieser Forschung gibt. Theorien der sozialen Entwicklung (etwa Selman 1984) bestätigen unsere Beobachtung, dass die Entwicklungsschritte von der ersten zur dritten Klasse hinsichtlich der Fähigkeit zur Perspektivenübernahme nicht überschätzt werden dürfen. Die Konzentration auf die eigene Perspektive – die Schwierigkeit, sich an die Stelle eines anderen zu versetzen und von dort aus seine inneren Gefühle zu betrachten – herrscht bis etwa zum Alter von neun Jahren weithin vor. Das macht plausibel, warum das Argument »*wie ich*« so schlagend erscheint, auch wenn dabei, wie bereits gesagt, weitere Aspekte wie etwa das Gefühl der Nähe ebenfalls eine Rolle spielen. Der entwicklungspsychologischen Forschung zufolge (Erikson 1974, Fowler 1991) ist auch die Beobachtung verallgemeinerbar, dass das sog. soziale Bewusstsein der Kinder erst nach und nach einen größeren Radius gewinnt. Lange Zeit orientieren sie sich ganz an den Eltern oder anderen sog. primären Bezugspersonen mit Elternfunktion; erst allmählich treten weitere soziale Bezüge hinzu (Freundinnen und Freunde, Lehrerin und Lehrer usw.), institutionelle oder gesellschaftliche Dimensionen kommen erst im Jugendalter in den Blick.

Da die Freunde für die von uns befragten Kinder eine wichtige Rolle spielen – was im übrigen auch sonst von der Sozialisationsforschung hervorgehoben wird –, soll darauf in einem weiteren Abschnitt eigens eingegangen werden.

3.3 Lieber einen katholischen oder einen evangelischen Freund?

Im letzten Abschnitt sind wir im Zusammenhang des kindlichen Denkens über Konfession auf die Bedeutung der Freundinnen und Freunde gestoßen. Zumindest ein Teil der Kinder will sich bei der Entscheidung zwischen evangelisch und katholisch an den Freunden orientieren. In den Gesprächen ging es aber auch direkt um die Frage, ob die Kinder denn lieber eine evangelische Freundin bzw. einen evangelischen Freund hätten oder lieber eine katholische Freundin bzw. einen katholischen Freund. Die Antworten auf diese Frage geben Einblick in die Bedeutung von Konfessionszugehörigkeiten im alltäglichen Leben der Kinder – Kinderfreundschaften sind für diesen Alltag von kaum zu überschätzender Bedeutung. Zugleich ist aus der Vergangenheit bekannt, wie stark die Konfessionszugehörigkeit etwa im Sinne des sog. katholischen Milieus Freundschaften erleichtern oder erschweren, wenn nicht sogar unmöglich machen konnte. Insofern stellen die im Folgenden berichteten Kinderäußerungen auch einen Indikator für den geschichtlichen Wandel des in früherer Zeit stark konfessionell strukturierten Kinderalltags dar.

Vorab zu nennen sind zwei Beobachtungen, die für unsere Beschreibung im Folgenden bedeutsam sind: Zum einen sind zwischen den Äußerungen der Kinder in der ersten und denen in der dritten Klasse deutliche Unterschiede wahrzunehmen, weshalb wir wieder den Klassenstufen entlang gehen. Zum anderen spielt die Konfessionszugehörigkeit bei der Frage nach den Kinderfreundschaften eine deutlich geringere Rolle als bei der im letzten Abschnitt beschriebenen Entscheidung zwischen evangelisch und katholisch. Daher muss im Folgenden auch die Frage beantwortet werden, wie es zu dieser unterschiedlichen Einschätzung kommen kann.

Sehr viele der Kinder aus der *ersten Klasse* antworten auf die Frage, ob sie lieber einen katholischen oder lieber einen evangelischen Freund hätten, eindeutig so, dass es ihnen gleichgültig sei, ob Freund oder Freundin evangelisch oder katholisch sind. Diese Antworttendenz lässt sich nicht damit erklären, dass Kinder in diesem Alter überhaupt noch keine Kriterien für ihre Freundeswahl nennen könnten. Die Kinder können durchaus sagen, was ihnen hier wichtig ist – dass man sich mit dem Freund gut versteht, schön zusammen spielen kann, nicht zu oft streitet, in der Nähe wohnt usw. Darüber hinaus muss der beste Freund für Jungen in aller Regel ein Junge sein und für die Mädchen ein Mädchen. Deshalb bleibt es bemerkenswert, dass die Konfessionszugehörigkeit für die Kinder nicht zu diesen Kriterien zählt und in dieser Hinsicht also keine zentrale Bedeutung besitzt.

In ihren Äußerungen blieben die Kinder nicht bei der hypothetischen Frage stehen, sondern kamen von selbst auf ihre tatsächlichen Freundschaften zu sprechen. Auch hier bestätigt sich der Befund: Die Freundschaften der Kinder folgen nicht den Grenzen zwischen den Konfessionen, und umgekehrt scheitern sie auch nicht an unterschiedlichen Konfessionszugehörigkeiten. Auch Kinder, die ihrer eigenen Auffassung nach Freunde oder Freundinnen der eigenen Konfession bevorzugen würden, pflegen in Wirklichkeit Freundschaften über die Konfessionsgrenzen hinweg und betrachten dies als ganz selbstverständlich, wie etwa der folgende Gesprächsausschnitt zeigt:

Interviewer: Habt ihr lieber katholische oder lieber evangelische Freunde?
Erster Schüler (evangelisch): Mir ist es egal.
Erste Schülerin (evangelisch): Also mir ist es auch egal.
Zweiter Schüler (katholisch): Mir katholisch.
Erste Schülerin: Ich hab ganz verschiedene.
Interviewer: Du hast verschiedene.
Erste Schülerin: Das ist egal. Mir fällt nichts auf.
Erster Schüler: Ich kenn einen aus meiner Klasse, der … ist auch evangelisch.
Zweiter Schüler: Ich und der Z. wir vertragen uns manchmal gut, manchmal schlecht, obwohl wir beide katholisch sind. Das ist das gleiche Problem.

»*Verschiedene*« Freunde – »*das ist egal*«, so nehmen es viele Kinder wahr. Dabei spielen auch die bereits berichteten Unterschiede beim konfessionellen (Selbst-)Bewusstsein eine Rolle: Manche Kinder können klar sagen, ob ihre Freundinnen und Freunde katholisch oder evangelisch sind, während andere darüber nicht Bescheid wissen.

Nicht zu übersehen ist auch die Vorläufigkeit der geäußerten Auffassungen. Viele Kinder wechseln ihren Standpunkt im Laufe des Gesprächs, zum Teil sogar mehrfach. Offenbar haben die Kinder noch keine eindeutige Auffassung, sondern können sich beispielsweise vorstellen, sich im einen Fall einen Freund derselben Konfession zu wünschen, im anderen Fall aber die Konfessionszugehörigkeit als völlig gleichgültig wahrzunehmen.

Ist die von uns gestellte Frage (»lieber einen evangelischen oder einen katholischen Freund?«) überhaupt legitim? Unterstellt sie am Ende etwas, was für die Kinder sonst gar nicht im Blick wäre? Bei manchen Gesprächen könnte es so gewesen sein, dass sich die Kinder zunächst auf die ihnen angebotene Entscheidung zwischen evangelisch und katholisch einließen und dann diejenige Konfession nannten, die ihnen aus irgendwelchen Gründen naheliegend erschien. Dass unsere Frage gleichwohl nicht einfach suggestiv wirkte, ist daran zu erkennen, dass sich manche Kinder im weiteren Gesprächsverlauf immer wieder von der zunächst akzeptierten Alternative entfernen und sie zum Teil zu dem Schluss gelangen, dass die Konfessionszugehörigkeit bei der Wahl eines Freundes oder einer Freundin für sie keine Bedeutung habe. Zugleich lassen die Kinderäußerungen erkennen, dass es doch um einen für die Kinder bedeutsamen Zusammenhang gehen *kann*, auch wenn dies nicht immer der Fall ist.

Mein Freund oder meine Freundin soll sein »*wie ich*« – so sehen es viele der Kinder, die sich auf die ihnen vorgelegte Entscheidung einlassen. Hier wird erneut deutlich, dass den Kindern das »gleich sein wie« wichtig ist, so wie auch das eigene Haustier evangelisch oder katholisch »*wie ich*« sein soll, weil es zu mir gehört. Dieser Befund entspricht im übrigen der Entwicklung des Freundschaftsverständnisses, wie sie in der entwicklungspsychologischen Literatur beschrieben wird:

Robert L. Selman (1984) stellt fest, dass Freunde für Grundschulkinder nicht mehr nur diejenigen sind, die eben in der Nähe wohnen, im Moment gerade zum Spielen bereit sind oder das tun, was man sich wünscht, wie dies bei Kindern im Vorschulalter der Fall ist. Im Grundschulalter orientieren sich Freundschaften weit stärker an Ähnlichkeit oder Gleichheit. Renate Valtin (1991, 56) erklärt sich dies so: »Wenn man bedenkt, dass Freunde als Vergleichsmaßstäbe dienen, die das Selbstbild abstützen helfen, ist es plausibel, dass Kinder zunächst an einer Ähnlichkeit interessiert sind, da zu große Unterschiede zu belastend wären«.

Betrachten wir einige Äußerungen der Kinder genauer, so werden diese psychologischen Annahmen sehr plausibel:

Schülerin (katholisch): Meine ganzen Freunde, die sind evangelisch. Aber ich wollte lieber, dass die katholisch sind, weil ich ja auch katholisch bin. Aber die sind trotzdem ganz nett. Es ist ja kein Unterschied, aber mir wäre es trotzdem lieber, wenn sie katholisch sind, weil ich auch katholisch bin.

Dieses Kind kennt die Konfessionszugehörigkeit ihrer Freundinnen. Es ist ihr wichtig, dass die Freundinnen viel mit ihr gemeinsam haben – am besten wären katholische Freunde. Zugleich stellt dieses Kind aber fest, dass die evangelischen Freunde »*trotzdem ganz nett*« sind und es eigentlich »*keinen Unterschied*« macht. Und doch hätte sie am Ende lieber katholische Freunde, »*weil ich auch katholisch bin*«.

Ähnlich formuliert es ein anderes katholisches Mädchen: »*Ich würde katholisch besser finden. Wenn es mir überhaupt was bedeuten würde*«. Übereinstimmung mit den Freunden ist auch diesem Kind wichtig. Zugleich bleibt unklar, ob sich dies in der gelebten Realität auch auf die Konfessionszugehörigkeit erstreckt.

Wenn die Kinder von »*gleich*« oder »*ähnlich*« sprechen, denken sie häufig daran, was man gemeinsam machen kann. Genannt werden Religionsunterricht und Gottesdienst. Viele wünschen sich deshalb einen Freund oder eine Freundin derselben Konfession, damit sie gemeinsam den Religionsunterricht besuchen und beispielsweise nebeneinander sitzen können oder sich umgekehrt nicht voneinander trennen müssen. Ähnlich wird die Möglichkeit des gemeinsamen Gottesdienstbesuchs genannt, wobei es häufig ausgeschlossen scheint, am Gottesdienst der anderen Konfession teilzunehmen. Die Antwort auf die Freundschaftsfrage heißt dann: »*Gleich wie die andere Freundin ist. Dann kann man in die gleiche Kirche zusammen gehen*«. Oder, umgekehrt: »*Sonst können wir nicht zusammen in die Kirche*«.

Dass die Kinder hier auf die Möglichkeit eines gemeinsamen Gottesdienstbesuchs verweisen, kann insofern überraschen, als in vielen Fällen nicht von einer regelmäßigen Gottesdienstpraxis ausgegangen werden kann. Es ist denkbar, dass die Kinder hier rein hypothetisch argumentieren – etwa so: »*Wenn* meine Freundin katholisch *wäre* wie ich, dann *könnten* wir ja auch zusammen in die katholische Kirche gehen!« Denkbar ist aber auch, dass die Kinder von den Einzelfällen her denken, die ihnen – das lassen die Gespräche ebenfalls erkennen – durchaus vertraut sind, bis hin zu Erfahrungen aus konfessionsverbindenden Elternhäusern. Insgesamt bestätigen die Argumente der Kinder noch einmal die bereits beschriebene Beobachtung, dass auch die von uns befragten Erstklässler durchaus Erfahrungen mit Religion und Kirche mitbringen und sogar der Gottesdienst für sie eine Rolle spielt.

Trotz der Betonung von Ähnlichkeit oder Gleichheit als Kriterium für Freundschaften darf nicht übersehen werden, dass manche Kinder genau umgekehrt argumentieren: Diese Kinder betrachten nicht Gleichheit oder Übereinstimmung als vorteilhaft, sondern Verschiedenheit und Vielfalt. Sie wünschen sich Freunde und Freundinnen, die der anderen Konfession angehören, damit sie auch davon etwas erfahren können oder weil sie es eben interessanter finden, auch etwas über den Religionsunterricht der anderen Konfession zu wissen. So wünscht sich ein katholisches Kind einen evangelischen Freund, denn »*dann weiß ich über alles beides Bescheid*«.

Wie bereits zu Beginn dieses Abschnitts gesagt, unterscheiden sich die Äußerungen von *Kindern aus der dritten Klasse* tendenziell von denen aus der ersten Klasse, auch wenn es eine ganze Reihe von Gemeinsamkeiten gibt, die ebenfalls nicht übersehen werden dürfen. Für die meisten Kinder der dritten Klasse steht aber fest, dass die Konfessionszugehörigkeit für Freundschaften keine Bedeutung hat und dass Freunde nicht nach dem Kriterium »evangelisch« oder »katholisch« ausgewählt werden. Vielleicht muss man sogar sagen, dass die Kinder dieses Kriterium nun bewusst ausschließen, weil es gegen das Gleichheitsgebot verstoßen würde (das sind doch alles Menschen – wir sind doch alle gleich – meine Freunde müssen nur nett sein usw.). Daher ist für die Kinder eine Ausrichtung von Freundschaften an der Konfessionszugehörigkeit ausgeschlossen. Dabei spielt auch eine Rolle, dass Freundschaften nun stärker unter dem Aspekt von Charaktereigenschaften oder Persönlichkeitsmerkmalen gesehen werden, die nicht einfach äußerlich ablesbar sind, so wie dies wiederum den bereits genannten entwicklungspsychologischen Befunden entspricht:

Interviewer: Können beide, evangelische und katholische, gleich gut Freund sein?
Schülerin (katholisch): Ja, aber es geht ja nicht nur um's Äußere, wie die aussehen und so. Es geht ja auch mehr um's Innere, wie die sich benimmt. Und dann kann man auch entscheiden, ist das meine beste Freundin ... Da macht das gar keine Rolle, ob sie jetzt evangelisch oder katholisch ist.

Diese bereits zitierte Äußerung (s. o., 13), unterstreicht, wie eng die Entwicklung des konfessionellen (Selbst-)Bewusstseins mit der allgemeinen kognitiven und sozialen bzw. der Persönlichkeitsentwicklung verbunden ist: Dieses Kind ist mit der für seine Entwicklung zentralen Frage beschäftigt, was denn nun zum Inneren und was zum Äußeren eines Menschen gehört, was wichtig bzw. wichtiger ist und wie damit umgegangen werden soll.

Ein kontrastierendes Beispiel kann das Gemeinte vielleicht noch einmal verdeutlichen. Ein katholisches Kind vertritt ebenfalls die Auffassung, die Konfessionszugehörigkeit sei bei Freundschaften gleichgültig. Dieses Kind begründet seine Auffassung aber ganz anders – damit nämlich, dass man in der Kirche ohnehin nicht spielen könne, deshalb »nütze« es auch nichts, wenn der Freund katholisch wäre. Für dieses Kind hat die Konfessionszugehörigkeit also ausschließlich mit dem Gottesdienst zu tun, aber dabei brauche man keine Freunde, weil das, was eine Freundschaft ausmacht (zusammen spielen können), hier ohnehin keinen Raum hat.

Auch wenn bei den Kindern aus der dritten Klasse erneut festzustellen ist, dass unterschiedliche Konfessionszugehörigkeiten für Freundschaften kein Hindernis mehr sind, finden sich doch auch hier immer wieder Kinder, die sich Freunde und Freundinnen mit derselben Konfession wünschen. Die Begründungen sind ähnlich wie bei den Kindern aus der ersten Klasse. Der Schwerpunkt verschiebt sich allerdings von Gleichheit und Ähnlichkeit hin zu den Möglichkeiten gemeinsamer Unternehmungen (gemeinsamer Besuch des Religionsunterrichts, gemeinsamer Gottesdienstbesuch). Auch der konfessionell-kooperative Religionsunterricht wird hier in einem Falle genannt, weil er einen gemeinsamen Besuch des Religionsunterrichts trotz unterschiedlicher Konfessionszugehörigkeit möglich mache (*die Evangelischen kommen jetzt sowieso immer zu uns*).

Daneben stehen wiederum diejenigen Kinder, die sich einen Freund oder eine Freundin mit anderer Konfessionszugehörigkeit wünschen. Dies sei interessanter, und man könne voneinander lernen. Hier wird Vielfalt als angenehm und vorteilhaft empfunden. Auch die mögliche Trennung der Freunde für die Zeit des Religionsunterrichts wird nicht negativ bewertet:

Schülerin (katholisch): Wenn die Z. jetzt evangelisch ist und sie hat eine katholische Freundin, dann ist das eigentlich auch gut, weil dann kann man von dem anderen auch erfahren, was man im anderen Religionsunterricht macht.

Oder:

Erste Schülerin (evangelisch): Ich find's besser, wenn die katholisch ist ... Dann kann ich von der lernen und sie von mir ...
Zweite Schülerin (evangelisch): Weil die anders in der Kirche sind und so. Die machen auch andere Sachen. Die haben eine Extrabibel, so eine komische, so eine Singbibel.

Weitere Beispiele, die von den Kindern genannt werden, beziehen sich etwa auf die selbstgemachte katholische Osterkerze, die auch evangelischen Kindern gut gefallen kann, oder auf Beobachtungen beim Besuch von Kirchen. Zusammenfassend kann dreierlei festgehalten werden:

– Für die Freundschaften der Kinder spielt die Konfessionszugehörigkeit keine oder eine sehr geringe Rolle. Darin bestätigen die Ergebnisse zum Thema Freundschaft die bereits konstatierte – erfreulich – geringe Verbreitung von Vorurteilen gegen Angehörige der anderen Konfession.

– Gleichwohl gibt die Frage der Konfessionszugehörigkeit den Kindern insofern zu denken, als sie sich darüber klar werden müssen, ob diese nun zum Inneren oder zum Äußeren eines Menschen gehört, wieweit die Ähnlichkeit oder Gleichheit mit Freundinnen oder Freunden reichen soll usw. In diesem Zusammenhang machen auch die auf den ersten Blick widersprüchlichen Befunde zur Entscheidung zwischen evangelisch und katholisch einerseits (hier waren die Freunde wichtig) und zu den Freundschaften selber andererseits (hier spielt die Konfessionszugehörigkeit keine Rolle) einen Sinn. Vermutlich sind hier verschiedene Perspektiven im Spiel: Bei den eigenen Freundschaften hat die Konfession keine Bedeutung, weil man ganz offenbar mit katholischen, evangelischen oder auch konfessionslosen Kindern spielen kann usw. Bei der hypothetischen Entscheidung zwischen evangelisch und katholisch ist es aber wichtig, die Konfessionszugehörigkeit der Freunde einzubeziehen, da nach Gleichheit oder Ähnlichkeit gesucht wird. – Diese Beobachtungen bestätigen die bereits mehrfach formulierte These, dass die Auseinandersetzung mit dem Verständnis von evangelisch und katholisch für die Kinder eine Bildungsaufgabe darstellt.

– Schließlich wünschen sich die Kinder nicht nur Gemeinsamkeit und Gemeinschaft, sondern auch Vielfalt und Unterschiedlichkeit. Dies entspricht auch den oben beschriebenen Wünschen der Kinder hinsichtlich eines gemeinsamen oder in Gruppen getrennt erteilten Religionsunterrichts, bei dem die Kinder unterschiedliche – eben an Gemein- samkeit *und* Vielfalt ausgerichtete – Auffassungen vertreten. Insofern kann das von uns formulierte Programm *Gemeinsamkeiten stärken – Unterschieden gerecht werden* als kindgemäß bezeichnet werden.

3.4 Konfessionsspezifische Erfahrungen und konfessionelles Selbstbewusstsein – eine wichtige Unterscheidung

Aus der Praxis der Grundschule und besonders aus dem Anfangsunterricht wird häufig berichtet, dass die Kinder mit Konfession und Konfessionszugehörigkeit nichts (mehr) anzufangen wissen. Auch die Lehrerinnen und Lehrer, die den im vorliegenden Buch dargestellten konfessionell-kooperativen Unterricht durchgeführt haben, sehen dies häufig so (s.u., 177ff.). In gewisser Weise wird diese Einschätzung auch durch die Gespräche mit den Kindern gestützt, zum Teil wird sie aber auch in Frage gestellt. Vor allem zu Beginn der ersten Klasse kennen viele Kinder die Begriffe evangelisch und katholisch nicht, und kaum ein Kind kann die Begriffe wirklich erläutern. Durch diese Beobachtung darf man sich allerdings nicht täuschen lassen. Immerhin die Hälfte der Kinder kann zu Beginn der ersten Klasse die eigene Konfessionszugehörigkeit angeben, wobei es zwischen den einzelnen Gruppengesprächen große Unterschiede gibt. Im weiteren Fortgang der Gespräche wurde deutlich, dass aus einer fehlenden Bekanntheit der Begriffe evangelisch und katholisch keinesfalls auf ein ebenso weitreichendes Fehlen von Erfahrungen mit Kirche oder mit religiösen Vollzügen geschlossen werden darf. Sehr viele Kinder können nämlich berichten, wie es in einer Kirche aussieht und was dort gemacht wird. Ganz offenbar nehmen diese Kinder zumindest hin und wieder an Tauf-, Kommunion-, Konfirmations-, Trau- oder anderen Gottesdiensten teil, ohne dass ihnen erläutert würde, dass es beispielsweise eine Erstkommunion eben nur in der katholischen Kirche und die Konfirmation nur in der evangelischen Kirche gibt.

Zusammen genommen zwingen solche Beobachtungen zu einer Unterscheidung zwischen *konfessionsspezifischen Erfahrungen* und *konfessionellem (Selbst-)Bewusstsein*. Beides muss nicht miteinander verbunden sein. In vielen Fällen begegnen uns Prägungen durch konfessionsspezifische Erfahrungen, die als solche nicht bewusst oder mit entsprechenden Begriffen und Bezeichnungen verknüpft sind. Auch Kinder, die nicht wissen, welcher Konfession sie selber angehören, und die nicht erläutern können, was die Begriffe evangelisch und katholisch bedeuten, verfügen zumindest teilweise über Erfahrungen, die aus einem konfessionellen oder kirchlichen Zusammenhang erwachsen.

Bezeichnend sind folgende Äußerungen eines katholischen Erstklässlers, der zu Beginn des Schuljahres angibt, dass er seine Konfessionszugehörigkeit nicht kennt. Er weiß, dass er getauft ist, kann aber nicht sagen, ob er evangelisch oder katholisch ist (*ich weiß es halt nicht*). Etwas später wird seine Vertrautheit mit kirchlichen Vollzügen deutlich:

Schüler: In der Kirche gibt's auch immer so ein Waschbecken, wo mit Wasser gefüllt ist.
Interviewer: Was ist das?
Schüler: Wo man sich die Hände nass machen darf.
Interviewer: Wo steht das, weißt du das, wo ist das?
Schüler: Kurz bevor man rausgeht.
Interviewer: Hast du das auch schon gemacht? Wie macht man das? Kannst du das mal zeigen?
Schüler: Ja, wenn man dann zur Kirche rauskommt, steht da so ein Wasserding. Tut man die Hand rein, und dann ist das schon nass.

Bei diesem Beispiel ist sehr gut zu erkennen, dass ein Kind, das nicht weiß, ob es evangelisch oder katholisch ist, durchaus über konfessionsspezifische Erfahrungen verfügen kann. Auch wenn es das Weihwasserbecken in seiner eigenen Sprache – und für Erwachsene vielleicht befremdlich – als »*Waschbecken*« und »*Wasserding*« bezeichnet, ist die Vertrautheit mit dessen Gebrauch nicht zu übersehen.

Aufschlussreich sind auch die Äußerungen einer konfessionslosen Schülerin, die sich im übrigen sehr aktiv am Gespräch beteiligt. Dieses Mädchen nimmt zunächst an, sie sei katholisch. Später sagt sie, sie »*habe Konfirmation*« und hält sich für evangelisch. Insofern stehen ihre Äußerungen für den Befund, dass die Kinder ihre eigene Konfessionszugehörigkeit nicht kennen. Gerade dieses Mädchen kann dann aber sehr eindrücklich berichten:

Schülerin: Ich war schon mal bei einer Kommunion eingeladen.
Interviewer: Erzähl mal, was war denn da los?
Schülerin: Da waren ganz viele Kinder in der Kirche und da konnte man nicht so gut sehen, weil wir ein bisschen spät gekommen sind. Weil das war ziemlich weit weg. Und danach sind wir dann Essen gegangen. Und dann sind wir halt zu der nach Hause gegangen und dann haben wir ein bisschen gespielt und dann abends noch einmal eine Kirche.

Auch in diesem Falle also geht ein fehlendes konfessionelles (Selbst-)Bewusstsein *nicht* Hand in Hand mit dem Fehlen konfessionsspezifischer Erfahrungen beispielsweise mit Kommunionfeiern. In diesem Sinne trifft die

Beobachtung, dass Kinder keinerlei konfessionelle Prägungen in die Schule mehr mitbrächten, offenbar nicht zu. Auch Erfahrungen, Erlebnisse und Begegnungen, die nicht als evangelisch oder katholisch ausgewiesen sind, können prägend wirken. Auf jeden Fall reichen die Erfahrungen mit Kirche, kirchlichen Handlungen, Gottesdiensten und Festen viel weiter als das konfessionelle Bewusstsein der Kinder.

Eine ähnliche Beobachtung war zum Teil auch bei den Lehrerinnen und Lehrern zu machen. Manche, die keinen Zusammenhang zwischen ihrer eigenen Konfessionszugehörigkeit und ihrem Unterricht sehen, machen beispielsweise am Ende jeder Stunde ein Kreuzzeichen oder beten ganz selbstverständlich ein Ave Maria. In diesem Falle gehen die konfessionellen Prägungen einerseits und das konfessionelle (Selbst-)Bewusstsein andererseits ebenso deutlich auseinander wie bei den Kindern.

Die Kinder, so lässt sich zusammenfassend sagen, bringen Erfahrungen mit, die sich erst allmählich mit Begriffen verbinden. Dies gilt nicht nur für grundlegende Erfahrungen beispielsweise mit Sprache oder Zahl- und Größenverhältnissen (Mathematik), für sachkundliche Zusammenhänge und Musik, sondern eben auch für Religion, einschließlich der Kirche mit ihren gottesdienstlichen Vollzügen. Als weitere Frage, die auch für den Bildungsprozess von erheblicher Bedeutung ist, ergibt sich daraus die Aufgabe, die Entwicklung des Konfessionsbewusstseins genauer in den Blick zu nehmen.

3.5 Entwicklung des Konfessionsbewusstseins

Bereits mehrfach sind wir auf die Frage gestoßen, ob sich von einer Entwicklung des konfessionellen Bewusstseins bzw. Selbstbewusstseins sprechen lässt. Dieser Frage soll nun genauer nachgegangen werden. Dabei können wir auf eine kleine Anzahl früherer Untersuchungen zurückgreifen, vor deren Hintergrund wir dann unsere eigenen Beobachtungen aufnehmen. Am Ende soll der Versuch einer Modellkonstruktion zur Entwicklung des konfessionellen (Selbst-)Bewusstseins stehen.

Von einem »Forschungsstand« kann im vorliegenden Zusammenhang nur in Ansätzen gesprochen werden. Streng genommen können wir uns nur auf eine einzige größere Untersuchung beziehen, die schon vor Jahrzehnten von dem amerikanischen Entwicklungspsychologen David Elkind durchgeführt wurde und die wir auch bereits erwähnt haben. Elkind (1961ff.)

untersucht das kindliche Verständnis von Konfessions- bzw. Religionszugehörigkeit, und zwar bei jüdischen, katholischen und protestantischen Kindern in den USA. Im Anschluss an Jean Piagets Entwicklungspsychologie fragt er nach »erkennbaren Stufen« in dieser Entwicklung, um so über bloß sozialpsychologische Befunde hinsichtlich ethnischer und religiöser Zuordnungsprozesse hinauszugelangen. Ähnlich wie in unserer eigenen Untersuchung geht es bei Elkind um eine sorgfältige Wahrnehmung der kindlichen Sicht von Welt, Religion und Konfession. Elkinds Studie bezieht sich auf Kinder und Jugendliche im Alter von 5 bis 14 Jahren, wobei der Schwerpunkt auf dem Grundschulalter liegt. Seine Ergebnisse verweisen im Kern auf drei unterschiedliche Entwicklungsstufen:

Etwa zu Beginn des Grundschulalters wird ein »globales, undifferenziertes« Verständnis beobachtet. So sagt etwa ein sechsjähriges Kind, ein Katholik sei »eine Person«, aber es kann nicht sagen, worin sich ein Katholik von einem Protestanten unterscheidet. Hund oder Katze könnten nicht katholisch sein; sie seien »Tiere«, und diese unterscheiden sich von den Menschen dadurch, dass sie »auf allen Vieren gehen« (Elkind 1962, 187).

Während der Grundschulzeit stellt Elkind ein »differenziertes, aber konkretes Verständnis« fest. Damit ist gemeint, dass sich die Kinder auf beobachtbare Merkmale oder Verhaltensweisen beziehen. Die Kinder verweisen dann auf Kirchgang, Sakramente usw.

Etwa zu Beginn der Sekundarstufe trete erstmals eine »abstrakte« Sichtweise auf. Ein zwölfjähriger Junge beschreibt dann einen Katholiken als eine »Person, die an die Wahrheiten der römisch-katholischen Kirche glaubt« (188).

Es ist bei dem Zeitabstand von 40 Jahren zwischen Elkinds und unserer eigenen Studie erstaunlich und bemerkenswert, in wie vielen Hinsichten sich seine und unsere Ergebnisse miteinander decken. Dies gilt nicht nur für die auch von uns immer wieder festgestellte Konzentration der Kinder auf konkret bzw. äußerlich wahrnehmbare Merkmale, sondern gilt beispielsweise auch im Blick auf die Verwechslung von Konfessionszugehörigkeit und Nationalität, die Konfession von Tieren (nach der wir im Anschluss an Elkind fragten) oder bei der Sicht des Zustandekommens von Konfessions- und Religionszugehörigkeit.

Andere Untersuchungsergebnisse, die im vorliegenden Zusammenhang von Interesse sind, stammen aus dem Umkreis der multikulturellen und

-religiösen Erziehung und Schule in England. Elizabeth Grugeon und Peter Woods (1990) berichten von Gesprächen mit Grundschulkindern im Alter von 7 und 8 Jahren im Zusammenhang einer multireligiösen Feier. Im Zentrum steht das Judentum, das von den Kindern durchweg mit Hilfe konkreter, anschaulicher Merkmale beschrieben wird. Auch Grugeon/Woods stellen fest: »Der allgemeine Eindruck war, dass Juden nicht ›englisch‹ sind«. Die Kinder hätten »recht viel gewußt«, aber »wenig verstanden«, besonders im Blick auf den unterschiedlichen Glauben (147). Bei etwas jüngeren Kindern wurden auch hier Verwechslungen zwischen Religionszugehörigkeit und Nationalität beobachtet sowie Schwierigkeiten im Verständnis verschiedener Religionen (154, 158). Weit öfter als in unserer eigenen Studie werden hier auch Vorurteile gegen Angehörige anderer Religionen festgestellt (161). Ähnliche Ergebnisse im Blick auf die Selbstwahrnehmung von Hindu-Kindern in Großbritannien berichten Robert Jackson und Eleanor Nesbitt (1993, 27ff.) – wiederum beispielsweise mit der Verwechslung von Religionszugehörigkeit und Nationalität.

Schon an dieser Stelle sei darauf aufmerksam gemacht, warum eine Entwicklungsperspektive im vorliegenden Zusammenhang von nicht zu unterschätzender religionspädagogischer Bedeutung ist. Aus der Erwachsenenperspektive bzw. der Perspektive der Theologie erscheinen die auf äußerlich wahrnehmbare Merkmale konzentrierten oder beschränkten Wahrnehmungen der Kinder leicht als defizitär. Sie werden dann rasch zum Ausgangspunkt für die Forderung nach einem stärker inhaltlichen Lernen oder zur Grundlage für die Behauptung, Konfession spiele für die Kinder überhaupt keine Rolle.

So heißt es etwa bei Gottfried Orth und Helmut Hanisch (1998, 115): »Außer Edith gehen die Kinder, die sich mit den konfessionellen Unterschieden beschäftigen, nur auf Äußerlichkeiten ein. Inhaltliche Differenzen scheinen ihnen weitgehend unbekannt zu sein«. Und daraus wird gefolgert: »Wenn die Kinder zu einem gegenseitigen Verständnis der jeweiligen Konfession gelangen sollen, dann erscheint es erforderlich, mit ihnen – wenigstens in Ansätzen – auf die inhaltlichen Unterschiede zwischen Evangelisch und Katholisch einzugehen«. Dem ist aus unserer Sicht entgegenzuhalten: Für die Kinder besteht zwischen »äußerlich« (wahrnehmbar) und »inhaltlich« gerade kein Gegensatz. Die didaktische Konsequenz müsste deshalb so ausgedrückt werden, dass es auf eine Darbietung von Inhalten auf der Ebene der konkreten Wahrnehmungen der Kinder ankommt.

Auf Grund ihrer Gespräche mit einzelnen Kindern berichtet Dietlind Fischer (1993): Amelie und Maria kennen »einzelne Merkmale des katholischen Kirchenraums und seiner Ausstattung« auf Grund des Religionsunterrichts. »Das Kreuzzeichen beim Gebet wurde beim gemeinsamen Mittagessen in Sabines Familie beobachtet«. Und daraus folgert D. Fischer: »Die Kinder aktivieren also ein Wissen von formalen Merkmalen, Gewohnheiten, Sitten und Regeln, ohne sie auf theologische Begründungen beziehen zu können. Der ›Aufwand‹ im gottesdienstlichen Ritual ist für Maria der wichtigste Unterschied zu ihrer eigenen Konfession« (hier zeigt schon der Sprachduktus die Gefahr einer evangelisch-abwertenden Perspektive). Ähnlich beklagt D. Fischer, dass die Kinder »nur institutionell-organisatorische Varianten des Christseins« wahrnähmen, »deren Bedeutung sie nicht beurteilen«. Sie bringt dies auf den Punkt: »Der Wahrheitsanspruch einer Religion steht nicht zur Debatte«, woraus am Ende sogar geschlossen wird, die Inhalte des Religionsunterrichts seien hinsichtlich der »Konfessionalität« dieses Unterrichts »hinfällig« (105f., 107). Auch hier bewegt sich die Deutung nicht im Horizont der kindlichen Entwicklung, sondern die kindlichen Wahrnehmungs- und Ausdrucksweisen werden mit einer urteilenden Erwachsenenperspektive konfrontiert, was wiederum leicht zur Abwertung führen kann.

Hier wird deutlich, wie wichtig es für den religionspädagogischen Umgang mit den Kindern sein kann, genauer nach den kindlichen Wahrnehmungs- und Verstehensweisen auch hinsichtlich von Konfession und Konfessionszugehörigkeit zu fragen. Auch hier begegnen wir dem Zusammenhang von Entwicklungspsychologie und Religionsunterricht, wie er an anderer Stelle für weitere Bereiche beschrieben worden ist (Schweitzer u.a. 1995). Deshalb wollen wir nun versuchen, unsere Beobachtungen und Interpretationen zu den Gesprächen mit den Kindern auch in eine Entwicklungsperspektive zu rücken. Die Kinder in Klasse 1 und Klasse 3 sind im Lebensalter allerdings durchschnittlich nur etwa zwei Jahre voneinander entfernt. Vor dem Hintergrund der Entwicklungstheorien und Befunde beispielsweise von James W. Fowler (1991) oder Fritz Oser (Oser/Gmünder 1984) sind deshalb nur kleine Unterschiede zu erwarten. An welche Veränderungen ist zu denken?

Zu Beginn des Kapitels wurde deutlich, dass im Umgang mit den Begriffen Evangelisch und Katholisch, bei der Selbstzuordnung und bei der Zuordnung anderer sowie bei Erklärungen des Zustandekommens von Konfessionszugehörigkeit Veränderungen zu beobachten sind. Die Kinder werden sicherer im Gebrauch der Konfessionsbezeichnungen und ansatzweise auch bei deren Erläuterung, in vielen Fällen macht die Selbstzuordnung und die Zuordnung anderer jedenfalls im Nahbereich keine Schwierigkeiten mehr, und die Konfessionszugehörigkeit wird nicht mehr als angeboren, als Auswirkung des evangelischen oder katholischen Taufwassers oder als bloße Angelegenheit einer schulischen Mitteilung aufgefasst. Durchweg bleiben die Wahrnehmungen und Hinweise der Kinder, ähnlich wie David Elkind es berichtet, im Bereich des äußerlich Wahrnehmbaren. Innere Überzeugungen oder persönliche Haltungen spielen für die Kinder noch kaum eine Rolle.

Solche Beobachtungen lassen sich ohne weiteres in das von den bereits genannten Entwicklungstheorien beschriebene Bild einzeichnen. Dies führt dann zu der Feststellung, dass die Kinder in diesem Alter im allgemeinen in einer Welt leben, die durch eine differenziert wahrzunehmende Vielfalt von objektiven Gegebenheiten besteht. Die Herausforderung für die Kinder besteht darin, die Ordnung dieser Welt zu erkennen bzw. für sich eine solche Ordnung zu gewinnen (vgl. Schweitzer/Faust-Siehl 2000). Konfessionszugehörigkeit erscheint so gesehen als ein Merkmal, das den Kindern in ihrer schulischen und zum Teil auch außerschulischen Lebenswelt begegnet und das sie deshalb gemäß seiner wahrnehmbaren Ausdrucksformen »richtig« einordnen müssen. Bei dieser Aufgabe kann sie der Religionsunterricht, besonders in seiner konfessionell-kooperativen Form, unterstützen.

In der entwicklungspsychologischen Forschung wird manchmal noch ein weiteres Verfahren eingesetzt, um die Entwicklung in bestimmten thematischen Bereichen zu erfassen und zu interpretieren. Dabei wird dann ein sog. voll entfaltetes Konzept beispielsweise von Gott, Gebet oder Kirche zugrundegelegt und werden die Äußerungen von Kindern, Jugendlichen oder auch Erwachsenen damit verglichen (vgl. Oser/Gmünder 1984). Es geht dabei aber nicht darum, die entsprechenden Äußerungen durch einen solchen Vergleich abzuwerten. Entscheidend ist vielmehr gerade der Kontrast zwischen diesen Äußerungen und dem »voll entfalteten« Begriff oder Verständnis. Eine wichtige Rolle spielen dabei die Aspekte, die jeweils angesprochen sind:

Welche Aspekte gehören zu einem »voll entfalteten« Begriff der Konfessionszugehörigkeit? In Anlehnung an verschiedene Religions- und Entwicklungstheorien (vgl. Schweitzer 1999) kann u.a. an folgende Aspekte oder Dimensionen gedacht werden:

- äußere Erscheinung (*phänomenale Dimension*): Gebäude, Wahrzeichen, Kleidung usw.
- die Beteiligten (*soziale Dimension*): Personen, Gruppen, Gemeinde, Kirche (vor Ort und weltweit, sichtbar und unsichtbar usw.)
- Herkunft der Konfession bzw. Konfessionszugehörigkeit (*genetische Dimension*): biographisch (Taufe, Bekehrung usw.), historisch (Reformation usw.)
- Glaubensüberzeugungen und –lehren (*doktrinale Dimension*): Theologie, Dogma, kirchliche Verlautbarungen usw., wobei noch einmal zwischen dem kirchlichen und dem persönlichen Glauben unterschieden werden muss.
- liturgische Vollzüge (*rituelle Dimension*): Gottesdienst, Fest und Feier, Andacht, Gebete, Segnungshandlungen usw.
- Orientierung an ethischen Maßstäben im Handeln (*ethische Dimension*): Einsatz für Gerechtigkeit, Frieden, Diakonie usw.

Betrachtet man die Gespräche mit den Kindern vor dem Hintergrund dieses theoretisch konstruierten Modells, so fällt auf, dass in den Gesprächen tatsächlich alle diese Dimensionen berührt werden, allerdings nicht in gleicher Weise. Den Schwerpunkt bilden für die Kinder die phänomenale und die rituelle Dimension, häufig wird auch die genetische Dimension angesprochen, allerdings nur in biographisch-persönlicher Hinsicht. Kaum zu finden sind hingegen die genetisch-historische Dimension, die doktrinale Dimension insbesondere im Blick auf persönliche Glaubensüberzeugungen, die soziale Dimension, soweit sie über den eigenen Nahbereich hinausführt, sowie die ethische Dimension.

Dieser Befund kann in unterschiedlicher Weise gedeutet werden. Zum einen könnte angenommen werden, dass wir hier einem bleibenden Unterschied zwischen (theologischer) Theorie und dem Alltagsbewusstsein von Nicht-Theologen begegnen. Zum anderen ist aber auch denkbar, dass sich die Kinder, mit denen wir im vorliegenden Zusammenhang gesprochen haben, auf einer relativ frühen Entwicklungsstufe befinden und dass in der späten Kindheit bzw. im Jugend- und Erwachsenenalter weitere Entwicklungsschritte zu beobachten wären, jedenfalls bei manchen Menschen. Für die zweite Auffassung sprechen die allgemeinen Befunde zur religiösen Entwicklung, die für das Jugendalter eine Ausweitung des historischen und des sozialen, dann auch institutionellen Bewusstseins erwarten lassen sowie ein ausgeprägteres Interesse an persönlichen existentiellen Überzeugungen und ethischen Orientierungen. Zumindest als Hypothese lässt sich deshalb formulieren, dass *die Entwicklung von konfessionellem (Selbst-)Bewusstsein als ein langfristiger Prozess aufzufassen ist, der keinesfalls im Laufe eines einzelnen Schuljahres, aber auch nicht im Zeitraum einer Schulstufe zum Abschluss kommt.* Bei diesem Prozess greifen offenbar Aspekte von Entwicklung und Sozialisation ineinander. Ganz deutlich spielt die kognitive Entwicklung eine Rolle. Daneben ist aber auch die soziale Entwicklung von Bedeutung, beispielsweise hinsichtlich der Frage nach der eigenen Zugehörigkeit (s.o., 32). In Gestalt von Kommunionunterricht, Kinder- und Jugendarbeit, Kinderkirche usw. wirkt die religiöse Sozialisation ebenfalls auf die Herausbildung des konfessionellen (Selbst-)Bewusstseins ein, wie in den Gesprächen besonders im Blick auf die Erstkommunion zu beobachten war.

Die (religions-)pädagogische Bedeutung einer weiterreichenden Einsicht in entsprechenden Entwicklungsprozesse soll nun in einem weiteren Schritt anhand des heute vielbeachteten Problems der Diskriminierung auf Grund von Religions- bzw. Konfessionszugehörigkeit erläutert werden.

3.6 Konfessioneller Religionsunterricht als »ethnische Separierung« und »Rassismus«?

In der Literatur geht die Beobachtung, »Konfessionalität« sei für »SchulanfängerInnen unverständlich«, manchmal Hand in Hand mit der Behauptung, »die konfessionelle Trennung« werde von den Kindern als »ethnische Separierung« verstanden. Damit wird ein Zusammenhang zwischen konfessionellem Religionsunterricht und »Rassismus« hergestellt (Asbrand 2000, 11-13). Ähnlich formuliert Folkert Doedens (1997, 67) im Blick auf die »Benutzung des ›herkunftsbezogenen‹ Erklärungsmusters Religion (jemand verhält sich so, weil er Christ, Muslim ist)«: Der Religionsunterricht unterstütze hier leicht ungewollt »Tendenzen einer Re-Ideologisierung und Re-Ethnisierung von Konflikten«.

Um die Berechtigung dieses Vorwurfs prüfen zu können, müssen wir uns einer Gruppe von Ergebnissen zuwenden, die vor allem das Verhältnis von *Konfessions- und Religionszugehörigkeit* einerseits und *Nationalität* andererseits betreffen und die wir bislang nur gestreift haben. Zunächst: Worauf stützt Barbara Asbrand ihre Vorwürfe von »ethnischer Separierung« und »Rassismus«? Es ist vor allem ein Bericht aus der Grundschule Langenhagen in Niedersachsen, den Asbrand hier neben nicht weiter einschlägiger allgemein-theoretischer Literatur anführt:

Aus Langenhagen wird demnach über »Erfahrungen mit dem konfessionell getrennten Religionsunterricht« folgendes berichtet: »Immer für die Religionsstunden wurde die Klasse in vier Gruppen aufgeteilt: erstens die konfessionslosen Kinder, die ausschließlich deutscher Herkunft sind, zweitens ebenfalls fast ausschließlich deutsche, nämlich evangelische Kinder, drittens die katholischen Kinder, die überwiegend nicht deutscher Herkunft oder nicht in Deutschland geboren sind (Spätaussiedlerkinder), viertens die islamischen Kinder, die ebenfalls alle ›Ausländer‹ sind. Die Lehrerinnen berichten, dass die Grundschulkinder mit den Konfessions- bzw. Religionszugehörigkeiten wenig anfangen können, denn Religion kommt in ihrem Erfahrungsbereich kaum oder nicht explizit vor. Stattdessen erleben die Kinder die Trennung im Religionsunterricht als eine Trennung und Polarisierung nach dem Kriterium Nationalität. Immer wieder sei es zu abfälligen Bemerkungen der Kinder gekommen, wenn die einzelnen Gruppen für den Religionsunterricht die Klasse verlassen haben, wie z.B. ›Alle Katholischen sind Polen!‹, ›Religion ist gut, aber katholisch sein ist doof!‹ (weil die Katholiken in der Klasse als Ausländer diffamiert werden). Wenn die evangelischen (deutschen) Kinder bei der Klassenlehrerin bleiben, weil sie den evangelischen Religionsunterricht erteilt, sei zu hören: ›Ausländer raus!‹« (Asbrand 2000, 12f.).

Diesem Bericht zufolge geht es also um eine Verwechslung von Konfessions- bzw. Religionszugehörigkeiten und Nationalität, die ursächlich auf den konfessionellen Religionsunterricht und die entsprechende Aufteilung der Klasse zurückgeführt wird. Mit seiner Aufteilung erzeuge dieser Religionsunterricht eine Situation, die zu »rassistischen und nationalistischen Diffamierungen« führe.

Auch in unseren Gesprächen mit den Kindern war die Verwechslung von Religions- und Nationalitätszugehörigkeit immer wieder zu beobachten (*italienisch, nicht katholisch* usw.). Dieser Befund ist auch insofern nicht überraschend, als er – wie erwähnt – bereits in den vor mehr als 40 Jahren in den USA durchgeführten Untersuchungen von David Elkind (1961ff.) ganz ähnlich zu finden war. Offenbar treten die von Asbrand berichteten Zusammenhänge und Verwechslungen auch unabhängig vom konfessionellen Religionsunterricht auf, den es in dieser Form in den USA ja nicht gibt. Dafür spricht auch, dass wir die Vermischung von Konfessionszugehörigkeit und Nationalität bereits zu Beginn von Klasse 1 beobachten konnten, d.h. noch ehe diese durch den konfessionellen Religionsunterricht verursacht sein können. Daher müssen andere bzw. zusätzliche Erklärungen gesucht werden, wie sie beispielsweise aus der Entwicklungspsychologie bekannt sind. Darauf verweist auch D. Elkind in der genannten Untersuchung. Sehr wahrscheinlich handelt es sich um das in der Entwicklungspsychologie bekannte sog. Inklusionsproblem, wie es auch sonst im kindlichen Denken zu finden ist. Dabei geht es um die von Kindern vor einem bestimmten Alter nicht zu meisternde Schwierigkeit, Klassen von Phänomenen zueinander in eine angemessene Beziehung zu setzen und vor allem zu bedenken, dass ein und derselbe Gegenstand zugleich mehreren Klassen angehören kann. Am berühmtesten ist das Beispiel mit den blauen und roten Holzperlen (Piaget/Inhelder 1977, 77f.), bei dem sich Kinder regelmäßig durch die Frage, ob es mehr blaue oder mehr Holzperlen gebe, zu falschen Antworten verleiten lassen. Die mehrfache Zugehörigkeit zu unterschiedlichen Gruppen oder, mathematisch formuliert, Klassen und Kategorien wird in der Regel erst im Laufe des Grundschulalters oder noch später gemeistert.

Pädagogisch entscheidend ist freilich die Frage, wie die offenbar für die Entstehung von Vorurteilen anfällige Verwechslung von Konfessions- und Nationalitätszugehörigkeit bearbeitet werden kann. Als zu einfach muss gelten, dass ein bloßes Verschweigen oder Übergehen entsprechender Merkmale oder Zugehörigkeiten durch die Schule schon alle Probleme löst. Wenn solche Vermischungen auch unabhängig vom Religionsunterricht bestehen, dann müssen sie schulisch beantwortet und bearbeitet werden, ganz unabhängig davon, ob der Religionsunterricht nun im Klassenverband erteilt wird oder in differenzierten Gruppen. Entscheidend dürfte es jedenfalls darauf ankommen, etwa die in dem Beispiel aus Langenhagen genannten Gruppen in ein besseres Verhältnis zueinander zu bringen, und diese Aufgabe kann wiederum unabhängig von dessen Organisationsform nicht allein dem zeitlich sehr begrenzten Religionsunterricht übertragen werden. Näher läge es, bei dem Bericht aus Langenhagen zu fragen, ob hier nicht beim Religionsunterricht Versäumnisse der sonstigen schulischen Arbeit zutage treten, die dann in einen Vorwurf an den Religionsunterricht umgemünzt werden, der so zum Sündenbock wird. Jedenfalls erscheint es kaum glaubhaft oder wahrscheinlich, dass diese Kinder sich bestens miteinander verstehen, solange sie nur nicht in Gruppen für den Religionsunterricht eingeteilt werden.

Zusammenfassend kann die These vertreten werden, dass die Unsicherheit bei der Unterscheidung von Konfessions-, Religions- und Nationalitätszugehörigkeit für Vorurteile anfällig machen kann und dass sie deshalb im Religionsunterricht aufgenommen werden muss – mit dem Ziel, andere *als andere* anerkennen und wertschätzen zu können.

3.7 Welchen Religionsunterricht brauchen Kinder?

Normative Fragen nach dem anzustrebenden Modell von Religionsunterricht können gewiss nicht einfach mit empirischen Argumenten beantwortet werden. Es ist aber deutlich, dass empirische Erkenntnisse zumindest in stützender Hinsicht herangezogen werden können und dass sich damit auch entsprechende Modellentscheidungen auf eine bessere Grundlage stellen lassen.

Unser eigenes programmatisches Verständnis verbindet sich mit der Formel *Gemeinsamkeiten stärken – Unterschieden gerecht werden*. Dies bedeutet, dass wir für eine Verschränkung von Verständigung und Identitätsbildung oder von Beheimatung und Begegnung plädieren. Vor dem Hintergrund der dargestellten Ergebnisse aus den Gesprächen mit den Kindern lässt sich dies nun in vier Hinsichten weiter konkretisieren:

– Kinder brauchen einen Religionsunterricht, der ihnen die Bedeutung von *Konfessions- und Religionszugehörigkeit* im Zuge ihrer Welterschließung verstehen hilft und der auch der Frage nach der *eigenen Zugehörigkeit* Raum gibt. Ein solcher Religionsunterricht begründet sich aus der allgemeinen Bildungsaufgabe der Schule, die keinen Teil der Wirklichkeit prinzipiell aussparen kann. Er begründet sich aber auch, wie wir gesehen haben, aus Orientierungsschwierigkeiten beispielsweise hinsichtlich von Religion und Nationalität, aus denen sich leicht Vorurteile ergeben können oder bereits, zu Beginn der Grundschule, ergeben haben.

– Eine Klärung von eigener Zugehörigkeit geschieht für Kinder nicht in ausschließlich abstrakter oder kognitiver Weise, sondern ist stets vermittelt über *Identifikationen* insbesondere – für die Grundschule gesprochen – mit Erwachsenen. Anzustreben ist deshalb ein Religionsunterricht, der Kindern zumindest immer wieder oder regelmäßig Gelegenheit zu identifikatorischen Sozialerfahrungen gibt, möglichst auch mit Erwachsenen, die sich in dieser Hinsicht als Identifikationsfiguren bzw. Bezugspersonen anbieten.

– Über den Aspekt von Identifikationsmöglichkeiten hinaus ist die Frage der jeweiligen *Kompetenz für eine bestimmte Religion oder Konfession* zu bedenken. Kinder haben ein Recht auf einen Religionsunterricht, in dem ihnen Religion mit größtmöglicher Kompetenz vorgestellt wird. Bemerkenswerterweise wird diese Frage auch von den Kindern selbst artikuliert. Sie sprechen davon, dass die eine Lehrerin eben mehr über die katholische Kirche wisse, während der andere Lehrer sich im evangelischen Bereich besser auskenne. Eben deshalb plädieren sie für einen Unterricht mit Lehrertausch, um von den Kenntnissen und Kompetenzen der jeweiligen Lehrperson maximal profitieren zu können. (Auch in dieser Hinsicht übrigens weichen die Einschätzungen der Kinder von denen der Erwachsenen ab: Offenbar finden die Kinder einen häufigen, aber klar vorhersehbaren Lehrerwechsel weniger schlimm als die Lehrerinnen und Lehrer, die davon eher abraten.)

– Kinder brauchen einen Religionsunterricht, der sie zu einem *positiv-wertschätzenden Umgang mit kulturell und religiös bzw. konfessionell anders geprägten Kindern* befähigt. Zum Teil waren die Kinder bereits im Kindergarten mit deutlich anders geprägten Kindern zusammen, so dass – wenigstens im besten Falle – in der Schule auf einen unbefangenen *Umgang* der Kinder miteinander zurückgegriffen werden kann. Im Zuge der kindlichen Welterschließung werden Unterschiede aber deutlicher wahrgenommen und muss zum bloßen Umgang auch ein *Kennenlernen* und *Verstehen* des anderen hinzukommen. Integrative und interaktiv-verständigungsorientierte Phasen sind deshalb ebenso unerlässlich wie die genannten identifikationsermöglichenden Differenzierungen. Die Alternative zwischen Unterricht im Klassenverband und in konfessionell getrennten Gruppen erschöpft allerdings keineswegs das Spektrum der didaktisch wünschenswerten Möglichkeiten. Über diese herkömmliche Alternative hinaus sollten zunehmend weitere Sozialformen erprobt werden – beispielsweise Erkundungen in Kleingruppen, arbeitsteilige Projekte, klassenstufenübergreifende Aktivitäten usw. Die in der Theorie fixierte Entscheidung zwischen Klassenverband und Konfessionsgruppen entspricht der schulischen Realität nicht mehr bzw. sollte ihr, didaktisch-schulpädagogisch gesehen, nicht mehr entsprechen.

Damit sind wir bereits bei Fragen nach der didaktischen Gestaltung konfessionell-kooperativen Religionsunterrichts, auf die im nächsten Kapitel genauer einzugehen ist.

KAPITEL 2

Konfessionell-kooperativ Unterrichten: Erfahrungen und Perspektiven

Mit Kindern in einer kleinen Gruppe und in ruhiger Atmosphäre ein Gespräch über Konfession, Kirche und Glaube zu führen, ist das eine. Ein anderes ist es, solche Themen, die weit entfernt scheinen von den Alltagserfahrungen der Kinder, mit 25 oder gar 30 quirligen Jungen und Mädchen zu unterrichten, die Stunde abwechslungsreich und interessant zu gestalten, mit Störungen umzugehen, Lernziele zu erreichen sowie Ergebnisse zu sichern – und bei all dem noch die Voraussetzungen und unterschiedlichen Zugänge von Kindern der eigenen *und* der anderen Konfession im Blick zu haben. Kann man als Lehrerin und Lehrer dabei noch den »roten Faden« in der Hand halten? Und welche »roten Fäden« ziehen sich durch die Unterrichtsstunden im Kontext konfessioneller Zusammenarbeit?

In diesem Kapitel wollen wir den Schwierigkeiten, aber auch den Chancen solchen Unterrichtens nachgehen. Es werden Hilfen und Impulse gegeben, wie man konfessionell-kooperativen Unterricht planen, organisieren und verwirklichen kann. Erfahrungen aus der Praxis und daran anknüpfende religionsdidaktische Überlegungen zeigen exemplarisch auf, was im Religionsunterricht der Grundschule im konfessionellen Austausch realisierbar ist und welche Grenzen es gibt.

Den Möglichkeiten konfessioneller Kooperation wollen wir durch das Zusammenspiel von verschiedenen Blickrichtungen auf die Spur kommen. Im vorangehenden Kapitel ging es ganz und gar um die Kinder, ihre Sicht der Dinge und ihre Zugänge zum Thema. Jetzt ändern wir die Perspektive und blicken auf den konfessionell-kooperativen Unterricht, so wie ihn die Lehrerinnen und Lehrer gehalten haben, denen wir ein Schuljahr lang über die Schultern schauen durften. Auch beim Blick auf den Unterricht stehen natürlich die Kinder im Mittelpunkt des Interesses, denn um sie und ihr Lernen geht es schließlich in der Schule. Doch nun sollen möglichst viele Bedingungen und Faktoren berücksichtigt werden, die in konfessionell-kooperativem Religionsunterricht eine Rolle spielen. Dabei tauchen folgende Fragen auf:

- Wie kann man mit den Kolleginnen bzw. Kollegen und mit den Schülerinnen/ bzw. Schülern der anderen Konfession gemeinsam Religionsunterricht gestalten?
- Was muss man alles bedenken, wenn man sich mit seiner Kollegin oder seinem Kollegen ans Werk machen will?
- Gibt es andere Formen der Kooperation als die des »ökumenischen« Klassenverbands?
- Welche Themen können aufgegriffen werden, und welche Ziele will man damit erreichen?
- Wie können konfessionell-kooperative Themen für den Religionsunterricht der Grundschule »elementarisiert« werden?
- Sind die bestehenden Lehrpläne dabei Hilfe oder Hindernis?
- Wie können die unterschiedlichen Voraussetzungen von katholischen und evangelischen, von religiös und nicht religiös sozialisierten Kindern angemessen berücksichtigt werden?
- Und nicht zuletzt: Auf welchen Lernwegen und mit welchen Methoden kann man eine konfessionell-kooperative Didaktik gestalten?

Diesen Fragen sind wir nachgegangen, indem wir konfessionell-kooperativen Unterricht beobachtet, dokumentiert und mit den Lehrern darüber gesprochen haben. Nicht alle der erwähnten Fragen sind leicht zu beantworten, nicht alle Antworten können in ein simples Schema »richtig« – »falsch« eingeordnet werden. Dennoch glauben wir, dass man Themen, Formen und didaktische Entscheidungen ausmachen kann, die als Empfehlungen und Anregungen für andere geeignet sind. Zugleich gibt es Gefahren und Fallstricke, über die man beim konfessionell-kooperativen Unterrichten stolpern kann.

Aus dem Gesagten ergibt sich folgender Aufbau des Kapitels: In einem ersten Abschnitt werden *konkrete Organisationsformen* der konfessionellen Kooperation vorgestellt und diskutiert, um in einem zweiten Abschnitt *mögliche Themen* vorzuschlagen, die wir für die Zusammenarbeit in der Grundschule für sinnvoll halten. Anhand von *sieben Themenbereichen* werden in einem dritten Abschnitt didaktische Anregungen formuliert und weiterführende Fragen gestellt, die sich aus der Beobachtung von konkreter Unterrichtspraxis ergeben. Schließlich (vierter Abschnitt) werden die Ergebnisse systematisiert und *Kriterien für eine konfessionell-kooperative Praxis* entwickelt.

1. In welchen Formen kann konfessionell-kooperativ unterrichtet werden?

Manchmal ist alles ganz einfach: Eine katholische und eine evangelische Religionslehrerin verstehen sich prima. Sie unterrichten an einer kleinen Grundschule mit Klassen mittlerer Klassengröße. Da sie großes Interesse an konfessionellem Austausch auch für ihre Schülerinnen und Schüler haben und in den gleichen Klassenstufen eingeteilt sind, entschließen sie sich, ihren Unterricht gemeinsam zu erteilen. Sie legen ihre etwa gleich großen Religionsgruppen zusammen und unterrichten die immer noch gut überschaubare Klasse ein Schuljahr lang in Form des Team-Teaching, nachdem sie ihr Vorhaben mit der Schulleitung und den kirchlichen Schulbehörden abgestimmt haben.

Und manchmal ist alles ganz kompliziert: Da gibt es drei Parallelklassen in einer dritten Klassenstufe. Die Schule liegt in einem Gebiet mit mehrheitlich evangelischer Bevölkerung, weshalb nur kleine katholische Religionsgruppen für eine ganze Klassenstufe zustande kommen. Eine an der Schule tätige Lehrkraft unterrichtet die über 20 evangelischen Kinder der 3a und die ebenso zahlreichen evangelischen Kinder der 3b – zu unterschiedlichen Zeiten in der Stundentafel. Eine »von außen« kommende kirchliche Lehrerin ist für den evangelischen Religionsunterricht der 3c eingeteilt. Eine katholische Lehrkraft unterrichtet alle katholischen Kinder der dritten Klassenstufe in einer Gruppe. Wer nun kann mit wem wie kooperieren? Bei jeder Form wären bestimmte Kinder einer Klasse an der Kooperation beteiligt, andere Kinder derselben Klasse wären nicht beteiligt. Ist das noch sinnvoll?

Diese tatsächlich beobachteten Beispiele machen ein erstes Ergebnis deutlich: Ein Einheitsmodell konfessionell-kooperativen Unterrichts kann es in der Praxis nicht geben. Die Möglichkeit für eine Zusammenarbeit der Konfessionen im Religionsunterricht muss in jedem Einzelfall unter genauer Prüfung der an der jeweiligen Schule bestehenden Voraussetzungen ausgelotet werden. Alle Beteiligten – Schulleitung, Klassenlehrer, Religionslehrer und gegebenenfalls die Vertreter der kirchlichen Schulbehörden – müssen sich zusammen setzen und das jeweilige Kooperationsmodell miteinander vereinbaren.

In der religionspädagogischen Literatur gibt es interessante Vorschläge, *in welchen Formen* kooperiert werden kann (Kalmbach 1994):

◆ *Parallelunterricht:* Beide Lehrkräfte unterrichten parallel, aber mit konfessionell getrennten Schülergruppen, das gleiche Thema; sie verabreden sich zeitweise zu Phasen gemeinsamen Unterrichts.

◆ *Delegationsunterricht:* Eine Lehrkraft unterrichtet über eine vereinbarte Zeit beide Konfessionen einer Klasse zusammen.

◆ *Team-Teaching:* Beide Lehrkräfte unterrichten im Team eine konfessionell gemischte Religionsgruppe.

◆ *Wechselunterricht:* Die beiden Lehrerinnen und Lehrer tauschen die Gruppen, um einen für die andere Konfession bedeutsamen Aspekt authentisch zu erfahren.

◆ *Wahlunterricht:* Die Lehrkräfte bieten verschiedene Aspekte des Themas an, wobei die Schülerinnen und Schüler nach Interesse wählen.

◆ *Großgruppenunterricht:* Eine Lehrkraft unterrichtet beide Religionsgruppen nach beiden Lehrplänen.

Wer sich als Religionslehrerin bzw. Religionslehrer überlegt, ob eine oder mehrere dieser Formen für ihre oder seine Klassen anwendbar wären, merkt schnell: Nicht alle Kooperationsmodelle lassen sich im Einzelfall realisieren. Und bereits unabhängig von den jeweiligen Bedingungen und schulischen Voraussetzungen hängt die mögliche Form von bestimmten Vorentscheidungen ab, die getroffen werden müssen. Neben der Entscheidung, die Kinder, ihre Voraussetzungen und Zugänge in den Mittelpunkt des konfessionell-kooperativen Unterrichts zu stellen, betrifft u.E. eine *wichtige Vorentscheidung* die Frage der tatsächlichen Zusammenarbeit einer katholischen und einer evangelischen Lehrerin – in welcher Form dies im Einzelfall dann auch geschieht. Das in der Praxis häufig anzutreffende Modell des Religionsunterrichts im »Klassenverband« (Kalmbach: »Großgruppenunterricht«, s.o.), bei dem *eine* Lehrerin oder *ein* Lehrer die Kinder beider Konfessionen unterrichtet, muss in die Richtung einer ständigen Kooperation zweier konfessionsverschiedener Lehrkräfte weiterentwickelt werden, wo immer dies möglich ist.

Eine solche Vorentscheidung ist *aus religionspädagogischen Überlegungen* heraus zu treffen: Schülerinnen und Schüler haben nur dann eine Chance, die andere Konfession authentisch kennen zu lernen, wenn diese auch durch eine Person »ins Spiel kommt«. Über die Zusammenarbeit der Lehrkräfte und über konkrete Personen kann die abstrakte Größe »Konfession« für die Kinder ein Gesicht bekommen. In den Gesprächen, von denen wir im ersten Kapitel berichtet haben, bestätigten viele Kinder diese Annahme. Wie gesehen, definieren und verstehen sie Konfession über die Menschen, die sie aus ihrem Lebenskontext kennen.

In der Praxis haben wir *vier Grundformen* für die konfessionelle Kooperation beobachtet (vgl. den Überblick in Kapitel 6), die wir im Folgenden diskutieren. Von diesen Basismodellen aus können weitere, kreative Formen der Zusammenarbeit vereinbart und durchgeführt werden, wozu wir jeweils Anregungen geben.

Kooperationsform 1:
Lehrerkooperation bei konfessionell getrennten Lerngruppen

Bei dieser Form konfessioneller Zusammenarbeit bleibt zunächst »alles beim alten«. Die katholische und die evangelische Lerngruppe haben getrennten Unterricht bei ihrer jeweiligen Religionslehrerin bzw. ihrem Religionslehrer. Beide Lehrkräfte vereinbaren aber regelmäßige Zusammenarbeit, die auf vielfältige Weise realisiert werden kann, unter anderem:

◆ Thematischer Austausch und Absprachen über die Unterrichtseinheiten auf Seiten der Lehrerinnen und Lehrer, ggf. gemeinsames Erarbeiten der Stoffverteilungspläne.

◆ Paralleles Unterrichten bestimmter Themen, was die Vorbereitung und Durchführung erleichtert sowie die Möglichkeit gemeinsamer Unternehmungen zum Thema jederzeit sicher stellt.

◆ Lehrertausch für einzelne Stunden oder für bestimmte Unterrichtseinheiten.

◆ Austausch von kleinen »Expertengruppen« zwischen den Religionsklassen, wobei sie die anderen über etwas informieren oder von ihnen etwas erfahren, was sie in ihre eigene Klasse mitbringen und dort den anderen weiter geben.

◆ Einladen der Kollegin, des Kollegen der anderen Konfession in den eigenen Unterricht.

◆ Gemeinsame Projekte der zwei Religionsgruppen, insbesondere gemeinsame Lerngänge zu *beiden* Kirchen, katholischer *und* evangelischer; Erkundungen in *beiden* Kirchengemeinden; gemeinsame caritative bzw. diakonische Unternehmungen (ggf. im Zusammenwirken mit Aktionen der Kirchengemeinden); »ökumenische« Projekte oder Projekttage auf Unterrichts- oder auf Schulebene zu Themen wie »Eine Welt«, Armut in Deutschland, Behinderung und Krankheit etc.; gemeinsame Gestaltung von Schulgottesdiensten und Vorbereitung kirchlicher Feste; ökumenische Ausstellungen oder Plakataktionen zu gemeinsam erarbeiteten Themen etc.

◆ Einladen des Pfarrers bzw. der Pfarrerin der eigenen und der anderen Konfession (oder anderer Vertreter der Kirchengemeinden) zu Gesprächen im Religionsunterricht.

Konfessionelle Kooperation knüpft an bestehender und bewährter ökumenischer Praxis in den Schulen an, die in ähnlichen Formen von vielen Lehrerinnen und Lehrern seit Jahren verwirklicht wird. Sie gibt aber weiterführende Impulse, wie in den unten beschriebenen thematischen bzw. didaktischen Anregungen und Beobachtungen aus der Praxis sichtbar wird. Schon hier ein Beispiel: Die evangelische Lerngruppe interessiert sich in Klasse 3 für das, was die katholischen Kinder an »ihrem großen Fest« erlebt haben. Warum kommen nicht beide Gruppen zusammen und tauschen sich darüber aus? Manchmal denkt man im hektischen Schulalltag nicht an derlei Möglichkeiten konfessioneller Kooperation, obwohl sie leicht zu realisieren wären.

Der Vorteil der Lehrerkooperation bei konfessionell getrennten Lerngruppen ist, dass sich der organisatorische und inhaltliche Aufwand so begrenzen oder ausdehnen lässt, wie es die Lehrerinnen und Lehrer in ihrem Schulalltag einrichten können. Intensive oder zeitlich eng begrenzte Zusammenarbeit ist möglich. Organisatorische Voraussetzung ist, dass der Religionsunterricht für beide Gruppen zum gleichen Zeitpunkt stattfindet, was in den meisten Stundentafeln der Fall ist. Durch verstärkten Austausch und häufigeres gemeinsames Tun wird das oft zu beobachtende Nebeneinander der Konfessionen in der Schule mehr und mehr zu einem echten Miteinander.

Kooperationsform 2:
Wechsel zwischen konfessionell getrennten und gemischten Lerngruppen
Diese Kooperationsform erfordert mehr organisatorische und inhaltliche Absprachen als der gelegentliche Austausch. Gewechselt wird zwischen konfessionell differenzierten und gemischten Gruppen. Es kommt über das Schuljahr verteilt zu Phasen des gemeinsamen und des nach Konfessionen getrennten Unterrichtens. Die genaue Ausgestaltung kann auch hierbei auf sehr unterschiedliche Weise erfolgen:

- Die »herkömmlichen« Religionsgruppen werden für genau vereinbarte Zeiten und für bestimmte Unterrichtseinheiten aufgebrochen und in »gemischte« Gruppen verwandelt, d.h. sie bleiben entweder im »Klassenverband« (z.b. alle Kinder aus 1a, die den Religionsunterricht besuchen, bleiben zusammen) oder sie gehen in eine andere Zusammensetzung (etwa bei mehr als zwei Parallelklassen »mischen« sich Kinder verschiedener Konfessionen aus mehreren Klassen zu einer neuen Gruppe).
- Der Wechsel kann einmal, zweimal oder öfters im Schuljahr erfolgen, er kann kürzer oder länger dauern.
- Die gemischtkonfessionellen Gruppen werden dann von einer der beiden Lehrkräfte unterrichtet. Diese könnten, wie im ersten Modell, wiederum zu vereinbarten Zeiten ihre Klassen tauschen. Oder sie praktizieren den Lehrertausch schon während der getrennten Phasen.
- Alle oben, bei der ersten Kooperationsform erwähnten gemeinsamen Teilformen und Aktionen lassen sich in beiden Phasen zusätzlich verwirklichen.

Den großen Vorteil eines Wechsels von gemeinsamen und getrennten Phasen sehen wir in der Möglichkeit zur Identifikation mit der eigenen Gruppe (»Ich bin katholisch und gehöre zu Herrn A.«) bei *gleichzeitiger intensiver* Erfahrung der Gemeinsamkeiten mit den Mitschülerinnen und Mitschülern der anderen Konfession und deren Lehrkraft. Diese Gemeinsamkeiten erstrecken sich thematisch über eine große Palette christlicher Glaubensinhalte und Glaubensformen wie beispielsweise biblische Erzählstoffe, Beziehung zu Gott und zu Jesus Christus, Gebet, Realisierung der Nachfolge in sozialem Engagement etc.

Kooperationsform 3:
Evangelisch-katholische Lerngruppe mit und ohne Lehrertausch
Die Form der grundsätzlich konfessionell gemischten Lerngruppen über ein ganzes oder mehrere Schuljahre hinweg, wobei eine Klasse von *einer* Religionslehrerin oder *einem* Religionslehrer unterrichtet wird, entspricht nicht selten der Praxis des Unterrichts – teils in der kirchen- und staatsrechtlichen »Grauzone«, teils stillschweigend von den zuständigen Behörden toleriert. Wie oben bereits angedeutet, wäre es u.E. ideal, wenn es zusätzlich erwachsene Kooperationspartner gäbe, d.h. wenn sich zwei Leh-

rerinnen oder Lehrer dazu entschließen, ihre jeweils gemischten Gruppen in enger Zusammenarbeit zu unterrichten:

♦ Gemischtkonfessionelle Religionsgruppen können durch Kooperation der Religionslehrerinnen und -lehrer auf kreative Art und Weise zusammen kommen. Auch hier hat man eine große Palette von Möglichkeiten der inhaltlichen Abstimmung, des Zusammenwirkens bei Stoffverteilungsplänen, in Fachkonferenzen und bei gemeinsamer Vor- und Nachbereitung des Unterrichts.

♦ Ein (ggf. mehrfacher) Lehrertausch oder Team-Teaching-Phasen machen die Kooperation auch für die Kinder anschaulich: Hier arbeiten zwei Lehrkräfte unterschiedlicher Konfession zusammen. Manches unterrichten sie ähnlich oder gleich, manches unterrichten sie unterschiedlich.

♦ »Expertengruppen« innerhalb der gemischten Lerngruppe (die katholischen Kinder erarbeiten in Kleingruppen einen Sachverhalt, die evangelischen einen anderen) informieren sich gegenseitig, oder man zieht »Expertengruppen« aus der kooperierenden Klasse hinzu.

Religionsunterricht in gemischtkonfessionellen Klassen wird bisweilen als »Ökumenischer Religionsunterricht« bezeichnet. Dabei müsste jedoch geklärt werden, was unter »Ökumene« verstanden wird. Nach unserem Ökumeneverständnis (vgl. unten Kapitel 5 »Ökumenische Kontexte und theologische Positionen«) kann »Einheit in versöhnter Verschiedenheit« im schulischen Bereich vor allem dann erreicht werden, wenn die Kinder im Religionsunterricht nicht nur einfach neben einander sitzen, so wie in den anderen Fächern auch. Die Kinder haben auch ein Recht zu erfahren, was konfessionelle Unterschiede bedeuten und welche Gemeinsamkeiten es gibt. Das mag der einzelnen Lehrkraft in einer kontinuierlich gemischten Gruppe im Einzelfall gelingen. Besser allerdings ist es, wenn zwei wirklich kooperierende Religionslehrerinnen und -lehrer für die Kinder sichtbar sind.

Bei dieser Form des permanenten Unterrichts in gemischtkonfessionellen Lerngruppen ist jedoch zu beachten: Unter dem Aspekt heutiger Sparzwänge und finanzieller Engpässe könnte dieses Modell rasch für den gesamten Religionsunterricht vorgeschlagen werden, denn unter Umständen würden damit Lehrerstellen eingespart. Auch aus schulorganisatorischer Sicht verspricht dieses Modell Vereinfachungen (Deputatsverteilung, Stundenplanorganisation etc.). Doch hier muss religionspädagogische Argumentation gegenüber der wirtschaftlichen und schulorganisatorischen die Oberhand behalten: Ökumenisches Lernen geschieht in der Spannung von Identität und Differenz.

Kooperationsform 4:
Team-Teaching bei konfessionell gemischter Lerngruppe
In einigen Fällen kann die Form des Team-Teaching als kontinuierliche Organisationsform für konfessionelle Zusammenarbeit verwirklicht werden, nämlich dann, wenn die Lehrkräfte dazu bereit sind und gleichzeitig die zusammengelegte Klasse nicht zu groß wird. Team-Teaching bedeutet hier:

◆ Beide Religionslehrerinnen und -lehrer sind im Religionsunterricht anwesend. Sie wechseln sich ab und »spielen sich die Bälle zu«.

◆ Jeweils eine Lehrkraft führt eine Zeit lang durchs Thema, dann übernimmt die andere. Oder man unterrichtet verschiedene Themen für Teile der Klasse, wobei jede Lehrkraft Ansprechpartner für ihre Teilgruppe ist. Oder aber beide unterrichten die ganze Klasse (zeitweise) im Dialog miteinander und mit den Kindern.

Vorteil dieser Form ist, dass man sich bei manchen Themen auf die Vorbereitung der Kollegin bzw. des Kollegen verlassen kann, wenn dies gut abgesprochen ist. Und dass der jeweils andere als Experte für seine Konfession im Unterricht und bei der thematischen Erarbeitung stets präsent ist, darf ebenfalls nicht unterschätzt werden. Allerdings ist beim Team-Teaching neben den schulischen Voraussetzungen eine Komponente besonders wichtig: die vertrauensvolle Beziehung zwischen den Kooperierenden.

Der zuletzt genannte Aspekt, die menschliche Dimension, ist natürlich in allen Formen der konfessionellen Zusammenarbeit zentral, weshalb man konfessionelle Kooperation nicht einfach für alle verordnen kann. Die Entscheidung bleibt der Initiative einzelner Lehrkräfte überlassen, die aber in ihrem Wunsch zur Kooperation von allen Seiten ermutigt und unterstützt werden müssen.
Darüber hinaus gilt für alle Kooperationsmodelle:

◆ Enge Zusammenarbeit und gemeinsames Auftreten stärken die Stellung des Fachs Religion im Kollegium und bei Entscheidungen der Schulleitung.

◆ Die Zusammenarbeit kann sich auf alle Ebenen der schulischen Arbeit erstrecken, insbesondere auch bei Anschaffungen, bei der Entscheidung über Lehr-Lernmaterialien, in Fachkonferenzen, in gemeinsamer Elternarbeit zu Fragen des Religionsunterrichts, bei gemeinsamem Besuch von Fortbildungsveranstaltungen etc.

Checkliste für die Wahl der Kooperationsform
Als Zusammenfassung des bisher Gesagten dient die folgende Checkliste: Was muss ich im Vorfeld beachten, wenn ich mit einer Kollegin oder einem Kollegen konfessionell kooperieren will?

✔ Motivation klären: Was will ich für mich, was will ich für die Schülerinnen und Schüler erreichen?

✔ Schon im Schuljahr *vor* der Kooperation mit der Kollegin / dem Kollegen über mögliche und geeignete Klassen nachdenken.

✔ Welche Klassen und Teilklassen können miteinander kooperieren (insbesondere bei mehr als zwei Parallelklassen)?

✔ Welche Form ist das geeignetste »Grundmodell« für meine / unsere Situation?

✔ Frühzeitig mit der Schulleitung Kontakt aufnehmen. Deputatsverteilung und Wünsche für die Stundentafel festklopfen.

✔ Eltern informieren! Am besten schon beim letzten Elternabend des Schuljahrs vor Beginn der Kooperation, spätestens beim ersten Elternabend des neuen Schuljahrs oder durch Rundschreiben. Vorher bedenken: Sind Probleme zu erwarten? Kann man im persönlichen Gespräch mit Eltern möglichen Schwierigkeiten oder Missverständnissen im Vorfeld begegnen?

✔ Wer sollte über die mögliche Kooperation zusätzlich informiert werden (Klassenlehrer, Pfarrer etc.)?

✔ Klassengröße und Raumverteilung bedenken, insbesondere beim Wechseltypus. Benachbarte Räume erleichtern vieles.

✔ Welche Inhalte und Themen sind uns wichtig, welche Ziele wollen wir erreichen?

✔ Lehrpläne durchsehen, gemeinsame Stoffverteilungspläne entwickeln, mögliche außerschulische Unternehmungen berücksichtigen.

✔ Mit den (kirchlichen) Schulbehörden Kontakt aufnehmen – am besten dann, wenn man selbst bereits ein klares Konzept überlegt hat.

✔ ...

---

2. Welche Themen können unterrichtet werden?

Form und Inhalt lassen sich bekanntlich nicht trennen, das gilt um so mehr für didaktische Entscheidungen. So wichtig die Wahl der Kooperations*form* ist, die *inhaltliche Seite konfessioneller Kooperation* gehört genau so zu den Grundentscheidungen wie die organisatorische. Zur thematischen Auseinandersetzung gibt es – wie in jedem Unterricht – verschiedene mögliche Quellen und Entscheidungshilfen: Lehr- und Bildungspläne, Schulbücher und Unterrichtsmaterialien, eigene Erfahrungen oder die von Kolleginnen und Kollegen.

Lehr- und Bildungspläne
Sehr häufig setzten sich die Lehrerinnen und Lehrer, mit denen wir zusammen arbeiteten, zu Schuljahresbeginn gemeinsam an einen Tisch, um die katholischen und evangelischen Lehrpläne miteinander zu vergleichen und eine Art »Synopse« der Themen zu erstellen. Meist können zahlreiche Gemeinsamkeiten entdeckt werden, etwa biblische Themen, kirchliche Feste im Jahreskreis, Taufe etc., die in beiden Plänen auftauchen. Bisweilen sind solche Themen zwar unterschiedlich akzentuiert, können aber ohne weiteres in Kooperation unterrichtet werden. Mancher Unmut allerdings kommt auf, wenn ganz ähnliche Themen in unterschiedlichen Klassenstufen platziert sind. Hier sind weitere Absprachen bei der Lehrplanentwicklung beider Kirchen dringend erforderlich.

Eingehende exemplarische Analysen der Bildungspläne für die Grundschulen in Baden-Württemberg (1994) und vergleichende Einblicke in die Grundschullehrpläne anderer Bundesländer fördern ein ernüchterndes Ergebnis zutage: Es gibt nur spärliche explizite Hinweise auf eine konfessionelle Kooperation. Einige Beispiele:

Bei einer Reihe von Lehrplaneinheiten wird im Bildungsplan für die Grundschule in Baden-Württemberg (1994) durch Querverweise auf die Lehrplaneinheiten des jeweils anderen Religionsunterrichts aufmerksam gemacht. Bei diesen Verweisen finden sich jedoch keinerlei Anregungen zur konkreten Ausgestaltung einer Zusammenarbeit (organisatorisch, inhaltlich). An einigen Stellen bietet der Lehrplan in der Hinweise-Spalte explizit Stichworte für die Kooperation. Dazu ein Beispiel: Katholische Religionslehre, Klasse 1-2, Einheit »Taufe schenkt Leben und Gemeinschaft«: Neben zahlreichen Hinweisen zum katholischen Taufritus und zur katholischen

Pfarrgemeinde schlägt der Lehrplan am Ende vor: Evangelische (evtl. andere) Nachbargemeinden; evtl. Projekt: »Unsere Kirchen« mit der evangelischen Religionsgruppe. – Ein weiteres Beispiel: Evangelischer Lehrplan, Klasse 3, Einheit »Christen kommen in einer Gemeinschaft zusammen«: Als Projekt wird hier vorgeschlagen: Ökumenische Angebote beachten; ein Fest mit den übrigen Kindern der Klasse; Geschenke für Kommunionkinder.

Selbst bei Themen, die ausdrücklich beide Kirchen betreffen, geben die Lehrpläne auch in anderen Bundesländern selten Hinweise auf eine mögliche Zusammenarbeit mit der anderen Religionsgruppe. Um nur beispielhaft auf weitere Lehrpläne zu verweisen, sei etwa der katholische Lehrplan Rheinland-Pfalz (1983) erwähnt, der bei dem Rahmenthema »Kirche: Lebendige Gemeinschaft« einen Unterabschnitt mit dem Lernziel »Gemeinsamkeiten und Unterschiede zwischen katholischen und evangelischen Christen kennenlernen« formuliert. Als Anregung bringt der Lehrplan: »Unterrichtsgang in eine evangelische Kirche«. Es findet sich jedoch kein Impuls, dies gemeinsam mit den evangelischen Kindern zu tun. Stattdessen heißt es lapidar: »Das Thema ›evangelisch‹ und ›katholisch‹ braucht nicht detaillierter behandelt werden als im Plan skizziert.« – Im evangelischen Lehrplan des gleichen Landes beschränkt sich in der Einheit »Wir sind evangelisch« der »Austausch« mit der anderen Konfession auf den Hinweis: »Ein katholisches Gesangbuch ansehen«.

Demgegenüber zeigt beispielsweise der evangelische Lehrplan für Hessen (1987) im zweiten Schuljahr bei der Einheit »Wir gehen in verschiedene Kirchen« unter den Stichworten »Intentionen« und »Inhalte/Vorschläge für die Unterrichts-Gestaltung« Möglichkeiten für den konfessionell-kooperativen Austausch auf. Man könne z.B. einige katholische Mitschüler über Kommunionunterricht, den Weißen Sonntag, das Kreuzzeichen etc. befragen, sich von einem Priester oder einem katholischen Religionslehrer über Besonderheiten in der katholischen Kirche informieren lassen. Und schließlich können die Kinder »erfahren, dass ökumenisches Handeln möglich ist«, indem sie gemeinsame Religionsstunden, Feiern, Aktionen (z.B. Brot für die Welt, Misereor) und gemeinsame Schülergottesdienste durchführen.

Die wenigen Beispiele mögen genügen um aufzuzeigen, dass die Lehrpläne in Deutschland im Blick auf konfessionelle Kooperation in den meisten Fällen dringend entwicklungsbedürftig sind. Selbst der neue »Grundlagenplan für den katholischen Religionsunterricht in der Grundschule«, der sog.

»Lehrplan der Lehrpläne«, der von der Zentralstelle Bildung der deutschen Bischofskonferenz herausgegeben wird, betont zwar die Notwendigkeit einer »Zusammenarbeit der Religionslehrer und -lehrerinnen der verschiedenen christlichen Glaubensgemeinschaften an der Schule« (Grundlagenplan 1998, 38f.) und des »ökumenischen Lernens«, das durch Begegnung geschehe und sich nicht auf Information beschränke (72f.), gibt aber keine weiteren oder konkreteren Hinweise dazu. Inzwischen gibt es in der religionspädagogischen Literatur Vorschläge zur Weiterentwicklung der Lehrpläne (Kuhl/Lögering 1998, 2000). Unsere eigenen Vorschläge gehen von einer Akzentuierung der Gemeinsamkeiten *und zugleich* der Unterschiede aus (s. die Übersicht in diesem Kapitel unten; weitere Unterrichtsideen am Ende des Buches).

Zusammenfassend kann gesagt werden: Die bisherigen Lehrpläne und Richtlinien geben noch zu wenig Impulse für die konfessionelle Kooperation. Kooperierende Lehrerinnen und Lehrer bleiben weitgehend auf sich allein gestellt. Ausnahmen bestätigen die Regel.

Schulbücher und Unterrichtsmaterialien

Erfreulicherweise geben immer mehr publizierte Materialien zur Unterrichtsvorbereitung konkrete Hinweise zur konfessionellen Kooperation im Sinne einer ökumenischen Didaktik (z.B. Scheidler 1999, Böhm 2001; vgl. unten Kapitel »Ökumenische Kontexte und theologische Positionen«). Inzwischen liegen auch ein ökumenisches Arbeitsbuch Religion (Becker u.a. 1997) sowie Vorschläge für »Konfessionelle Kooperation in der Schule« (Heinemann/Friedrichsdorf 1999) vor – beides jedoch für die Sekundarstufe I. In jüngster Zeit veröffentlichen Religionspädagogische Institute (z.B. Loccum, PTZ Birkach) spezielle, konfessionell-kooperativ orientierte Materialien für die Grundschule (z.B. Kirchhoff 1998; Kuhl/Klöppel 2000, 2001). Religionspädagogische Zeitschriften dokumentieren Erfahrungsberichte und didaktische Vorschläge zur Realisierung konfessionell-kooperativen Unterrichts (ru. Ökumenische Zeitschrift für den Religionsunterricht, z.B. Heft 1/1998 u.ö.; Katechetische Blätter, z.B. Heft 1/1998 u.ö.; regionale Zeitschriften für Religionslehrerinnen und -lehrer, z.B. entwurf, Heft 3/1996 u.ö.) und in Arbeitshilfen zum Religionsunterricht in der Grundschule finden sich »Möglichkeiten konfessioneller Kooperation« als Anregung zu den vorgestellten Unterrichtseinheiten (z.B. Krautter/Schmidt-Lange 1999).

Themenvorschläge für den konfessionell-kooperativen Religionsunterricht der ersten vier Schuljahre

Welche Themen schlagen wir selbst vor? Und welche Themen haben die von uns begleiteten Lehrerinnen und Lehrer ausgewählt? Zunächst schöpften sie die Themen aus, die in den Lehrplänen vorgesehen sind. Was in beiden Plänen auftauchte, schien unstrittig und wurde in den gemeinsamen Stoffverteilungsplan übernommen. Die großen biblischen Erzählungen aus dem Alten Testament, Geschichten und Gleichnisse aus dem Leben Jesu wurden ebenso unterrichtet wie soziale Themen und solche, die sich am Festkreis des Kirchenjahres orientieren. Diese Themen wurden über weite Strecken des Schuljahres unterrichtet – mit guten Erfahrungen hinsichtlich der Kooperation. Daran wird ein erstes Ergebnis in Blick auf Unterrichtsthemen sichtbar: *Für das Unterrichten in katholisch-evangelischer Zusammenarbeit eignen sich nahezu alle »klassischen« Themen des Religionsunterrichts der Grundschule.* Werden Erzählungen aus der Bibel oder kirchliche Feste von den Lehrkräften beider Konfessionen im engen, für die Schülerinnen und Schüler sichtbaren Austausch behandelt, wird auch für die Kinder deutlich, wie viele Gemeinsamkeiten bestehen.

Hinzu kommt ein Kreis von Themen, die stärker mit den Bereichen »Kirche(n)« und »Konfession(en)« zu tun haben und die für den konfessionell-kooperativen Unterricht zugespitzt wurden. Beispielsweise hatten die meisten Lehrerinnen und Lehrer schon früher regelmäßig mit ihren Religionsklassen einen Lerngang zu einer Kirche unternommen. Jetzt aber hatten sie erstmals *Exkursionen in beide Kirchen* und *gemeinsam mit der Religionsgruppe des konfessionellen Partners* unternommen, um Unterschiede und Gemeinsamkeiten zu entdecken. Ein weiteres Beispiel ist das Thema *Taufe:* Die Taufe wird als ökumenisches Sakrament von katholischer wie evangelischer Kirche wechselseitig anerkannt und ist daher als Unterrichtsthema sehr dafür geeignet, die Einheit der Christen und die Gemeinsamkeit aller Getauften heraus zu stellen. Anders verhält es sich mit Themen, die zum Teil sehr konfessionsspezifisch orientiert sind, z.B. *Maria, Martin Luther, Erstkommunion, Elisabeth von Thüringen.* Auch diese Themen wurden bewusst in kooperativer Weise angegangen, jetzt aber meist, um Unterschiede deutlich zu machen, z.B.: Was bedeutet Maria für die Katholischen, was bedeutet sie *nicht* für die Evangelischen? Wir haben unsererseits ein weiteres, innovatives Thema für den Anfang von Klasse 1 vorgeschlagen, das einige Lehrerinnen aufgegriffen haben: Welche *religiösen und kirchlichen*

Vorerfahrungen bringen die Jungen und Mädchen mit, wenn sie in die Grundschule kommen?

Es waren besonders Stunden aus diesen Themenkreisen, zu denen wir von den Lehrkräften eingeladen wurden, um den Unterricht zu beobachten (vgl. das Verzeichnis der beobachteten Unterrichtsstunden, S. 240f.). Deshalb tauchen in den nachfolgenden thematischen Auswertungen vor allem diese Themen auf.

Betrachtet man die erwähnten Themenbereiche insgesamt, fällt auf, dass manche Themen stärker auf Gemeinsamkeiten zwischen den Konfessionen verweisen, andere stärker die Unterschiede hervorheben. Aufgrund unserer im Einführungskapitel erwähnten und in Kapitel 5 entwickelten ökumenischen Programmatik, die wir in der Formel »Gemeinsamkeiten stärken – Unterschieden gerecht werden« zusammenfassen, sowie aufgrund religionsdidaktischer Erwägungen halten wir einen Wechsel aus Unterrichtseinheiten, die auf Gemeinsamkeiten zielen, und Unterrichtseinheiten, die auf Unterschiede zwischen den Konfessionen bezogen sind, für sinnvoll. Im Spannungsfeld zwischen Gemeinsamkeiten und Unterschieden ist konfessionell-kooperatives Lernen am besten möglich.

Ein zweites didaktisches Grundprinzip ist uns für konfessionell-kooperative Themen besonders wichtig: die Orientierung an der Lebenswelt der Kinder. Wenn es nicht gelingt, konfessionelle Gemeinsamkeiten und Unterschiede so aufzunehmen, dass sie aus den Zugängen und Erfahrungen der Kinder heraus und an diesen anknüpfend entwickelt werden können, bleibt religionsdidaktisches Bemühen an der Oberfläche. Kinder müssen erfahren können: Hier geht es um mich, weil man mich und meine Sicht der Dinge ernst nimmt. Wie die Kinderäußerungen im ersten Kapitel belegen, gibt es für konfessionell-kooperative Themen genügend Anknüpfungspunkte im Leben der Kinder. Die Kinder bringen unter anderem religiöse Vorerfahrungen mit und sind neugierige Geschöpfe, die Antworten auf ihre Fragen wollen, z.B. auf die Frage, warum es verschiedene Kirchen gibt, warum Mama evangelisch und Papa katholisch ist, warum es katholische und evangelische Kinder gibt etc.

Im Austausch mit den Religionslehrerinnen und -lehrern und anhand weiterer (religions-)didaktischer Überlegungen entwickelten wir folgende Themenvorschläge. Sie folgen dem Wechsel von auf Gemeinsamkeiten und auf Unterschiede bezogene Unterrichtseinheiten als durchgängigem didaktischem Prinzip, ebenso der Orientierung an der kindlichen Lebenswelt.

Thematische Vorschläge für Unterrichtseinheiten (UE):
»Gemeinsamkeiten stärken – Unterschieden gerecht werden«

Klasse	1. Schulhalbjahr	2. Schulhalbjahr
1	In einem neuen Haus. Wir bringen uns selber mit *(Aus der ersten Einheit, die die Kinder in dem, was sie mitbringen, ernst nimmt, ergeben sich Themen für weitere Unterrichtseinheiten im ersten Schulhalbjahr; diese UE ist noch nicht auf Unterschiede oder Gemeinsamkeiten bezogen.)*	Unsere Eltern gehören verschiedenen Kirchen an *(auf Unterschiede bezogene UE)* Wer ist Jesus? Evangelische und katholische Christen glauben an Jesus Christus *(an Gemeinsamkeiten orientierte UE)*
2	Taufe *(an Gemeinsamkeiten orientierte UE)* Kirchen bei uns *(auf Unterschiede bezogene UE)*	Meine Gebete – unser Gebet. Christen beten das Vaterunser *(an Gemeinsamkeiten orientierte UE)* Maria – Was sie für Katholische bedeutet und für Evangelische nicht bedeutet *(auf Unterschiede bezogene UE)*
3	Evangelisch und katholisch: Großeltern erzählen *(auf Unterschiede bezogene UE)* Was Christen gemeinsam verändern können *(an Gemeinsamkeiten orientierte UE)*	Die katholischen Kinder gehen zur Erstkommunion. Was bedeutet das? *(auf Unterschiede bezogene UE)* Wir bereiten einen ökumenischen Gottesdienst vor *(an Gemeinsamkeiten orientierte UE)*
4	Martin Luther *(auf Unterschiede bezogene UE)*	Katholisch-evangelisch: Was haben wir in der Grundschule bisher erreicht? *(Diese Einheit dient der »Bestandsaufnahme« am Ende der Grundschulzeit; auch sie ist wie die erste UE nicht auf Unterschiede oder Gemeinsamkeiten bezogen)*

Ein Teil dieser Themen wurde von den Lehrerinnen und Lehrern im Unterricht aufgenommen. Erfahrungen und Überlegungen dazu finden sich in den Folgenden Abschnitten. Für die übrigen Unterrichtseinheiten beschreiben wir am Ende des Buches einige Unterrichtsideen und machen exemplarische Vorschläge. Manche Aspekte oder Teilthemen können auch sonst im Religionsunterricht aufgenommen werden. Einige davon sind ja längst Bestandteil des Grundschulprogramms und sollten für die Perspektive konfessionellen Austausches geöffnet werden (z.B. Thema »Wer ist Jesus?«, wobei durch Begegnungen, Lieder, Gebete und den Besuch von Kirchengebäuden »sichtbar« werden könnte, dass Jesus Christus die gemeinsame Mitte aller christlichen Konfessionen bildet).

Wenn nicht alle vorgeschlagenen Unterrichtseinheiten von den Lehrerinnen und Lehrern aufgegriffen wurden, mag das daran liegen, dass ganz neue Themen einen großen Aufwand für Vorbereitung und Durchführung bedeuten, zumal es bislang wenig Handreichungen dazu gibt (z.B. Evangelisch und katholisch: Großeltern erzählen). Auch erscheinen manche Themen als Wagnis, etwa die Vorerfahrungen der Kinder abzufragen und darauf Unterricht aufzubauen, oder die Kinder ihre Eltern befragen zu lassen und die Aussagen für den Unterricht fruchtbar zu machen.

3. Beobachtungen aus der Unterrichtspraxis und didaktische Anregungen zu einzelnen Themen

Die sieben Abschnitte, die nun folgen, haben jeweils ein anderes Unterrichtsthema zum Inhalt, also zum Beispiel Taufe oder Martin Luther. Diese Themen sollen aber nicht nur der Reihe nach unter immer wieder denselben Gesichtspunkten diskutiert werden. Vielmehr wird gleichzeitig bei jedem Abschnitt ein etwas anderer, zu dem Thema passender theoretischer Schwerpunkt gesetzt. So ist der Abschnitt zur Unterrichtseinheit »Religiöse Vorerfahrungen« besonders auf die Erfahrungen der Kinder bezogen, während das Thema Erstkommunion zur Erörterung der Unterrichtsmethoden genutzt wird, mit denen in der konfessionellen Kooperation besonders effektiv gearbeitet werden kann. Diese verschiedenen theoretischen Schwerpunkte werden immer zu Beginn des jeweiligen Abschnitts kurz offengelegt.

Wenn nun im Folgenden erörtert wird, wie ganz bestimmte Themen unterrichtet werden *können*, dann ist damit zweierlei gemeint. Erstens geht es darum, wie diese Themen tatsächlich unterrichtet werden, wenn von der Grundlage der gegenwärtigen Lehrpläne ausgegangen wird. Eine Voraussetzung ist hier die Zusammenarbeit mit besonders motivierten und reformfreudigen Lehrkräften gewesen, die sich für konfessionelle Kooperation interessieren und uns in ihre Unterrichtsstunden eingeladen haben. »Können« meint hier also: Was kann erwartet werden und ist möglich, wenn solche Lehrkräfte sich zu konfessioneller Kooperation zusammensetzen?

Zweitens geht es darum, welche Perspektiven für eine konfessionell-kooperative Didaktik sich erkennen lassen. In diesem Fall meint »können«: Worauf sollte in Zukunft geachtet werden, wo können Entwicklungen vorangetrieben werden, wie könnte man dieses oder jenes Thema über die bereits jetzt sichtbaren Ideen und Ansätze hinaus gestalten? Hier liegt ein Schwerpunkt auf dem Denken der Kinder, dem der Unterricht gerecht werden soll.

Die nach Unterrichtseinheiten gegliederten Abschnitte zeigen, dass es themenspezifische Chancen und Schwierigkeiten gibt und dass weder alle didaktischen Erkenntnisse anhand eines einzigen Themas gewonnen werden noch sämtliche didaktischen Schlussfolgerungen in gleicher Weise für alle Themen gelten können.

Mit den nachfolgenden Erörterungen wird ein Religionsunterricht dokumentiert und dargestellt, der ausdrücklich im Sinne konfessioneller Kooperation initiiert wurde. Dabei werden Lernwege vorgestellt und diskutiert, die das Ergebnis der Zusammenarbeit von katholischen und evangelischen Lehrerinnen und Lehrern sind. Immer wieder werden dabei im Unterrichtsgeschehen Situationen erkennbar, in denen im Sinn von Identität und Verständigung bzw. Beheimatung und Begegnung auf die Kinder eingegangen wird – oder in Zukunft immer bewusster und intensiver eingegangen werden könnte.

3.1 Religiöse Vorerfahrungen – Was Kinder mitbringen

Im Folgenden geht es um eine besondere Unterrichtseinheit für gerade eingeschulte Kinder in der ersten Klasse, in der ihre verschiedenen religiösen Vorerfahrungen und Vorkenntnisse im Mittelpunkt stehen sollen. Dazu werden auch einige Anregungen gegeben, wie im Sinne einer konfessionell-kooperativen Didaktik im Unterricht solche Voraussetzungen auf der Seite der Kinder in Erfahrung gebracht werden und sinnvoll thematisiert werden können. In gewisser Weise handelt es sich um eine ideale Lernsituation, da sich die Lehrerinnen außergewöhnlich intensiv darauf eingestellt und dafür vorbereitet haben, die Kinder ausführlich zu Wort kommen zu lassen und genau wahrzunehmen. Auf den Erfahrungen der Kinder liegt daher auch der theoretische Schwerpunkt dieses Abschnitts. Diese Wahrnehmung der entsprechenden Aussagen der Kinder ist im Schulalltag eine enorme Herausforderung für Lehrerinnen und Lehrer, denn solche Äußerungen sind oft nur kurz und gehen im lebhaften Unterrichtsgeschehen leicht verloren. Womit überhaupt gerechnet werden kann, wenn in der beschriebenen Weise auf die Aussagen der Kinder geachtet wird, soll im Folgenden beschrieben werden.

Eine besondere Unterrichtseinheit

Die Unterrichtseinheit heißt »In einem neuen Haus – wir bringen uns selber mit«. In ihr soll deutlich werden, welche Erfahrungen mit religiöser Sozialisation und Erziehung die Kinder gemacht haben und welche religiösen Erfahrungen, Kenntnisse und Interessen sie zum Zeitpunkt ihrer Einschulung mitbringen. Die Grundidee dabei ist die, zunächst möglichst viel von den Kindern selbst zu erfahren, um dann an den von ihnen angesprochenen Erfahrungen und Vorstellungen anzuknüpfen und die Kinder in angemessener Form weiter zu begleiten. Das kann so weit gehen, dass ganze Unterrichtseinheiten aus den Impulsen hervorgehen, die die Kinder im Rahmen dieses ersten »religiösen Kennenlernens« in den Unterricht einbringen. Die Unterrichtseinheit »In einem neuen Haus – wir bringen uns selber mit« schließt an den Anfangsunterricht in der Grundschule an. Sie stellt die Lehrerinnen und Lehrer vor besondere Herausforderungen. Abgesehen davon, dass es bisher keine Modelle dafür gibt, wie das religiöse Wissen und die Erfahrungen von Erstklässlern erfragt werden können, kann nicht einfach davon ausgegangen werden, dass die Kinder sich dort ausgiebig und ausdrücklich, sprachlich prägnant und präzise etwa zu ihrer konfessionellen Identität äußern werden. Im Unterricht muss vielmehr sorgfältig auf solche Aussagen und Fragen der Kinder geachtet werden, die auf viel weniger eindeutige Weise konfessionsspezifische Sachverhalte berühren, und zwar auch dann, wenn dies unbewusst erfolgt, weil den Kindern zum Beispiel unbekannt ist, dass bestimmte Beobachtungen oder Erfahrungen nur in der evangelischen oder nur in der katholischen Kirche gemacht werden können.

Die Unterrichtseinheit sollte bald nach Schuljahresbeginn stattfinden. Zu diesem Zeitpunkt scheint es sinnvoll, im Klassenverband und zu zweit, anders gesagt: Gemischt-konfessionell im Team-Teaching, zu unterrichten. Auf diese Weise besteht die Möglichkeit, von Anfang an auf möglicherweise vorhandene konfessionelle Besonderheiten einzugehen, ohne mit der Trennung der Kinder nach Konfessionen schon äußerliche Fakten zu schaffen, deren Ursachen und Hintergründe didaktisch noch nicht bearbeitet worden sind.

Was bringen die Erstklässler mit?

Zu welchen Themen und Stichworten haben sich die Kinder während des Unterrichtsgeschehens geäußert? In den Religionsstunden mit dem Thema »In einem neuen Haus – wir bringen uns selber mit« und auch in anderen Stunden mit Erstklässlern geben die Kinder Vorstellungen zu erkennen, die sich den Folgenden Themenfeldern bzw. Stichworten zuordnen lassen: Gott, Beten, Kirchenbesuch, Kirchengebäude, Kreuz und Taufe. In dieser Reihenfolge werden im Folgenden die Kinderäußerungen beschrieben und kommentiert. Dabei ist es das zentrale Anliegen, diese Kinderäußerungen als religiöse Vorerfahrungen der Kinder in den Blick zu nehmen und auch darauf zu achten, wie die Äußerungen im Unterricht aufgegriffen werden können (zu den beiden Themen »Nachbereitung von Kirchenbesuchen« und »Taufe« folgen unter 3.2. und 3.3 noch eigene Abschnitte. Deswegen werden sie hier weniger ausführlich behandelt).

Gott und Jesus

Die direkten Beiträge zu Gott sind für sich genommen auf den ersten Blick zu spärlich, um etwa Aussagen über das Gottesbild oder die Gottesbeziehung der Kinder allein auf dieser Grundlage machen zu können. Uninteressant oder unergiebig für weitere Nachfragen im Unterrichtsgeschehen – etwa zum Zusammenhang zwischen Gott und Kirche oder Gott und Jesus – sind sie hingegen keineswegs. So hat ein Junge das Wort »Gott« zum ersten Mal in der Kirche gehört, während ein nicht getauftes Mädchen ergänzt: »*Da ist nämlich der Gott drin*«. Ein evangelischer Junge bezeichnet den Gekreuzigten als »*Gott*« und wird von einem ungetauften Mitschüler dahingehend korrigiert, das sei aber nicht »*der echte Gott*«. Weiter wird das Wort »Gott« von einem evangelischen Mädchen mit »*Bibel*« und »*Gebeten*« in Verbindung gebracht. Wer an Gott glaubt, sei ein Christ, meint ein katholisches Mädchen. Und dass die Menschen nicht an Gott geglaubt hätten, sei der Grund dafür gewesen, dass Jesus ans Kreuz genagelt worden sei, so ein evangelischer Junge.

Festzuhalten bleibt hier eine wohl sehr konkret personal gedachte Vorstellung, Gott halte sich in der Kirche auf. An diesem Punkt könnte im Unterricht nachgefragt werden. Neuere Veröffentlichungen zu religiösen Kinderzeichnungen (Klein 2000; Hanisch 1996) legen es nahe, die Kinder im Rahmen einer Vertiefung Bilder malen und erklären zu lassen.

Auch dies könnte ein Thema sein: Was hat Jesus mit Gott zu tun (nicht der echte Gott), und wer hat in der Kirche – die ja fast immer eine evangelische oder eine katholische Kirche sein wird – Abbildungen von Jesus gesehen? Lassen sich Unterschiede feststellen (z.b. einfaches Kreuz oder Kruzifix, Jesus als Baby oder Erwachsener, welche Handlung oder Situation wird dargestellt)? Hier bestehen Möglichkeiten, im Unterricht auf die Vorstellungen der Kinder einzugehen und einzelne Themen herauszuarbeiten und weiter zu verfolgen.

Beten und Gebete

Zum Stichwort Beten sagt ein evangelisches Mädchen, es kenne das Tischgebet und, so auch ein weiteres evangelisches Mädchen, das Beten vor dem Einschlafen. Gebetet wird mit den Kindern in der Kirche oder zu Hause, regelmäßig oder sporadisch, mit festen oder wechselnden Texten, zu verschiedenen Gelegenheiten oder nie. Bereits diese Vielfalt wäre im Rahmen einer Unterrichtseinheit, in der sich ja auch die Kinder gegenseitig besser kennen lernen, für alle Beteiligten interessant und könnte dazu beitragen, dass die Kinder eine erste Ahnung von religiöser Vielfalt bekommen.

Wie könnten die beiden Stichworte »Gott« und »Beten« im Unterricht so angesprochen und in einen Zusammenhang gebracht werden, dass möglichst viel von den Erstklässlern dazu gesagt werden kann?

Hier eignen sich einfache Fragen, die methodisch vielfältig zum Thema gemacht werden können. Die Stichwörter Gott und Beten etwa könnten im Rahmen dieser Unterrichtseinheit mit Fragen thematisiert werden wie »Habt Ihr schon einmal von Gott gehört?«, »Kann man mit Gott sprechen?« oder »Kennt Ihr Gebete?«

Was von den Kindern kommen kann, wenn so gefragt wird, zeigt der Ausschnitt aus einem Unterrichtsgespräch über Beten, das in einer der ersten Klassen stattgefunden hat. Die Kinder werden gefragt: »Was tut man *denn da?*« Ein Junge antwortet, dass man die Hände faltet. Ein Mädchen meint, »*dann spricht man zu Gott … dann sagt man … was einem nicht gut gefällt*«. Ein anderer Junge betet vor manchen Fußballspielen »*zu Gott, dass wir immer gewinnen*«. Daraufhin bemerkt die Lehrerin, dass er sich selbst im Spiel aber trotzdem anstrengen müsse, »*der liebe Gott allein hilft da nicht*«. Dem stimmt der Junge zu. An dieser Stelle könnte weiter nachgefragt werden. Bringt es etwas für das Spiel, wenn man vorher betet? Vielleicht verbinden auch andere Kinder in dieser Klasse mit dem Gebet Erwartungen oder Ansprüche an das Handeln Gottes in ihrem Leben.

Schließlich erklärt die katholische Lehrerin noch, dass die zusammengelegten Hände zum Ausdruck bringen sollen, dass das Herz des Betenden nach oben zu Gott gerichtet ist. Hier besteht die Gelegenheit, die zum Teil gebräuchlichen unterschiedlichen Haltungen der Hände beim Beten in Protestantismus und Katholizismus anzusprechen.

Die Lehrerin fragt die Kinder im Zusammenhang mit dem Knien, warum man sich beim Beten vor Gott auf diese Weise »*ganz klein*« mache. Eine Schülerin meint, »*weil man ganz arg betet*«, eine andere sagt, »*weil der Gott größer ist, und weil die kleiner sind, und der Gott ist immer größer als die*«. Auch hier könnte an das Gottesbild der Kinder angeknüpft werden, etwa indem man die Kinder an dieser Stelle Bilder von knienden, betenden Menschen malen lässt und im Anschluss daran das Gespräch über die kindlichen Gottesbilder sucht.

In die Kirche gehen

Vielfach wird die Taufe von den Kindern als eine Gelegenheit genannt, bei der sie in einer Kirche gewesen sind. So sagt ein evangelischer Junge: » … *ich war da getauft und mit dem Kindergarten bin ich auch mal da gewesen*«. Ein evangelisches Mädchen »*war zwar noch nie bei jemand seiner Taufe, aber ich wurde getauft*«. Als einen weiteren Anlass, zu dem man eine Kirche betritt, nennen die Kinder Weihnachten: »*Ich war an Weihnachten ganz oft in der Kirche*«, sagt ein nicht getauftes Mädchen.

Ein Schüler nennt das Erntedankfest, bei dem er mit dem Kindergarten in der Kirche gewesen sei. Ein nicht getauftes Mädchen bringt den Sonntag als Anlass für den Kirchgang ins Spiel. Es fällt bei den Kindern in der Tat auf, dass der – traditionell gesprochen – üblichste Anlass, eine Kirche zu betreten, nämlich der sonntägliche Gottesdienst, aus ihrer Mitte nur einmal und auch das erst verhältnismäßig spät genannt wird. Das Mädchen, von dem diese Aussage stammt, scheint die großen Feste des Kirchenjahres eher wahrzunehmen als einen regelmäßigen Kirchgang am Sonntag. Das ist natürlich kein überraschender Befund, ist aber gleichzeitig eine Gelegenheit, konkret nachzufragen.

Welche Tätigkeiten und Handlungen verbinden die Kinder mit einem Besuch in der Kirche? Auf die Frage der katholischen Lehrerin, was in der Kinderkirche gemacht werde, antwortet ein evangelisches Mädchen *»Basteln und Malen«*, ein anderes Kind *»Gottesdienst, Kindergottesdienst«*. *»Lieder singen«* ist der Beitrag eines evangelischen Mädchens. Ihre Oma gehe *»immer«* in die Kirche, sie selbst *»manchmal«*, sagt ein katholisches Mädchen. Ihre Oma sei *»ganz arg christlich«*.

Dann geht es um Unterschiede zwischen einer Kirche und einem normalen Wohnhaus. Die Kinder nennen an äußerlichen Erkennungszeichen den Kirchturm (*die Spitze*), die Größe der Kirche und die Glocken. Den Gesang nennt ein evangelisches Mädchen, andere Kinder nennen *»so bunte Fenster«* und die Orgel. Ein evangelisches Mädchen beschreibt den Altar als Ort, *»wo da so 'n großes Buch ist für die Pfarrerin«*. Es ist ihr offensichtlich nicht bewusst, dass dieses Buch die Bibel ist und – selbstverständlich, unter diesen Umständen – dass es ein Merkmal der evangelischen Kirchengebäude ist, die Bibel auf den Altar zu legen.

Nur ein Kind nennt als Kriterium für eine Kirche etwas Nicht-Gegenständliches: *»Weil da spricht man über 'n Gott und Jesus«*. Kurz darauf ergänzt er noch, in der Kirche, *»da ist auch 'n Jesuskreuz«*. Ob er damit ein einfaches Kreuz oder ein Kruzifix meint, wird nicht weiter verfolgt.

Das Kreuz in der Kirche

Das Symbol des Kreuzes stößt bei den Kindern auf besondere Aufmerksamkeit (vgl. auch Büttner/Thierfelder 2001). Die nachfolgend kurz skizzierte Unterrichtsszene wurde soeben bereits angesprochen. Als der Kirchenraum beschrieben wird, sagt ein Kind: *»Da ist der Gott an … da ist der Gott an so 'n Ding. Am Kreuz.«* Ein nicht getaufter Erstklässler weist darauf hin, das sei aber *»nicht der echte Gott«*, es handle sich nur um eine *»Puppe«*. Und ein weiterer, ebenfalls nicht getaufter Junge ergänzt: *»Jesus ist das«*. Daraufhin beendet ein Mädchen den kurzen Austausch mit dem Vermittlungsangebot: *»Dann eben beide«*. Die evangelische Lehrerin nimmt auf diese Situation Bezug, als sie im Nachgespräch die Meinung vertritt, dass bei der Darstellung des Gekreuzigten den Erstklässlern nicht klar ist, *»wer*

der Mann ist, der da hängt«. Den Kindern ist aber offenbar klar, dass die Abbildung des Gekreuzigten mit Gott zu tun hat, mehr noch, dass Jesus und
Gott und das Kreuz zusammengehören. Dies steigert sich bis zur Aussage
des Mädchens, der Gekreuzigte sei »*dann eben beide«,* und ist auch in der
Begründung der Kreuzigung Jesu enthalten, die ein anderes Kind angibt:
»*Die Menschen haben nicht an Gott geglaubt«,* deswegen sei Jesus ans Kreuz
genagelt worden.

Wie viel Potenzial für ein spannendes Gespräch in Verbindungen zwischen Gott und Jesus liegt, wie sie die Kinder schlagen, ist den beiden Lehrerinnen sehr wohl klar. Im Nachgespräch stellen sie fest, hier hätte man
mehrere Schulstunden zur Besprechung einsetzen können. Wie könnte
diese Wiederaufnahme vorbereitet werden? Eine gute Voraussetzung für die
Umsetzung dieser Idee wäre es, die dargestellte kleine Gesprächssequenz in
irgendeiner Form zu sichern, und wäre es auch nur durch den Hinweis, darauf später noch einmal zurückkommen zu wollen. Noch besser wäre sicher
eine visuelle Fixierung – es wäre denkbar, bei einem solchen Unterrichtsgespräch Ideen der Kinder als kleine Zeichnung oder Skizze festzuhalten
und an die Wand des Klassenzimmers zu hängen. Im vorliegenden Fall
würde ein schlichtes Kreuz mit einem Fragezeichen auf einem Blatt Papier
reichen, wenn nicht zu viel Zeit vergeht, bis das Thema »Was haben Gott
und Jesus miteinander zu tun?« wieder angesprochen würde.

Die Kreuze am Straßenrand

Ein anderer Zugang zum Thema Kreuz eröffnet sich mit den Erstklässlern,
als ein nicht getauftes Kind ziemlich unvermittelt anfängt, von der Beerdigung eines Familienangehörigen zu erzählen. Im Zuge der sich anschließenden Schülerbeiträge über miterlebte Beerdigungen kommt die Rede auf
die Kreuze, die für Verkehrsopfer am Straßenrand angebracht werden. Die
evangelische Lehrerin fragt, warum »*dieser Mann«* an einem Kreuz hänge,
wie man sie auch am Straßenrand manchmal sehen könne. Ein katholischer
Junge sagt: »*Damit die Leute wissen, dass da jemand gestorben ist«.* Der Zusammenhang zwischen dem Tod Jesu, der menschlichen Schuld und der
Funktion des Erinnerns und des Zeigens (hier ist ein Mensch gestorben) –
all das ist in den beiden Sätzen des Jungen anfanghaft enthalten. Zwei noch
etwas prononciertere Sätze zur Symbolfunktion des Kreuzes kommen anschließend von zwei Kindern aus der zweiten Klasse. Für ein katholisches
Mädchen sieht die von der evangelischen Lehrerin alternativ zum Kreuz ins

Gespräch gebrachte Gedenktafel am Straßenrand nicht »*nach so Tod*« aus. Etwas später bestätigt ein anderer Zweitklässler hinsichtlich des Anblicks eines Kreuzes am Straßenrand:» *...und da hab ich gleich gewusst, da war ein Unfall*«. Die Verbindung Kreuz – Tod ist hier zweifelsfrei schon fest verankert.

Erste Erfahrungen mit der Taufe

Was bedeutet die Taufe für die Kinder, die gerade in die Schule gekommen sind, und was können sie von sich aus dazu sagen? Die Bedeutung der Taufe liegt nach der praktischen Auffassung eines katholischen Jungen in der Namensgebung:»*Damit alle wissen, dass die ... heißt, macht man da 'ne Taufe*«. Als ergiebig erweist sich im Unterricht die Frage danach, wo die Kinder getauft wurden. Es zeigt sich, dass viele Kinder das Kirchengebäude kennen, in dem ihre eigene Taufe stattgefunden hat. Dies kann sich als Gelegenheit erweisen, auf das Nebeneinander der beiden christlichen Kirchen zu sprechen zu kommen.

Religiöse Vorerfahrungen: Nachgedanken

Ein Schüler sagt ganz unvermittelt und überraschend:»*Ich bin katholisch und die V. ist auch katholisch. Und der Papa und die Mama ist auch ...*«. Zu diesem Zeitpunkt des Unterrichtsgesprächs geht es um ganz andere Dinge. Es ist unklar, wie der Junge jetzt darauf kommt. Solche Bemerkungen sind Lehrerinnen und Lehrern aus der Primarstufe vertraut: Jüngere Kinder äußern einen Gedanken, den sie für sich im Stillen verfolgt haben, in einem völlig unerwarteten Moment. Das zeigt einmal mehr die Schwierigkeiten, die einer unterrichtlichen Reaktion im Wege stehen. Inhaltlich ist die Aussage des Jungen im Rahmen einer Unterrichtseinheit über religiöse Vorerfahrungen der Kinder sehr interessant. Nur kommt sie zu einem gleichsam unpassenden Moment. Die Lehrerin geht nicht darauf ein.

Im Nachgespräch zu einer der hier herangezogenen Religionsstunden meinen die beiden Lehrerinnen, die im Team-Teaching unterrichtet haben, übereinstimmend, sie seien überrascht gewesen, wie viel die Kinder doch an religiösen Vorerfahrungen mitbrächten. Das bestätigt noch einmal, dass die Vorstellungen von uns Erwachsenen hinsichtlich dessen, was die Kindern interessant finden oder bereits wissen, lückenhaft sein können. Die Stunden der Unterrichtseinheit »In einem neuen Haus – wir bringen uns selber mit« jedenfalls enthalten insgesamt viele Hinweise auf Erfahrungen mit Religion, Christentum und christlichen Gebräuchen. Dabei ist grundsätzlich immer auch zu sehen, dass das, was die Kinder beschreiben, auch dann als konfessionsspezifisch gelten kann, wenn die Kinder nicht wissen, dass es in der anderen Konfession so nicht zu beobachten wäre, sondern etwas Besonderes der eigenen Kirche darstellt, das in dieser oder jener Form ausschließlich dort vorkommt. Interessant und erwähnenswert ist an dieser Stelle der Vergleich mit dem, was die Kinder in den Interviews sagen. Dieselben Kinder äußern aufgrund der dort gezielt gestellten Fragen und Nachfragen wesentlich ausführlicher Gedanken, die sich auf die Konfessionen beziehen, als im Religionsunterricht. Die im Vergleich mit diesen Interviewaussagen erheblich spärlicheren Beiträge während des Unterrichts werden von den Lehrkräften aber bereits als erstaunlich reichhaltig angesehen. Heißt das nicht, dass das kindliche Potenzial an Erfahrungen, Ideen und Vorstellungen, die sich auf das Zustandekommen oder den Sinn von Konfessionalität usw. beziehen, im Unterricht noch mehr unterschätzt wird, als die Lehrerinnen das in den Nachgesprächen selbst schon festgestellt haben? Tatsächlich können die Kinder bei entsprechend gezielter Nachfrage noch viel weitergehende Auskünfte über ihre Vorstellungen davon geben, wie Konfessionszugehörigkeit entsteht oder was »die Katholischen« von »den Evangelischen« unterscheidet. Dieser Vergleich weist auf die Möglichkeiten hin, die in der Entwicklung einer entsprechenden Didaktik in konfessionell-kooperativer Perspektive liegen. Deren Hauptmerkmal bei einer Unterrichtseinheit über religiöse Vorerfahrungen von Erstklässlern dürfte in eben diesem gezielten Nachfragen liegen, das oft überhaupt erst Klarheit über Erfahrung und Denken der Kinder schaffen kann.

Zum Weiterlesen:

Büttner, Gerhard/Thierfelder, Jörg: Trug Jesus Sandalen? Kinder und Jugendliche sehen Jesus Christus, Göttingen 2001; Hanisch, Helmut: Die zeichnerische Entwicklung des Gottesbildes bei Kindern und Jugendlichen, Stuttgart/Leipzig 1996; Klein, Stephanie: Gottesbilder von Mädchen. Bilder und Gespräche als Zugänge zur kindlichen religiösen Vorstellungswelt, Stuttgart 2000.

In der gegenwärtigen Unterrichtsliteratur gibt es erst wenige Hinweise auf die Wahrnehmung von Kindern. Hier sei stellvertretend genannt:

Hilger, Georg: Eine Theologie des Radierens. Wie Kinder an ihren Gottesvorstellungen arbeiten. In: Katechetische Blätter 125 (2000), Heft 3, 162-170.

Weiterhin verweisen wir auf die Folgenden Titel:

Fischer, Dietlind/Schöll, Albrecht (Hg.): Religiöse Vorstellungen bilden. Erkundungen zur Religion von Kindern über Bilder, Münster (Comenius Institut), 2000; Oberthür, Rainer: Die Seele ist eine Sonne. Was Kinder über Gott und die Welt wissen, München 2000; Hull, John M.: Wie Kinder über Gott reden. Ein Ratgeber für Eltern und Erziehende, Gütersloh 1997; Zoller, Eva: Die kleinen Philosophen. Vom Umgang mit »schwierigen« Kinderfragen, Freiburg 1995; Coles, Robert: Wird Gott naß, wenn es regnet? Die religiöse Bilderwelt der Kinder, Hamburg 1992; Freese, Hans-Ludwig: Kinder sind Philosophen, Berlin 1989.

3.2. Kirchenbesuche – Pädagogik des Kirchenraums in konfessionell-kooperativer Perspektive

Mit Kindern im Rahmen des Religionsunterrichts eine Kirche zu besuchen und sich dabei von der Pfarrerin, dem Pfarrer oder einem Gemeindemitglied etwas zeigen und erklären zu lassen, gehört für viele Lehrerinnen und Lehrer der Grundschule schon seit langem zu ihrem pädagogischen Repertoire. Wie können solche Besuche im Sinn der konfessionellen Kooperation noch stärker fruchtbar gemacht werden? Wenn Kinder – wie in diesem Buch bereits mehrfach festgestellt – vor allem auf Konkret-Anschauliches achten, kann in der Tat versucht werden, sie durch den Besuch einer evangelischen und einer katholischen Kirche zum Vergleichen anzuregen und am konkreten Beispiel Unterschiede und Gemeinsamkeiten zwischen den beiden Kirchen zu zeigen und zu erklären.

Im Folgenden geht es um Unterrichtsstunden, in denen versucht wird, Beobachtungen der Kinder nach Kirchenbesuchen aufzunehmen und inhaltlich zu vertiefen. Es werden Beispiele für die unterrichtliche Beschäftigung mit Kirchenbesuchen im Sinne der konfessionellen Kooperation vorgestellt, und es wird gezeigt, wie die Wahrnehmung der anderen und das Bewusstwerden der eigenen Konfession in einer Lerngruppe zur Sprache gebracht werden können und mit welchen Schwierigkeiten gerechnet werden muss. Die beobachteten Stunden hatten alle die *Nach*bereitung, nicht aber die *Vor*bereitung eines Kirchenbesuchs zum Gegenstand. Dem Ziel konfessioneller Kooperation entspricht die Vorbereitung am ehesten dann, wenn die beiden beteiligten Lehrerinnen oder Lehrer im Vorfeld gemeinsam die Kirche kennen lernen, die sie später mit den Kindern besuchen wollen. Hilfreich kann dabei die einschlägige Literatur sein (Scheibe 1999). Entscheidend ist aber der Austausch zwischen den beiden Lehrkräften: Was fällt auf, was ist fremd, worauf sollen die Kinder hingewiesen werden, wie kann das eine oder andere im Unterricht erneut aufgenommen werden?

Nachbereitung von Kirchenbesuchen

Wie können Kirchenbesuche im Unterricht aufgenommen werden? Auf jeden Fall sollte bei dem angeknüpft werden, was von den Kindern kommt. In der Regel werden die Kinder gefragt, woran sie sich noch erinnern können. Das leuchtet auch ein, denn auf diesem Weg kann aufgenommen werden, was ihnen aufgefallen ist, weil es sie besonders angesprochen hat. Möglich ist auch, gleich nach dem zu fragen, das erstaunt hat oder Fragen aufgeworfen hat. Wie kann mit Beobachtungen, Äußerungen und gegebenenfalls auch Fragen der Kinder umgegangen werden? Im konfessionell-kooperativen Unterricht sind die Wahrnehmungen der Kinder vor allem unter den Gesichtspunkten »Gemeinsamkeiten« und »Unterschiede« zu thematisieren.

Das Unterrichtsgespräch muss auch zu einem frühen Zeitpunkt nicht unbedingt auf der gegenständlichen Ebene der sinnlich wahrnehmbaren Eindrücke bleiben. Die Kinder fragen durchaus auch nach dem Sinn oder der Bedeutung von Gegenständen. Es kann methodisch gleichwohl sinnvoll sein, ihre konkreten Eindrücke in einem ersten Schritt zu sammeln und erst in einem zweiten Schritt inhaltlich zu besprechen. Doch sollte grundsätzlich die Möglichkeit bestehen, vertiefenden Impulsen, die von den Kindern selbst kommen, den Vorrang einzuräumen. Sind die Aussagen der Kinder aber erst einmal gesichert, sollte auf jeden Fall versucht werden, von dieser Ebene aus vorsichtige Schritte in die Richtung von Bedeutungen und Inhalten zu unternehmen. Werfen wir einen Blick in die Praxis.

Konkret-anschauliches Denken der Kinder

Im Folgenden Beispiel fragt der evangelische Lehrer nach dem Besuch einer katholischen Wallfahrtskirche, in der einige Abbildungen von Ministranten im Modell ausgestellt werden, »*die evangelischen Kinder, haben wir denn bei uns in der evangelischen Kirche auch so etwas wie Ministranten?*« Diese Frage wird von den Kindern verneint.

Die anschließende allgemeinere Frage nach Gegenständen, die zwar in der besuchten Wallfahrtskirche zu sehen gewesen seien, aber in einer evangelischen Kirche nicht vorkämen, können die Kinder beider Konfessionen hingegen nicht beantworten. Erst nachdem ihnen eine entsprechende Abbildung gezeigt worden ist, fällt den katholischen Kindern die Taufkerze ein. Anscheinend kann die Frage nach einem konkreten Gegenstand in der Vorstellung noch nachvollzogen werden. Eine innerliche Auflistung von Gegenständen, auf die die Kinder selbst kommen sollen, scheint hingegen zu schwierig zu sein. In ihren Beschreibungen dessen, was sie selbst gesehen haben, sind die Kinder häufig sehr treffsicher und verwenden prägnante Vergleiche. Ein Kind beschreibt den Beichtstuhl im Rückblick mit den Worten: »*Da war so 'n Hocker, und da musste man sich hinknien. Und dann war hier so was wie 'n Rollladen … und dahinter, da war so 'ne Wand*«. Der Tabernakel wird von einer katholischen Zweitklässlerin als »*Kasten*« beschrieben. Eine Möglichkeit, hier an die Wahrnehmungen der Kinder anzuknüpfen, besteht darin, sie malen zu lassen, was sie gesehen haben. Die Bilder können dann selbst wieder zur Grundlage vertiefender Gespräche werden, denn klar ist, dass die Wertschätzung gegenüber der kindlichen Wahrnehmung missverstanden wäre, wollte man hierbei einfach nur stehen bleiben. Aufzunehmen und wertzuschätzen, was die Kinder sehen und wie sie es mit ihren eigenen Worten beschreiben, ist der kindgemäße Einstieg in einen Lernweg, der dann auch Inhalte umfasst, auf die die Kinder von allein nicht kommen können. Der Tabernakel wird als Schrank beschrieben. Was aber ist darin? Warum gibt es überhaupt diesen Schrank? Und warum gibt es den nur in katholischen Kirchen? Diese Fragen sind wichtig und brauchen Vorbereitung, denn es geht hier um elementare Unterschiede zwischen den beiden Kirchen. Im Zusammenhang der liturgischen Gewänder kommen wir darauf noch einmal zurück.

Eine andere katholische Zweitklässlerin weiß, dass das Brot im Tabernakel etwas damit zu tun hat, dass »*der Jesus mit seinen Jüngern Brot geteilt hat und Wein getrunken hat*«; man spreche auch vom »*Leib Christus oder so*«. Die katholische Mitschülerin ergänzt: »*…das Brot, da stellen wir uns vor, dass das so wie Jesus wär*«. Die Lehrerinnen, die die Kirchenbesuche gemeinsam und im Klassenverband durchgeführt haben und nun auch gemeinsam unterrichten, versuchen darauf einzugehen. Es ist ihnen aber nicht möglich, den Vorgang der Wandlung von den Kindern zu erfragen. Ihre diesbezüglichen Versuche enden immer mit Beschreibungen der Kinder, die Konkret-Anschauliches zum Gegenstand haben wie das Austeilen des Brotes oder Sätze wie »*das tut er dann in den Tabernakel*« oder »*dann machen die vor 'm Altar so 'nen Knicks*«.

Die Kinder vertreten auch die Meinung, dass in der Sakristei deshalb mehr Brot aufbewahrt werde als im Tabernakel, »*weil wenn dann so viele Leute da sind, das eine Brot reicht nicht*«.

Von den Kindern Ausgesprochenes und damit auf den ersten Blick recht präzise Bezeichnetes wird von ihnen nicht zwangsläufig auch im Sinne der Theologie verstanden. Ein Unterricht, der dies nicht einbezieht, geht an den Kindern vorbei.

Arbeiten mit Bildern

Bei der Zuordnung von auf Kärtchen abgebildeten Gegenständen zur evangelischen oder katholischen Kirche, die sie vorbereitet haben, fragen die Lehrerinnen in Zweifelsfällen immer wieder, in welcher der beiden Kirchen die Kinder den betreffenden Gegenstand gesehen haben. Dadurch wird der Kirchenbesuch auf einer für die Kinder anschaulichen Grundlage für den Lernprozess fruchtbar gemacht, und die Kinder werden öfter an die Tatsache erinnert, dass es zwei Kirchen gibt. Dass der Weg über Abbildungen auch für jüngere Kinder eine große Hilfe ist, zeigt sich, als die Tafel voller Bilder hängt. Nachdem die Gegenstände zugeordnet sind und festgestellt wurde, dass die katholische Kirche einige Gegenstände zu bieten hat, die es in der evangelischen Kirche nicht gibt, weist eine evangelische Erstklässlerin darauf hin, dass es in der evangelischen Kirche auch noch die Kanzel gebe, auf der »*geredet*« werde. Hier haben die Bilder eine Erinnerung genau der Art angeregt, wie sie in dem oben berichteten Fall bei der Nachbereitung des Besuchs in der katholischen Wallfahrtskirche nicht gelingen wollte. An dieser Stelle wäre nun im weiteren Unterrichtsverlauf eine vertiefende Sequenz denkbar, die auf die Bedeutung der Predigt in der evangelischen Kirche hinzielt.

Das kindliche Denken und die Assoziationen der Kinder im Anschluss an Kirchenbesuche sind eine große Herausforderung für die Gesprächsführung im Religionsunterricht. Ein weiteres Beispiel dafür sind die Erinnerungen der Kinder an den in der katholischen Kirche gesehenen Beichtstuhl. Er sei »*dafür da, wenn man Mist gebaut hat*«, so eine katholische Zweitklässlerin. Der Beichtvater rate zum Geständnis, dürfe aber »*nicht verpetzen*«, wie eine weitere katholische Zweitklässlerin meint. Auch hier könnte mit einem Gespräch etwa über Schuld, schlechtes Gewissen, Vertrauen und Vergebung o.ä. auf eine inhaltliche Ebene eingegangen werden. Das aber würde natürlich seine Zeit brauchen, und auch in diesem Fall würde sich empfehlen, in einem ersten Schritt festzuhalten, was beobachtet wurde. Diese Beobachtungen sollten dann mit ein paar Stichworten fixiert werden. Zu einem späteren Zeitpunkt kann darauf zurückgegriffen werden, und dann kann auf der Grundlage der entsprechenden Bilder und Wörter (Arbeitsblatt o.ä.) an den Kirchenbesuch angeknüpft werden.

Team-Teaching

Bei der Nachbereitung von Besuchen in jeweils einer evangelischen und einer katholischen Kirche bietet das Team-Teaching besondere Möglichkeiten, Identität und Verständigung, Beheimatung und Begegnung zu veranschaulichen, weil die Lehrkräfte bei diesen Besuchen selbst mitunter etwas Neues über die andere Konfession erfahren haben und dies vor der Klasse transparent gemacht werden kann. Dazu zwei Beispiele:

1. Als es darum geht, wer von den Kindern eine Taufkerze hat, meint eine katholische Schülerin, sie habe eine. Daraufhin sagt die katholische Lehrerin: »*Ja, Du bist katholisch. Bei uns ist schon lange Brauch, dass wir eine Taufkerze haben*«. Auch in der evangelischen Kirche gebe es aber neuerdings diesen Brauch, wie ihr der evangelische Pfarrer erzählt habe.

Die Information des evangelischen Pfarrers und der Besuch der Kirche haben hier möglicherweise dazu geführt, dass der eigene katholische Brauch von der Lehrerin auf bewusstere Art und Weise als ein besonderer, nämlich verhältnismäßig älterer Brauch wahrgenommen und bezeichnet wird, was ohne diese Vorgeschichte unterblieben wäre. Auch für die Kinder ist damit das Vorhandensein zweier verschiedener Konfessionen etwas deutlicher geworden, zumal die Lehrerin sie bei dieser Gelegenheit auf die Möglichkeit hinweist, dass die eine Kirche von der anderen einen Brauch übernehmen, also etwas lernen kann.

2. Der didaktische Gewinn der Nachbereitung eines Kirchenbesuchs im Team-Teaching kann auch darin bestehen, dass die Lehrkräfte sich gegenseitig im Beisein der Kinder über ihre Beobachtungen verständigen, so dass die Kinder erleben, wie Verständigung zwischen den Konfessionen stattfindet und wie mit Unterschieden konstruktiv und freundlich umgegangen werden kann. So weiß eine evangelische Lehrerin nach dem Kirchenbesuch nicht oder nicht mehr, dass im Tabernakel nur das geweihte Brot, nicht aber der Wein aufbewahrt wird. Ihre katholische Kollegin wiederholt es im Unterricht noch einmal für sie und damit auch für die Kinder. Die evangelische Lehrerin wiederum unterstreicht ihre eigene Distanz und weist darauf hin, dass sie sich selbst auch auf einem Lernweg befindet, indem sie den Ta-

bernakel als »*schwierig*« bezeichnet. Damit bietet sie zum einen den evangelischen Kindern eine Identifikationsmöglichkeit. Darüber hinaus repräsentieren ihre Nachfrage und die Antwort der Kollegin ein Stück interkonfessionellen Dialogs. Durch die häufigen Bezugnahmen der Lehrkräfte auf das Verhalten oder einzelne Erläuterungen der Pfarrerinnen oder Pfarrer, denen man während des Kirchenbesuchs begegnet ist, kommen die Konfessionen immer wieder in den Blick und werden verstehbar.

Was der Pfarrer wann anhat: Kleine »Modenschau« für Kinder?

Für die Kinder anschaulich und daher im Unterricht gut aufzugreifen sind die unterschiedlichen Kleidungen der evangelischen und katholischen Geistlichen. Das zeigt sich bei einer Lerngruppe mit Kindern der ersten und zweiten Klasse in der verhältnismäßig starken Beteiligung der ansonsten eher zurückhaltenden Erstklässler. Einer von ihnen weiß noch, dass der Priester die verschiedenen Kleidungsstücke jeweils »*bei 'ner anderen Situation*« trägt. Die Voraussetzung ist hier natürlich, dass die Bekleidung der Geistlichen Thema der Kirchenbesuche ist und dass den Kindern die verschiedenen Kleidungsstücke gezeigt werden. Ambivalent ist eine regelrechte »Modenschau« insofern, als die liturgischen Gewänder von ihrer zeitlichen Verankerung im Kirchenjahr gelöst präsentiert werden. Vielleicht wäre es eine Möglichkeit, keine Kleidungsstücke zu tragen, die ihren Sitz im Leben zu einem weit entfernten Zeitpunkt haben und auf diesen Zusammenhang ausdrücklich hinzuweisen. Wichtiger noch wäre es, sich klarzumachen, welche tiefe Bedeutung die Farbensymbolik etwa in der katholischen Kirche hat. Der Ausdruck »*bei 'ner anderen Situation*« ist die kindliche Umschreibung für inhaltlich gehaltvolle Zusammenhänge, die besprochen werden müssen, wenn sich die Erinnerung der Kinder nicht auf den bloßen Anblick verschiedener bunter Kleidungsstücke reduzieren soll. Die Kinder nehmen konkret-anschaulich wahr. Die Idee, ihnen diese liturgischen Gewänder zu zeigen, ist dem kindlichen Verstehen angemessen. Wichtig ist es nun, hier nicht stehen zu bleiben, sondern dieses Erlebnis zum Ausgangspunkt eines Lernwegs zu machen, der auch Inhalte vertieft.

Die Präsentation der liturgischen Kleidungsstücke in der Kirche ist für die Kinder jedenfalls sehr spannend. Sie sollte im Vorfeld von Kirchenbesuchen – auch im Blick auf das eben Gesagte – mit den Geistlichen besprochen werden. Natürlich sind vor allem die verschiedenen liturgischen Kleidungsstücke in der katholischen Kirche für die Kinder sehr anregend.

Besonders die Frage nach ihrer Meinung zur Unterschiedlichkeit der Kleidung zwischen den Geistlichen der beiden Konfessionen und nach dem Grund dafür kann sich in den Nachgesprächen als fruchtbar erweisen. Die Kinder können sich nicht immer an die Erklärungen erinnern, die ihnen in der Kirche gegeben wurden, und suchen dann nach eigenen Erklärungen. Grundsätzlich äußern sie sich positiv über die Vielfalt. Als Hauptgrund geben sie an, erst durch die Kleidung könnten die beiden Geistlichen unterschieden werden. Das bezieht sich dann auch auf ein und denselben Gottesdienst, denn man wüsste andernfalls nicht, »was für ein Pfarrer vorne ist«.

Hier ist es wichtig, genau hinzuhören: Sprechen die Kinder von den verschiedenen Gewändern ein und desselben Geistlichen, oder geht es ihnen um die Unterscheidung zwischen dem evangelischen und dem katholischen? Schließlich heißt es auch, es wäre »langweilig«, wenn die Geistlichen gleich gekleidet wären. Später sollen die Kinder zwischen zwei Photos des evangelischen und des katholischen Geistlichen wählen, um die dort abgebildeten Köpfe durch selbstgemalte Kleidungstücke zu einem vollständigen Bild der Personen zu ergänzen. Hier bietet sich wieder eine Möglichkeit, dem Denken der Kinder nachzugehen: Wie entscheiden sie sich? Die Lehrerinnen erkennen die Gelegenheit und fragen nach. Die Kinder entscheiden sich in der Mehrzahl für den Geistlichen, der der Konfession der eigenen Mutter oder des eigenen Vaters zugehört oder der der Gemeindepfarrer ist: »Weil mein Papa da« … »weil meine Mama auch katholisch ist« … »das ist halt mein Pfarrer und den nehme ich«. Das sind ganz typische und erwartbare Begründungen, denn sie entsprechen dem kindlichen Radius der sozialen Beziehungen, der sich auf die nahen Angehörigen und die engsten Freundinnen und Freunde erstreckt.

Das Thema »Kleidung der Geistlichen« eignet sich für eine eigene Unterrichtseinheit. Die symbolischen Bedeutungen der Farben und die Verankerung der einzelnen Kleidungsstücke im Kirchenjahr können dort in Ruhe inhaltlich erschlossen und verstanden werden.

Es ist deutlich geworden, wie viele Möglichkeiten ein Besuch in einer evangelischen und einer katholischen Kirche für die unterrichtliche Nachbereitung in konfessionell-kooperativer Perspektive bietet. Klar ist aber auch, dass die vielen Eindrücke der Kinder nicht in einer einzigen Stunde und nicht nur im Unterrichtsgespräch sinnvoll ausgewertet werden können. Sie sollten gesammelt, auf möglichst anschauliche Weise fixiert und dann nach und nach thematisch durchgesprochen werden.

Zum Weiterlesen:
Scheibe, Ernst: Kreuz und quer durchs Kirchenschiff in über 550 Begriffen, Leipzig 1999. Goecke-Seischab, Marie Luise: Komm, wir entdecken eine Kirche, München 2000; Degen, Roland (Hg.): Lernort Kirchenraum. Unter Mitarbeit v. Christoph Th. Scheilke, Münster 1998; Goecke-Seischab, Marie Luise/Ohlemacher, Jörg (Hg.): Kirchen erkunden, Kirchen erschließen. Ein Handbuch mit über 300 Sachzeichnungen und Übersichtstafeln sowie einer Einführung in die Kirchenpädagogik, Lahr/Kevelaer 1998.

3.3 Taufe – die Frage nach der Einheit des Christentums

Kaum etwas bietet sich mehr als Thema an, wenn es um evangelisch-katholische Zusammenarbeit im Religionsunterricht der Grundschule geht, als die Taufe. Sie ist das einzige zwischen den beiden Kirchen anerkannte Sakrament. Daher eignet sich dieses Thema in besonderem Maß für eine Unterrichtseinheit, in der die Wahrnehmung der Gemeinsamkeiten zwischen der katholischen und der evangelischen Kirche gestärkt werden soll. Der theoretische Schwerpunkt dieses Abschnitts liegt daher auf der Frage, inwieweit konfessionelle Kooperation beim Thema Taufe in besonderem Maße dazu beitragen kann, die Bedeutung der Gemeinsamkeiten zwischen den beiden christlichen Kirchen aufzuzeigen.

Im Unterricht zeigt sich demgegenüber allerdings, dass die evangelische und die katholische Taufe von den Kindern unter bestimmten Umständen vor allem als unterschiedlich wahrgenommen werden. Wodurch dieser Eindruck entstehen kann und welche Wege stattdessen empfehlenswerter erscheinen, wird unter anderem Gegenstand der folgenden Abschnitte sein.

Taufe: den Kindern bereits bekannt

Das Thema Taufe ist für die Kinder nichts vollkommen Unbekanntes. Wenn die Kinder der ersten Klasse im Unterricht gefragt werden, zu welcher Gelegenheit sie schon einmal in einer Kirche waren, nennen sie auffallend häufig die Taufe von Geschwistern oder anderen verwandten Kindern, aber auch ihre eigene Taufe. Da ausgeschlossen ist, dass sie sich – jedenfalls im Regelfall der Kindertaufe – selbst daran erinnern können, wissen sie durch Dritte von ihrer eigenen Taufe. Zumeist ist das ein Elternteil, beide Eltern oder eine andere nahe erwachsene Bezugsperson. Der Anlass für diese Information ist fast immer die Teilnahme an der Taufe eines anderen Kindes, zum Beispiel eines Geschwisters. Viele Kinder haben also schon einmal über die Taufe gesprochen, bevor diese zum Thema im Religionsunterricht der Grundschule wird. Doch wie lässt sich das Thema Taufe im Sinn konfessionell-kooperativer Didaktik bearbeiten? Was verbinden die Kinder von sich aus mit dem Thema?

Taufe und Konfession
Viele der getauften Kinder wissen, in welcher Kirche – d.h. in welchem Kirchengebäude im Ort – sie getauft wurden. Die Äußerungen der Kinder, von denen im Folgenden einige betrachtet werden, sprechen dafür, dass das Thema Taufe sowohl geeignet ist, die Wahrnehmung von Gemeinsamkeiten zwischen den beiden Kirchen zu stärken als auch Unterschieden gerecht zu werden. Trotz der erwähnten Ähnlichkeit zwischen der katholischen und der evangelischen Taufe, die das integrierende Moment dieses Themas darstellt, zeigen Kinderäußerungen, dass sich die Taufe als Thema des Religionsunterrichts offensichtlich in ebenso hohem Maß auch dafür eignet, die Unterschiede zwischen den Kirchen anzusprechen.

In einer Stunde zum Thema »Erstkommunion« weist eine Schülerin indirekt auf die Tatsache hin, dass es sowohl eine evangelische als auch eine katholische Taufe gibt. Als die Kinder überlegen sollen, ob sie selbst es vielleicht auch schon einmal erlebt haben, dass in der Kirche Brot ausgeteilt wird, fragt die Lehrerin: » *...geht ihr auch manchmal in die Kirche, oder?*« Kinder: »*Nee.*« Lehrerin: »*War von den evangelischen Kindern gar niemand, nie jemand in der Kirche? Bei den Gottesdiensten?*« Kinder: »*Doch. Taufe*«. Und nun sagt eine Schülerin, ein katholisches Mädchen, es sei »*mal bei einer evangelischen Taufe*« gewesen. Zum ersten Mal überhaupt in dieser Stunde fällt der Ausdruck »evangelisch«. Das Thema Taufe, mit dem die Kinder eigene Erfahrungen verbinden, erweist sich als geeigneter Zugang zur Erörterung des Nebeneinanders von zwei Kirchen. Im konfessionell-kooperativen Religionsunterricht sollte in einem solchen Moment an die Kinderäußerung angeknüpft werden.

Dass hier ein katholisches Mädchen von ihrem Besuch einer evangelischen Taufe berichtet, weist darauf hin, dass es sinnvoll ist zu wissen, ob die einzelnen Kinder evangelisch, katholisch oder nicht getauft sind bzw. welcher anderen Religion sie angehören. Dieses Wissen versteht sich bei einem

Wechsel der Lehrkräfte und bei sich ändernden Zusammensetzungen der Lerngruppen nicht von selbst. Mit seiner Hilfe wäre es im vorliegenden Fall möglich, den Aspekt der Begegnung im Unterricht anzusprechen und zum Beispiel danach zu fragen, warum die einzige Taufe, an deren Besuch sich die Schülerin erinnern kann, keine katholische, sondern eine evangelische war.

Ein katholisches Mädchen sagt zum Stichwort Taufkirchen: »*Es gibt die Katholischen und die Evangelischen. Die Evangelischen gehen halt in die Kirche und die Katholischen gehen in die andere Kirche*«. Die evangelische Lehrerin greift das auf: Ob die Kinder »*das schon mal gehört*« hätten, nämlich etwas über den Zusammenhang zwischen Konfession (»evangelisch und katholisch«) und derjenigen Kirche, in der getauft wird? Eines der Mädchen meint: »*Weil das halt so irgendwie damit zu tun hat, evangelisch und katholisch*«. Es gebe da ein »*bisschen*« Unterschiede. Eine andere Schülerin denkt laut: »*Eigentlich müssten da welche sein*«, die andere Kirche sei »*irgendwie anders*«.

Die Lehrerin hat die gute Idee, detailliert nachzufragen, in die Tat umgesetzt. Mehr kann sie an dieser Stelle kaum tun. Es zeigt sich dann, dass die Kinder nicht sagen können, worin der Unterschied zwischen den beiden Kirchen besteht. Die Stunde endet an dieser Stelle. Trotzdem war der Versuch die Mühe wert. An diese kurze Sequenz kann später mit größerer Aussicht auf Erinnerung angeknüpft werden, als wenn es bei dem einen Satz der Schülerin geblieben wäre, es gebe »die Katholischen« und »die Evangelischen«, und die Lehrerin ihn nicht durch ihre Nachfrage hervorgehoben hätte.

Als eine katholische Lehrerin sagt, »*bei unserer Kirche*« spreche man vom »*Taufstein*«, erwidert ein Mädchen: »*Bei unserer auch.*« Hier scheint eine eindeutige Selbstzuordnung zu einer Kirche vorzuliegen: Die Lehrerin ist katholisch, demnach ist die Schülerin evangelisch. Das muss aber nicht unbedingt stimmen. Zum Vergleich: An anderer Stelle sagt ein katholischer Junge als Begründung dafür, dass er sich beim Betreten der Kirche nicht bekreuzigt habe: »*Ich bin doch nicht katholisch*«. Wie auch in vielen anderen Fällen ist es hier wichtig nachzufragen.

Potenzielle Anknüpfungspunkte gibt es im Unterricht wahrscheinlich mehr als überhaupt genutzt werden können. In einer Stunde zur Erstkommunion sagt ein evangelisches Mädchen: »*Da sind zwei, zwei verschiedene Kirchen … und wenn man in der katholischen Kirche getauft wird, ist man katholisch*«. Auch hier besteht die Möglichkeit nachzuhaken und die Ansichten der Kinder in Erfahrung zu bringen. »Evangelisch sein«, »katholisch sein« und »zu einer Kirche gehören«, wie hängt das zusammen? Auch wenn das Gespräch – wie in diesem Fall – eigentlich um ein anderes Thema kreist, eine Aussage zur Taufe aber besonders gehaltvoll ist, kann später immer noch darauf zurückgegriffen werden.

Wenn es um die Entscheidung der Kinder für die eigene Taufe in der einen oder anderen Kirche geht, wird die Qualität der Beziehungen wichtig, die zwischen den Lehrkräften und den Kindern bestehen. Eine katholische Lehrerin hat den Kindern soeben erklärt, dass die beiden christlichen Kirchen die Taufe gegenseitig anerkennen. Diese Anerkennung sei die Voraussetzung für die Möglichkeit konfessionsverbindender Eheschließungen. Darauf fragt ein nicht getaufter Schüler: »*Und wenn man nicht getauft ist?*«

Es fällt auf, dass die Frage nach dem Verbleib der nicht Getauften von einem nicht getauften Kind gestellt wird. Persönliche Betroffenheit kommt besonders beim Thema Taufe ins Spiel. Mit dieser Frage gibt der Schüler ein Stück von sich preis. Das kann er nur, weil es seiner Lehrerin im Vorfeld sehr gut gelungen war, ein Vertrauensverhältnis zu schaffen. Im unmittelbar anschließenden Unterrichtsverlauf wird das noch deutlicher. Nach dem Hinweis, Jesus sei auch erst später getauft worden, lässt die Lehrerin ein nicht getauftes Mädchen aus einer konfessionsverbindenden Ehe über ihre Überlegungen berichten, ob sie sich evangelisch oder katholisch taufen lassen wolle. Diese Schülerin erzählt freimütig von der Situation, als Kind aus einem konfessionsverbindenden Elternhaus die Wahl zwischen den Konfessionen zu haben, und knüpft dabei an ein Gespräch an, das sie mit der Lehrerin auf dem Schulweg einmal darüber geführt hatte. Sie möchte »*lieber katholisch getauft werden*«, »*weil da bin ich halt auch öfters und da sind halt auch manche Freundinnen von mir*«. Hier wird deutlich, wie fruchtbar sich ein Vertrauensverhältnis gerade im Religionsunterricht auswirken kann und wie sich die Lebenswelt der Kinder für den Unterricht öffnen kann.

Die Taufe: Gemeinsamkeiten stärken
Ein spannendes und zugleich theologisch zentrales Thema ist die Frage, was in der Taufe eigentlich geschieht und wozu sie da ist. Haben die Kinder hierzu schon Vorstellungen und eigene Ideen, an die im Unterricht angeknüpft werden kann? Wie könnte das gegebenenfalls geschehen?

Als es um die Bedeutung bzw. die Funktion des Wassers für den Menschen geht, meint eine nicht getaufte Schülerin, Wasser sei *»lebenswichtig zum Trinken«*, und fügt hinzu: *»Das ist vom Gott«*. Ein Schüler kommt ebenfalls gleich auf den entscheidenden Punkt: *»Zum Leben«* sei das Wasser von Bedeutung, und er wiederholt diese Antwort, als die Lehrerin nach Beispielen fragt, in denen Wasser *im* Leben eine Rolle spielt. Ihre zusammenfassende Bemerkung, *»ohne Wasser wären wir eigentlich tot«*, veranlasst einen Schüler zu dem Hinweis, die Bäume *»machen auch so Luft«*. Die Lehrerin fasst das als biologische Aussage auf und bestätigt: Die Bäume machten die Luft *»besser für uns zum Einatmen«*. Die Äußerung des Schülers erinnert daran, dass im Grundschulalter einerseits bereits naturwissenschaftliches Denken von den Kindern aufgenommen wird und Kinder andererseits eigene Weltbilder haben, die auch eine besondere Form des Naturverstehens bedingen (vgl. Faust-Siehl 1996). Vielleicht haben wir es hier mit einem unverbundenen Nebeneinander eines animistischen Weltbildes (Bäume machen Luft und Wind), eines mythisch-wörtlichen Glaubens (Wasser kommt *»vom Gott«*) und eines naturwissenschaftlich beeinflussten Denkens zu tun. Eine Klärung durch weitere Nachfragen wäre hier hilfreich.

Vor ähnliche Überlegungen stellt das folgende kurze Beispiel zum Salböl, das bei der katholischen Taufe Verwendung findet:

In der Stunde einer katholischen Lehrerin im Klassenverband zur katholischen Taufe geht es in einem Abschnitt über die Salbung zum König um die Kraft, die dem König für die Bewältigung seiner Aufgaben durch die Salbung verliehen wird. Ein Schüler fragt daraufhin, ob in dem Öl, mit dem bei der beobachteten Taufe gesalbt wurde *»was drin«* sei. Die durch das Salböl gespendete *»Kraft«* wird anscheinend als materiale Substanz gedacht, als eine Art chemischer Zusatz, der dem Öl hinzugefügt werden kann.

Auf die Frage der Lehrerin, inwiefern ein Baby eine solche Kraft brauchen könnte, kommen ganz verschiedene Antworten der Kinder. *»Zum Wachsen«*, sagt ein Schüler, *»dass es leben«* kann, und eine Schülerin steigert zu *»überleben kann«*. Die Kinder überlegen in diesem Zusammenhang, wozu die Segnung von Mund und Ohren des Täuflings dienen könnte. Sie sei dazu da, *»dass man zuhören kann«*, sagt eine Schülerin und ein Schüler meint, *»damit man reden kann«*.

Die Fähigkeiten, die nach Ansicht der Kinder dem Täufling durch die Kraft des Salböls und den Sinnesorganen durch deren Segnung verliehen werden, sind auf den ersten Blick die gleichsam naturgegebenen, denn Wachsen,

Hören und Sprechen dürften auch nach Ansicht von Grundschulkindern keine Eigenschaften sein, die nicht getauften Menschen fehlen. Beim genaueren Hinsehen aber wird fraglich, ob die Kinder hier die natürlichen Funktionen des Lebens ansprechen wollen. Es heißt nicht »hören«, sondern »*zuhören*«, und statt »*reden*« wäre »essen« als Funktion des Mundes näherliegend gewesen. Auch die dramatische Steigerung zu »*überleben*« fällt auf. Das könnte darauf hindeuten, dass die Kinder Dinge zum Ausdruck bringen wollen, die das bloße Funktionieren von Sinnesorganen und Organismus übersteigen. Es ist allerdings kein Kind, sondern die katholische Lehrerin, die anschließend formuliert, es gehe um das richtige Hören des Wortes Gottes und die angemessene Rede über Gott.

Bei solchen Gesprächen im Unterricht ist immer auch die Frage zu stellen, inwieweit Kinder versuchen, Erwartungen entgegen zu kommen, die sie bei den Lehrerinnen vermuten. In didaktischer Hinsicht wäre es jedenfalls interessant nachzufragen. Warum wird »*Zuhören*« statt Hören genannt? Haben nicht Getaufte weniger Kraft zum Leben und Überleben als Getaufte? Was verbinden die Kinder tatsächlich mit ihren Ausdrücken?

Eine katholische Lehrerin fragt in ihrer Stunde einleitend nach dem Grund für die Taufe. »*Wegen Gott*«, sagt ein nicht getaufter Junge. Ein evangelischer Junge meint, dass man Gott bitte, das Kind zu beschützen, ein katholischer Junge, dass das Kind »*immer gesund*« bleibe, ein anderes Kind, dass es »*Gottes Kind sein*« solle. Ein weiteres Mädchen schließlich meint, die Eltern wollten »*danken*«. Deutlich wird bei alledem der positive Zusammenhang (»*gesund*«, »*beschützen*«) zwischen Taufe und Gott und möglicherweise auch zwischen Gott und der Geburt (»*danken*«). Für die Kinder scheint die Taufe jedenfalls etwas verhältnismäßig Bekanntes und zugleich etwas Schönes zu sein.

Eine Lehrerin versucht an dieser Stelle, den Bogen zur Frage zu schlagen, ob die Kinder mit der Taufe von sich aus etwas Konfessionsspezifisches verbinden. Sie stellt die Alternativfrage, ob man durch die Taufe evangelisch oder katholisch werde. Ein Schüler wiederholt, was zuvor schon ein anderes Kind gesagt hatte: man werde dadurch »*Gottes Kind*«.

Hier wird von den Kindern selbst darauf aufmerksam gemacht, was an der Taufe wesentlich ist. Es geht um die Bestätigung einer Beziehung zu Gott, die dieser mit seinem Zuspruch ins Leben setzt. Davon abgesehen geht es bei der Taufe auch um die Aufnahme in die Gemeinde, also den Beginn der Kirchenmitgliedschaft. Auch wenn die Kirchen verschieden sind, sollten beim Thema Taufe die Gemeinsamkeiten im Mittelpunkt stehen. Das Zugehen Gottes auf den Menschen in der Taufe ist eine Gemeinsamkeit zwischen den Konfessionen, die schwerer wiegt als die Unterschiede. Gleichwohl aber gibt es Unterschiede, und die Praxis wirft die Frage auf, wie damit umgegangen werden soll. Im Unterricht ist teilweise zu beobachten, dass die Unterschiede leicht die Gemeinsamkeiten in den Hintergrund drängen können. Das widerspricht den bisherigen Überlegungen und soll im Folgenden näher betrachtet werden.

Die Taufe: Unterschiede nicht in den Vordergrund spielen
Welcher Raum darf und soll den Unterschieden zwischen der katholischen und der evangelischen Taufe, die bei aller grundlegender Gemeinsamkeit bestehen, im konfessionell-kooperativen Unterricht gegeben werden? Im Folgenden Beispiel scheinen die Unterschiede die Kinder stärker zu beeindrucken als die Gemeinsamkeiten. Das ist im vorliegenden Fall einer Team-Teaching-Stunde Folge methodischer Entscheidungen und im von uns vermuteten Ergebnis nicht unproblematisch.

Ein ansprechendes Verfahren, das Unterschiede und Gemeinsamkeiten zwischen den Kirchen verdeutlicht, ist das Zuordnen von Gegenständen oder Ritualen zu der einen oder anderen Kirche bzw. zu beiden anhand von Begriffen (Taufbecken, Handauflegen etc.), die z.B. auf Kärtchen geschrieben oder mit Hilfe von Photos präsentiert werden. Das kann wegen seiner Anschaulichkeit ohne weiteres Interaktionen zwischen den Kindern in Gang setzen, die sich gegenseitig korrigieren, wenn eine Zuordnung nicht stimmt. Diese Methode wenden zwei Lehrerinnen in einer gemischtkonfessionellen Lerngruppe an. Dabei kommt es zu einer Reaktion eines Schülers, die das Problem verdeutlicht.

Das Zuordnen von Fotos zu der gelben (katholisch) bzw. lilafarbenen (evangelisch) Kirchensilhouette soll offensichtlich veranschaulichen, dass es – von wenigen Ausnahmen abgesehen – zwischen den beiden Kirchen keine Unterschiede gibt und sie sich also nicht sehr voneinander unterscheiden. Dies scheint das didaktische Hauptziel der beiden Lehrerinnen zu sein. Allerdings gibt es nur bei der katholischen Kirche eine »Salbung mit Öl« und eine »Segnung von Mund und Ohren«, während die evangelische Seite bei dieser Darstellung kein Merkmal hat, das nur auf sie zutrifft. Für das Tafelbild bedeutet dies, dass die Seite der evangelischen Kirche einfach leer bleibt, während auf der katholischen Seite die beiden genannten Punkte stehen. Alle anderen Kärtchen hängen nun in der Mitte der Tafel.

Ein katholischer Schüler nimmt den Unterschied zwischen den beiden Kirchen als einen Mangel wahr und beschreibt ihn so, »dass bei der evangelischen Kirche gar keine Kärtchen hängen«.

Es ist offensichtlich, dass die Unterschiedlichkeit an dieser Stelle zum beherrschenden Eindruck geworden ist. Theologisch gesehen besteht hier eine Schwierigkeit in der Vorstellung, die evangelische Kirche sei ein (unvollständiger) Ausschnitt der katholischen, ein Defizitmodell sozusagen, und habe keine Wesenszüge, die sich nicht auch in der katholischen Kirche finden ließen. Dieser Eindruck sollte sich bei den Kindern aber nicht einstellen. Er lässt sich übrigens auch bei der hier gewählten Methode zumindest abmildern. Es gibt ja wenigstens *ein* spezifisches Merkmal des evangelischen Kirchenraums, nämlich die offene Bibel auf dem Altar. Das kann leicht mit dem bereits gewählten Tafelbild veranschaulicht werden. So könnte ein Bild der Bibel auf dem Altar den Kärtchen hinzugefügt werden.

Eine wohl noch bessere Möglichkeit besteht darin, mit einem anderen Tafelbild zu arbeiten, wie es zwei Lehrerinnen in einer anderen Lerngruppe tun. In ihrer Stunde zum selben Thema lauten die beiden entsprechenden Überschriften an der Tafel:»Das gibt es in einer evangelischen und in einer katholischen Kirche« und »Das gibt es nur in einer katholischen Kirche«. Der Eindruck, der evangelischen Kirche fehle etwas, drängt sich hier weniger leicht auf als bei dem zuerst dargestellten Tafelbild. Ebenfalls möglich wäre die doppelte Darstellung jener Dinge, die in beiden Kirchen vorkommen, indem dafür jeweils zwei Kärtchen verwendet würden.

Das Problem, dass die Unterschiedlichkeit stärker als nötig und theologisch sinnvoll betont wird, bleibt allerdings bestehen, solange ausgerechnet bei der Taufe – wie gesagt dem einzigen zwischen beiden Kirchen anerkannten Sakrament – die Unterschiedlichkeit der beiden Kirchen hervorgehoben wird. Den Kindern die anschaulichen Unterschiede wie etwa die katholische Verwendung des Salböls vorzuenthalten, damit nur ja kein Gedanke an Unterschiede aufkommen kann, wäre in unseren Augen aber ebenfalls keine akzeptable Lösung. Wenn die Kinder einen Teil der Wirklichkeit wahrnehmen können, soll er ihnen auch nicht im Interesse schulischer Lernziele verschwiegen werden. Entscheidend ist der Umgang mit

Unterschieden und ihre Bewertung, die in erster Linie auf der für Kinder nachvollziehbaren konkret-anschaulichen Ebene formuliert werden sollte. Hier bietet sich zum Beispiel eine auch im Tafelbild erkennbare Relativierung der Unterschiede gegenüber den Gemeinsamkeiten an. Denkbar ist auch die Hervorhebung von verbindenden Aspekten wie »Wasser« und »Liebe« im Unterrichtsgeschehen.

Insgesamt bleibt festzuhalten, dass dem Gemeinsamen – der zuvorkommenden Zusage der Liebe und Gnade Gottes bei der Taufe – größere Bedeutung zukommt als den Unterschieden. Gerade weil diese im Unterricht einfach zu veranschaulichen sind, ist große Sorgfalt geboten. Daher sollten die Gemeinsamkeiten auch auf der Ebene der Handlungen und Gegenstände, die von den Kindern besonders intensiv wahrgenommen, herausgearbeitet und betont werden, umgekehrt die Unterschiede in ihrer Bedeutung angemessen dargestellt werden, und das heißt: im Verhältnis zur Tatsache, dass die Gemeinsamkeiten das Entscheidende sind.

In der Unterrichtsliteratur haben wir keine Monographien gefunden, die speziell das Thema Taufe im Religionsunterricht der Grundschule zum Gegenstand haben. Für Anregungen verweisen wir auf die einschlägigen Hinweise innerhalb der Schul- und Lehrerhandbücher.

3.4. Erstkommunion – Methoden im konfessionell-kooperativen Unterricht

Die Themen »Heilige Messe« und »Kommunion« gehören zu den Standardthemen des katholischen Religionsunterrichts der dritten Klasse, weil die katholischen Kinder in dieser Altersstufe zur Erstkommunion gehen. Seit den 70er Jahren werden die Kinder in den Gemeinden von Laienkatechetinnen (meist Müttern) bzw. -katecheten auf die Erstkommunion vorbereitet. In zahlreichen Gemeinden begleiten zusätzlich die Eltern selbst ihre Kinder auf dem Weg zur Kommunion. Ergänzend werden mit der Erstkommunion verbundene Fragen auch im Religionsunterricht behandelt. Dabei können für die Kinder wichtige Vernetzungen zwischen den Lernorten Schule und Gemeinde sowie der Familie entstehen. Manche Religionslehrerinnen und -lehrer engagieren sich über ihre schulischen Verpflichtungen hinaus auch bei der Erstkommunionvorbereitung in der Gemeinde.

Wenn dies nicht der Fall ist, wissen sie zumindest aus Gesprächen mit den Drittklässlern, wer in welcher Gemeinde zur Erstkommunion geht.

Im Rahmen konfessioneller Kooperation stehen Lehrerinnen und Lehrer vor der Herausforderung, dass die evangelischen Schülerinnen und Schüler dieser Altersstufe kein Fest haben, das mit der Erstkommunion vergleichbar ist. Die derzeitigen Lehrpläne für den evangelischen Religionsunterricht sehen in der Jahrgangsstufe 3 meist keine Unterrichtseinheit zum Thema »Gottesdienst« oder »Abendmahl« vor. Die evangelischen Schüler erfahren eher durch informelle Gespräche, in den Pausen oder auf dem Schulweg, von ihren katholischen Freundinnen und Freunden etwas über die Erstkommunion, das Fest und die Geschenke. Dabei kann für die evangelischen Kinder der Eindruck entstehen, dass sie selbst leer ausgehen, während die katholischen Kinder ein besonderes Fest feiern und Geschenke bekommen. Evangelische Kinder können dies als Ungerechtigkeit erleben und bekommen zu spüren, dass die Konfessionszugehörigkeit Folgen hat – in diesem Fall: Zur katholischen Kirche zu gehören bringt einigen Mitschülern ein großes Fest und Geschenke ein, während die Zugehörigkeit zur evangelischen Kirche bedeutet, kein solches Fest zu feiern und bis zur Konfirmation noch lange warten zu müssen.

Weil sich bei der Erstkommunion nicht nur Unterschiede zwischen den Konfessionen, sondern auch Vor- und Nachteile der Konfessionszugehörigkeit auf der Ebene der Kinder zeigen, handelt es sich um ein besonders sensibles Thema des konfessionell-kooperativen Unterrichts. Wie kann dieses Thema für konfessionell-kooperative Lernprozesse im Religionsunterricht produktiv werden? An den beobachteten Stunden zum Thema Erstkommunion zeigt sich insbesondere, dass Interaktionsformen sowie die verwendeten Methoden und Medien das Gelingen der Unterrichtseinheiten maßgeblich beeinflussen. Im Folgenden werden deshalb schwerpunktmäßig die Unterrichtsmethoden in den Blick genommen, die sich im konfessionell-kooperativen Religionsunterricht anbieten oder bewährt haben. Ausgehend von Beispielen aus den beobachteten Unterrichtsstunden werden sowohl Gefahren als auch Chancen von Team-Teaching und anderen Methoden konfessionell-kooperativer Didaktik deutlich. Die Beispiele sind Religionsstunden entnommen, die nach einer längeren Phase konfessioneller Differenzierung kurz nach der Erstkommunion in gemischten Lerngruppen von evangelischen und katholischen Lehrerinnen gemeinsam durchgeführt wurden.

Die katholischen Kinder können viel erzählen ... und die evangelischen?

Gibt man katholischen Kindern einige Tage nach der Erstkommunion den Impuls, etwas darüber zu erzählen, sind sie noch ganz voll von ihren Erlebnissen und können viel über die Vorbereitung, die Feier in der Kirche und das Fest mit der Familie sagen. In den beobachteten Stunden erinnern sich die Kinder an verschiedene Gegenstände, Handlungen und Gefühle, die an diesem Tag für sie wichtig waren, und bringen davon gerne etwas in den Unterricht ein. In gemischten Lerngruppen zeigt sich, dass katholische Kinder bei diesem Thema fast automatisch eine aktive, dominante Rolle übernehmen, weil sie vieles von ihrer Erstkommunion mitbringen und darüber erzählen können, während die evangelischen Kinder in einer relativ passiven Rolle sind. Sie hören zu, während die anderen erzählen, sehen sich die mitgebrachten Gegenstände von der Erstkommunion an und stellen den katholischen Mitschülern eventuell ein paar Fragen.

Die Wahrnehmung der Besonderheiten einer Konfession ist bei einem Thema wie der Erstkommunion zwar durchaus wichtig, doch besteht bei der Erarbeitung die Gefahr, die andere Konfession nicht angemessen zu berücksichtigen – sowohl auf der Ebene der Inhalte als auch auf der Ebene der unterrichtlichen Interaktion. Damit die Auseinandersetzung mit dem Thema »Erstkommunion« im Religionsunterricht für die evangelischen Kinder nicht unnötig frustrierend wird, sondern Kinder beider Konfessionen Lernfortschritte im Sinne konfessioneller Kooperation machen, sollte der gemeinsame Unterricht nicht direkt nach der Erstkommunion stattfinden, sondern erst zwei bis drei Wochen später.

Die katholische Lehrkraft kann mit ihren Kindern zunächst die Erstkommunion-Erlebnisse etwas aufarbeiten, über die Situation und mögliche Gefühle der evangelischen Mitschülerinnen und Mitschüler sprechen und mit ihrer Gruppe überlegen, was sie den anderen mit welcher Haltung erzählen und welche Fragen sie ihnen in einer Begegnungsstunde stellen wollen. Auch die evangelische Lehrperson kann bereits im Vorfeld einer Begegnungsstunde Erstkommunion und Konfirmation thematisieren und mit den evangelischen Kindern Fragen vorbereiten, die sie den katholischen Mitschülern stellen möchten. Durch eine solche Vorbereitung lässt sich der Gefahr entgegenwirken, dass in »Begegnungsstunden« nach der Erstkommunion bloß »Einbahnkommunikation« von der katholischen zur evangelischen Seite realisiert wird.

Unterrichtsmethoden und interkonfessionelle Kommunikation
Durch Diskussionsspiele und andere Methoden zur Steuerung der unterrichtlichen Kommunikation können Lehrerinnen und Lehrer dafür sorgen, dass verschiedene Gruppen in einer Klasse zumindest tendenziell gleiche Beteiligungschancen haben. An den beobachteten Stunden zum Thema Erstkommunion in konfessionell gemischten Lerngruppen zeigt sich, dass ausgewählte Aktions- und Sozialformen insbesondere bei der Auseinandersetzung mit den Besonderheiten einer Konfession dazu beitragen, auch die Schüler der anderen Konfession aktiv in das Unterrichtsgeschehen einzubeziehen.

So wird bei einer der beobachteten Stunden in einer dritten Klasse zum Beispiel das »Zwei-Stühle-Spiel« für die Fragen der evangelischen Kinder über die Erstkommunion und die Antworten der katholischen Kinder durchgeführt: Ein evangelisches Kind setzt sich auf den Frage-Stuhl und formuliert eine Frage, und ein katholisches Kind, das darauf antworten möchte, setzt sich auf den anderen Stuhl. Obwohl die Antworten in der Regel länger ausfallen als die Fragen und die katholischen Kinder viel mehr Redezeit beanspruchen als die evangelischen, wird der inhaltliche Verlauf dieses Schüler-Schüler-Gesprächs doch maßgeblich von den evangelischen Fragestellern bestimmt. Die Aufgabe der Lehrperson beschränkt sich darauf, das Spiel zu moderieren.

In einer anderen Klasse, in der wir konfessionell-kooperativen Unterricht beobachten konnten, äußern sich zuerst die evangelischen Kinder darüber, was ihrer Einschätzung nach für die Katholischen das Wichtigste an der Erstkommunion ist: Geschenke, Familie, Kirche oder »ein Fest ganz für mich«. Methodisch ist diese Sequenz als »Vier-Ecken-Spiel« angelegt: Die Lehrerin hatte in den Ecken des Klassenzimmers je ein Plakat mit einem Stichwort aufgehängt; die Kinder sollten sich im Raum bewegen und sich der Ecke zuordnen, die ihrer Einschätzung nach bei der Erstkommunion besonders wichtig ist. Wenn bei solchen Abstimmungen in der ersten Runde die Kinder einer Konfession und danach die anderen ihr Votum abgeben, muss man allerdings vorher überlegen, ob das »Abstimmungsbild« für die andere Gruppe sichtbar sein soll, weil das Abstimmungsverhalten der zweiten Gruppe dadurch beeinflusst wird. Dies lässt sich vermeiden, wenn man die zweite Gruppe bittet, bei der ersten Abstimmung die Augen zu schließen oder kurz den Raum zu verlassen. Sobald alle zunächst an der Tafel-Innenseite festgehaltenen Ergebnisse vorliegen, werden sie verglichen. Das kann sehr spannend sein, wenn die Einschätzungen der evangelischen und der katholischen Kinder divergieren. Anschließend können die verschiedenen Bedeutungsfacetten der Erstkommunion auf der Ebene der Kinder und der Inhalte vertieft werden.

Eine beliebte Aktionsform, die wir in Begegnungsstunden zum Thema »Die katholischen Kinder gehen zur Erstkommunion« beobachten konnten, ist das Mitbringen von Gegenständen, die mit der Erstkommunion zu tun haben.

Die katholischen Drittklässler brachten Fotos, Kommunionkerzen, Erstkommunionkleider, Liedblätter und Gebetstexte aus dem Gottesdienst mit sowie Bibeln, Kreuze und Rosenkränze, die sie geschenkt bekommen hatten. Eine katholische Lehrerin brachte außerdem Dias von der Erstkommunionvorbereitung und der Feier in der Gemeinde mit, ein Kommuniongewand sowie eine Hostienschale, einen Kelch, Kerzenständer und Kerzen, mit denen sie im Klassenzimmer einen Altar herrichtete. Diese Gegenstände erinnern nicht nur die katholischen Kinder an die Erstkommunion, sondern machen auch den evangelischen etwas davon anschaulich.

Didaktisch ist bei solchen Erstkommunionausstellungen zu vermeiden, dass die evangelischen Kinder von ihnen fremden visuellen Eindrücken erdrückt werden und mit Kontakt- bzw. Lernverweigerung reagieren. Deshalb sollten Lehrerinnen und Lehrer am Beginn solcher Stunden ausdrücklich darauf hinweisen, dass es jetzt in der evangelisch-katholischen Lerngruppe darum gehen soll, etwas über die Erstkommunion zu erfahren und zu verstehen, was für die katholischen Kinder bei dem Fest wichtig ist. Außerdem sollte das Unterrichtsgespräch nicht auf der Ebene des Zeigens und Beschreibens stehen bleiben, sondern auch die Bedeutung zentraler Gegenstände und Handlungen klären und Vergleiche mit evangelischen Praxisformen anregen. Dazu kann man in einer längeren Unterrichtsreihe z.B. Dias von der Erstkommunion mit Dias von der Konfirmation vergleichen. Wenn das Thema »Erstkommunion« im konfessionell-kooperativen Religionsunterricht sehr anschaulich vorgestellt wird, sollte die Konfirmation nicht bloß im Medium der Erzählung vorkommen, sondern wenigstens mit einem Foto präsentiert werden, um auch auf der Ebene der Methoden und Medien eine Balance herzustellen.

Insgesamt ist im Blick auf die beobachteten Stunden festzustellen, dass Methoden und Medien auch im konfessionell-kooperativen Religionsunterricht nicht neutral sind. Die Methodenwahl und ihre Realisierung in den Unterrichtssequenzen können dazu beitragen, gleiche Kommunikationschancen für evangelische und katholische Schüler herzustellen, Gemeinsamkeiten zwischen den Konfessionen zu stärken und Unterschieden gerecht zu werden. Methoden und Medien können aber das Gegenteil bewirken, nämlich dass die jeweils stärkere Konfessionsgruppe das Unterrichtsgespräch dominiert, dass der Graben zwischen den Konfessionen tiefer wird und Vorurteile wachsen.

Team-Teaching als Methode konfessioneller Kooperation

In den Team-Teaching-Stunden über die Erstkommunion konnten wir neben den bekannten Vorteilen des Team-Teaching als Unterrichtsmethode – wie Rollenverteilung (Regie/Dienst bzw. Beobachtung), Lernen am Team-Modell und der Möglichkeit, sowohl fächerübergreifenden Inhalten als auch verschiedenen Schülergruppen gerecht zu werden (vgl. Winkel 1991) – spezifische Phänomene des Team-Teaching im konfessionell-kooperativen Religionsunterricht beobachten: Chancen konfessioneller Minderheitsanwaltschaft und Gefahren konfessionalistischer Konkurrenzkämpfe.

Bei den gemeinsamen Stunden zum Thema Erstkommunion zeigt sich die besondere Chance des Team-Teaching im konfessionell-kooperativen Unterricht darin, dass die evangelische Lehrerin die Rolle einer »Anwältin« für die evangelische Teilgruppe übernimmt, die bei diesem Thema relativ schwach ist. Als die evangelischen Kinder in einer der beobachteten Stunden nicht auf Fragen eines katholischen Kindes nach der Konfirmation antworten, springt die evangelische Lehrerin stellvertretend als Expertin mit Erklärungen ein. Sie beantwortet die gestellten Fragen und markiert neben Ähnlichkeiten auch Unterschiede zwischen evangelischer und katholischer Praxis. Die Präsenz eines Teamlehrers der anderen Konfession kann im kooperativen Unterricht gewährleisten, dass bei der Thematisierung konfessioneller Besonderheiten auch die andere Konfession sachgerecht berücksichtigt wird. Außerdem kann sie in der Durchführung des Unterrichts dafür einstehen, dass nicht nur die konfessionell stärkere Gruppe zu Wort kommt, sondern auch die andere Konfessionsgruppe sich aktiv am Unterrichtsgespräch beteiligt.

Solche Möglichkeiten der Anwaltschaft durch eine Expertin bzw. einen Experten der anderen Konfession gibt es nur im Team-Teaching-Unterricht. Wenn z.B. nur die katholische Lehrkraft mit einer konfessionell gemischten Lerngruppe arbeitet, kann sie zwar die evangelischen Schüler bitten, etwas über die Praxis ihrer Kirche einzubringen, sie kann z.B. durch Erzählungen auch Aussagen einer evangelischen Kollegin in ihren Unterricht importieren, sie kann durch Texte und Bilder von evangelischen Christen etwas von der evangelischen Konfession in den Unterricht hineinholen und schließlich durch ihr eigenes Wissen über evangelische Christen und Kirchen auch selbst die Rolle der Anwältin für die evangelische Schülergruppe übernehmen. Weitere Möglichkeiten der konfessionellen Anwaltschaft bleiben dieser Unterrichtsform jedoch verschlossen. Beim Team-Teaching ergeben sich hingegen durch die Präsenz einer Lehrerin bzw. eines Lehrers der anderen Konfession viel weiterreichende Möglichkeiten konfessioneller Anwaltschaft, die für das ökumenische Lernen sowohl der Kinder als auch der Erwachsenen förderlich sind – vorausgesetzt, man intendiert nicht ein Dominanz-und-Submissions-Verhältnis zwischen den Konfessionen, sondern ein gleichberechtigtes Verhältnis.

Auch und gerade an den beobachteten Team-Teaching-Stunden zum Thema Erstkommunion zeigt sich: Wenn evangelische und katholische Lehrpersonen den Religionsunterricht im Team realisieren, kommt es entscheidend darauf an, dass sie sowohl auf der Beziehungs- als auch auf der Inhaltsebene gut miteinander auskommen. Dies erfordert einerseits die Bereitschaft, persönliche und konfessionelle Unterschiede wahrzunehmen und anzuerkennen, und andererseits die Fähigkeit, Gemeinsamkeiten zu stärken. Andernfalls besteht die Gefahr, dass man konfessionelle Unterschiede überbetont bzw. die eigene Konfession aufwertet und die andere abwertet. Bei gemeinsamen Stunden nach der Erstkommunion entstehen solche Gefahren, wenn die katholische Lehrerin z.B. wie in einer der beobachteten Stunden mit vielen visuellen Medien die Erstkommunionfeier präsentiert und das Unterrichtsgespräch fast ausschließlich mit katholischen Kindern führt. Dadurch werden zunächst die evangelischen Kinder in die Rolle von Zuhörern gedrängt. So kann sich bei ihnen das Gefühl verstärken, aufgrund ihrer Konfessionszugehörigkeit benachteiligt zu sein, während sich die katholischen Kinder als die überlegenen erleben. Außerdem wirkt das Team-Teaching als Methode im konfessionell-kooperativen Religionsunterricht kontraproduktiv, wenn katholische und evangelische Teamlehrerinnen und -lehrer eine Art Wettkampf um die Kontrolle der unterrichtlichen Interaktion austragen und bei den didaktischen Entscheidungen – auf den Ebenen der Lernziele, der Inhalte sowie der Methoden und Medien – zu wenig die Anliegen der anderen Konfession berücksichtigen.

Letztlich wird ein konfessionalistischer Konkurrenzkampf zwischen den Lehrern auf dem Rücken der Schülerinnen und Schüler ausgetragen, weil konkurrenzorientierte Teamlehrer-Modelle die Motivation der Kinder für Begegnung und Verständigung mit anderen hemmen.

Bei der Planung und Durchführung konfessionell-kooperativen Religionsunterrichts im Team-Teaching sollten die Lehrer Konkurrenzkämpfe meiden und für möglichst gleiche Kommunikationschancen der evangelischen und katholischen Kinder sorgen. Sind die Lehrkräfte nicht bereit und in der Lage, bei den didaktischen Entscheidungen, in der Durchführung des Unterrichts und der Kontrolle der Interaktion einen kooperativen Modus zu realisieren, ist von der Methode des Team-Teaching abzuraten. Umgekehrt ist davon auszugehen: Wenn es konfessionsverschiedenen Teamlehrern im Religionsunterricht gelingt, ein gutes soziales Klima und ein tendenziell gleichberechtigtes Verhältnis zwischen Evangelischen und Katholischen herzustellen, trägt die konfessionelle Kooperation ihren Namen zu Recht: sie trägt zur Verständigung bei, wird konfessionellen Unterschieden gerecht und stärkt Gemeinsamkeiten.

Kinder fragen nach Konfessionszugehörigkeit

Bemerkenswert an den Begegnungsstunden zum Thema Erstkommunion ist, dass die Kinder hier von sich aus Fragen nach der Konfessionszugehörigkeit und der Taufe stellen. So wird in einer der Stunden z.b. folgende Gesprächssequenz von einer Schülerin eingeleitet (die Lehrerin ist katholisch):

Schülerin (katholisch): Woher weiß man eigentlich, dass man katholisch oder evangelisch ist?
Lehrerin: Woher weiß man das? Woher wisst ihr das?
Schüler (evangelisch): In welche Kirche man gehört?
Schülerin (katholisch): Da sind zwei verschiedene Kirchen oder auch mal mehrere, und sind katholische Kirchen und evangelische. Und wenn man in der katholischen Kirche getauft wird, ist man katholisch.
Lehrerin: Und wenn man evangelisch ist? ... Das bestimmt wer? Wer kann denn das bestimmen, ob man jetzt evangelisch oder katholisch wird?
Schüler (evangelisch): Die Eltern.
Lehrerin: Die Eltern – oder – nicht immer?
Schüler (evangelisch): Ich sage ...
Lehrerin: Genau, sag' es ruhig einmal.
Schüler (evangelisch): Ich durfte mir das selber wählen.

An dieser dichten Gesprächssequenz zeigt sich, dass die Frage der Konfessionszugehörigkeit für diese Drittklässler eine lebensrelevante Frage ist. Für die katholische Fragestellerin, die sich während der ganzen Unterrichtsstunde nur ein einziges Mal mit eben dieser Frage nach dem Evangelisch- oder Katholischsein äußert, war es bisher vermutlich fraglos selbstverständlich, dass sie zur Erstkommunion geht. Es ist anzunehmen, dass der für sie in dieser Religionsstunde so markant werdende Unterschied, dass die katholischen Kinder zur Kommunion gegangen sind und die evangelischen nicht, bei dieser Schülerin die Selbstverständlichkeit des Zur-Erstkommunion-Gehens und des Katholischseins in Frage gestellt und sie zum Aussprechen dieser Frage motiviert hat.

Die antwortende evangelische Schülerin hat sich mit dem Thema »Kirchen- und Konfessionszugehörigkeit« anscheinend schon auseinandergesetzt, denn sie spricht direkt die Taufe in der evangelischen oder der katholischen Kirche als Indiz oder Grund der Konfessionszugehörigkeit an. Ihr war die Taufe als Anhaltspunkt für die Konfessionszugehörigkeit schon vor dieser Unterrichtsstunde bekannt. Dem anschließenden Wortwechsel ist zu entnehmen, dass in dieser Lerngruppe wenigstens drei Kinder nicht als Babies getauft wurden, sondern sich erst später selbst für die Taufe entschieden haben. Solche Schüleräußerungen zeigen, dass Kindern in der dritten Klasse Fragen nach Konfessionszugehörigkeit und Taufe wichtig sind. Auch im Kontext der Erstkommunion wäre es vorteilhaft, wenn der Religionsunterricht deshalb nicht ausschließlich in konfessionell differenzierten, sondern auch in konfessionell gemischten Gruppen stattfinden könnte und wenn Fragen nach Unterschieden und Gemeinsamkeiten zwischen den Konfessionen thematisiert würden.

Zum Weiterlesen:
Lehrerinnen und Lehrern, die konfessionell-kooperativen Unterricht zum Thema Erstkommunion erteilen, empfehlen wir, sich von den Kolleginnen bzw. Kollegen der anderen Konfession (oder den Kindern) die Bücher, die in den Gemeinden zur Vorbereitung auf die Erstkommunion und die Konfirmation verwendet werden, zur Ansicht auszuleihen. So können sie derzeit am besten einen Einblick gewinnen, was Schülerinnen und Schüler der jeweils anderen Konfession bei der Einführung in ihre Gemeinden erfahren. Die verwendeten Materialen sind außerdem im Buchhandel erhältlich.

3.5 Martin Luther – Umgang mit konfessionellen Unterschieden

Einige der konfessionell-kooperativ unterrichtenden Lehrerinnen und Lehrer, deren Unterricht wir beobachten konnten, haben in der Jahrgangsstufe 3, nachdem die katholischen Kinder zur Erstkommunion gegangen waren, das Thema »Martin Luther« behandelt. Nach den baden-württembergischen Lehrplänen ist »Martin Luther« im evangelischen Religionsunterricht zwar für die vierte Klasse und im katholischen Religionsunterricht erst für die achte Klasse vorgesehen, doch die gute Beteiligung der Drittklässler in den von uns beobachteten Stunden bestätigt die Einschätzung der Lehrerinnen und Lehrer, dass es nach mehreren Monaten konfessionell-kooperativen Unterrichts an der Zeit war, mit den Kindern ausführlicher über Martin Luther zu sprechen und Besonderheiten der evangelischen Kirche sowie Ursachen der Kirchentrennung zu thematisieren. Dass Kinder dieser Altersstufe Zugänge zur Reformationsgeschichte finden, mag überraschen und ist bei diesen Drittklässlern wohl unter anderem auf die erlebte Ökumene und Konfessionalität im kooperativen Unterricht zurückzuführen.

Beim Thema »Martin Luther« sind Lehrerinnen und Lehrer insbesondere im konfessionell-kooperativen Religionsunterricht herausgefordert, konfessionelle Differenzen sachgemäß darzustellen, komplexe historische Sachverhalte verständlich zu präsentieren und historische Entwicklungen angemessen zu bewerten (vgl. Pfnür 1981). Zugleich stehen sie vor der Aufgabe, den Kindern bei der Erarbeitung der Reformationsgeschichte Zugänge zu konfessionellen Unterschieden zu erschließen und ihnen beim Umgang mit kirchenkritischen Äußerungen zu helfen. Im Folgenden soll es vor dem Hintergrund des beobachteten Unterrichts über Martin Luther speziell um die Frage gehen, wie man im konfessionell-kooperativen Unterricht sachgemäß und lernförderlich mit konfessionellen Differenzen umgehen kann. Gerade an den Stunden über Luther wird nämlich deutlich, dass die Konfession der Lehrperson sich didaktisch durchaus bemerkbar macht und die Organisationsform des Unterrichts in konfessionell homogenen oder gemischten Lerngruppen die Qualität der Lehr-Lern-Prozesse beeinflusst.

Ein komplexes Thema mit konfessionellen Differenzen erschließen

Dass Kinder in der dritten Klasse durchaus Zugänge zum Thema »Martin Luther« finden können, zeigt sich besonders an einer der beobachteten Stunden. Nachdem die Lehrerin in der Stunde davor erzählt hatte, wie es in der Kirche zur Trennung kam, und speziell, wie Luther zu seiner reformatorischen Erkenntnis gelangte und wie die damalige Ablasspraxis funktionierte, fragt sie die evangelischen und katholischen Kinder in der von uns beobachteten Stunde, was sie über Luther wissen. Die Kinder erinnern sich daran, dass Luther wie viele Menschen seiner Zeit Angst davor hatte, ins Fegefeuer zu kommen, und dass er in einem Sturm versprochen hat, Mönch zu werden, wenn Gott ihn überleben ließe. Die Kinder erzählen, dass Luther einen Satz aus der Bibel nicht verstanden und erst später begriffen hat, *»dass Gott ja gar nicht so schlimm ist, wie man immer sagt und er auch gedacht hat, sondern ... ein ganz lieber Gott ist«*, dass es sich bei dem schwer verständlichen Satz um die Worte *»Gott ist gerecht«* handelt und dass Luther erst meinte, Gott sei ein *»böser Richter«*, während er später verstand: *Gott »ist gerecht für die Leute. ... wenn sie was gemacht haben, verzeiht er ihnen«.* Ein katholischer Schüler sagt, dass die Menschen mit Ablassbriefen von der Kirche betrogen wurden und glaubten, sie müssten dann nicht im Fegefeuer verbrennen. Hier zeigt sich, dass Drittklässler durchaus zentrale Aspekte der Reformationsgeschichte und der Rechtfertigung verstehen und mit eigenen Worten darüber sprechen können.

Außerdem fällt an den beobachteten Unterrichtsstunden auf, dass Lehrerinnen und Lehrer beim Thema »Martin Luther« konfessionellen Unterschieden und kirchenkritischen Fragen nicht ausweichen können. Dass der Umgang mit konfessionellen Differenzen eine zentrale inhaltliche Dimension des Unterrichts über Luther darstellt, zeigt eine weitere Passage der zuvor beschriebenen Stunde, in der ein Vergleich zwischen Ablasspraxis und Beichte versucht wird. Nachdem die Lehrerin ihre Erzählung über den Ablasshandel abgeschlossen hat, ergänzt ein evangelischer Junge: *»Die haben das so gemacht ... wie im Beichtstuhl bei den Katholischen«.* Auf eine Nachfrage der Lehrerin hin versucht er, die Beichte näher zu erklären: *»Da sagt man dem Typen aus ... Ich weiß es eigentlich nicht so gut, weil ich evangelisch bin. ... wenn man etwas Böses getan hat, dann sagt man es, und dann ... vergibt der Gott dem«.* Ein evangelisches Mädchen ergänzt: *»Man liest dem Pfarrer ... die Beichte vor, also die Sachen, wo man gemacht hat, und dann vergibt, ... betet der Pfarrer so'n Gebet ..., dass der Gott uns vergeben soll«.* Hier fällt ähnlich wie beim Thema »Erstkommunion« auf, dass evangelische Kinder – vielleicht aus informellen Gesprächen mit ihren katholischen Mitschülern – manches über die Beichte wissen.

Im weiteren Verlauf der Stunde zeigt sich, dass der Umgang mit Kirchenkritik eine weitere Herausforderung beim Thema Luther darstellt. Die Lehrerin provoziert besonders die katholischen Kinder, die vor kurzem in den Gemeinden an der Buß- und Eucharistiekatechese teilgenommen haben, mit der Frage, ob der Kauf eines Ablassbriefs denn das Gleiche sei wie das Beichten. Ein katholischer Junge meint dazu: »*Also, das ist nicht das Gleiche. ... man sagt ja nicht dem Gott, was man getan hat und so, sondern man kauft bloß den Brief*«. Ein anderer katholischer Schüler ergänzt, dass man im Beichtstuhl »*kein Geld hergeben*« müsse. Ein evangelischer Junge meint, wenn die Leute für den Ablass Geld zahlen müssen, sei das »*ein Zeichen, dass der Tetzel die Leute alle betrügt und nur Geld haben möchte*«, und ein katholisches Kind verstärkt die angeklungene Kirchenkritik: »*Damit die Kirche reich wird*«. Ein katholisches Mädchen bringt den Vergleich zwischen Ablass und Beichte auf den Punkt: Der Ablass »*ist ganz anders wie ... der Beichtstuhl. Weil da sagt man ja nicht dem lieben Gott, was man getan hat*«. Diese Schülerin beschäftigt es sehr, dass die Kirchenleute so etwas Falsches wie den Ablasshandel betrieben haben. Als die Lehrerin Luthers Schwierigkeiten mit der Ablasspraxis schildert, wird sie noch einmal von derselben Schülerin unterbrochen: »*Aber ... die Priester, die wissen doch, dass das nicht richtig ist*«. Nachdem die Lehrerin darauf hingewiesen hat, dass die damalige Kirche reich werden wollte, und so wie überall auch in der Kirche Menschen mit guten und Menschen mit bösen Absichten arbeiten, möchte die Schülerin wissen, ob es denn auch Kirchenleute gab, die keine Ablassbriefe verkauft haben. Diese nachhaltigen Fragen zeigen, dass es für katholische Kinder beim Thema Luther schwierig sein kann, mit der expliziten oder impliziten Kirchenkritik klarzukommen.

In einer späteren Sequenz derselben Stunde bestätigt sich noch einmal, dass Kinder der dritten Klasse zentrale Aspekte der Rechtfertigung sowie der Reformation ihrem Alter entsprechend verstehen und in eigenen Worten ausdrücken können. Die Lehrerin lässt die Kinder ein Bild beschreiben, auf dem Luther beim Thesenanschlag zu sehen ist. Eine Schülerin spekuliert: »*Da könnt' vielleicht drauf stehen: ›Keine Briefe mehr.‹ Dass sie dann keine solche Briefe mehr kaufen sollen*«. Ein evangelischer Junge ergänzt, dass auf dem Plakat stehen könnte: »*Gott ist ... nicht wie ein Richter, sondern Gott ist gerecht*«. Ein anderer evangelischer Schüler sagt, auf dem Plakat könne auch stehen, dass »*der Beichtstuhl nichts kostet, und ... die Briefe kosten was. ... Geht lieber zum Beichtstuhl*«. Ein katholischer Junge meint, Luther habe geschrieben: »*Das stimmt gar nicht, ... was die Priester euch er-*

zählen, dass ihr im Fegefeuer verbrennt. Ich hab' in der Bibel gelesen, dass Gott wie ein gerechtiger Vater ist.« Dieser Junge hatte zuvor bereits gesagt, dass die Ablassbriefe verkauft wurden, weil die Kirche reich werden wollte. Ihm bereitet die mit dem Ablasshandel und der Reformation verbundene Kritik an der Kirche keine Schwierigkeiten.

Die Spekulationen der Drittklässler über »Luthers Plakat« bzw. den Inhalt der 95 Thesen zeigen, dass Kinder dieser Altersstufe sich intensiv auf die grundlegende reformatorische Erkenntnis einlassen können: die Rechtfertigung (Scheidler 1999, 31). Dass eine katholische Schülerin, die infolge ihrer Erstkommunionfeier vermutlich ein recht positives Kirchenbild hat, vor dem Hintergrund der Ablass- und Kirchenkritik nachhaltig nach der Rechtschaffenheit der Inhaber von Autoritätsrollen fragt, ist in dieser Altersstufe normal. Erstaunlich ist eher, dass andere katholische Kinder damit offenbar keine Schwierigkeiten haben. Obwohl die Lehrerin ihnen bestätigt, dass damals nicht alle Kirchenleute am Ablasshandel beteiligt waren, baut sich bei einigen katholischen Kindern eine Spannung bezüglich der Glaubwürdigkeit der Kirche auf. Weil die Lehrerin jedoch selbst katholisch ist, können besonders die katholischen Kinder ihrer Lehrerin vertrauen. Wenn sie ihrer Lehrerin zutrauen, die Spannung nicht nur auf-, sondern auch wieder abzubauen, müssen sie offenbar keine Schwierigkeiten mit der Kritik an der damaligen Kirche haben. Andere Kinder sind bereits aus ihren Familien mit Kirchenkritik vertraut und finden bei diesem Thema im Religionsunterricht eine Bestätigung dafür. Insofern die katholische Religionslehrerin als Person dafür einsteht, dass es neben dem Negativen auch Positives in ihrer Kirche gibt, kann die in dieser Stunde geäußerte Kritik an der Kirche von den Kindern gut verarbeitet werden. Dieses Anliegen bringt die Lehrerin jedenfalls im Nachgespräch zum Ausdruck, indem sie das Kritisieren in der Kirche mit der Kritik und den Konflikten vergleicht, die auch zu einer Freundschaft gehören.

Insgesamt ist es der katholischen Lehrerin in dieser von uns beobachteten Stunde gut gelungen, der konfessionell gemischten Lerngruppe das komplexe Geschehen der Reformation durch die Konzentration auf die reformatorische Erkenntnis Luthers verständlich zu machen. Die rege Beteiligung der Kinder beider Konfessionen zeigt, dass das Thema Luther bzw. die Frage nach der Ursache konfessioneller Unterschiede gerade im konfessionell-kooperativen Unterricht für evangelische und katholische Kinder wichtig ist und bei dieser Altersstufe auf positive Resonanz stößt. Es wird sichtbar, dass Kinder im Kontext konfessioneller Kooperation Besonderheiten der eigenen sowie der anderen Konfessionen wahrnehmen und mit Begriffen verbinden lernen. Dies ist ein wichtiger Schritt zur Reflexion konfessionsspezifischer Erlebnisse, zur Wahrnehmung der eigenen Konfessionszugehörigkeit und zur Entwicklung konfessioneller Identität. Weniger gelungen erscheinen demgegenüber jene von uns beobachteten Stunden über Martin Luther, in denen die Lehrerinnen und Lehrer sich überwiegend auf die Vermittlung von Inhalten konzentrieren und die Kinder mit ihren Sichtweisen und Fragen kaum berücksichtigt werden. Problematisch erscheinen auch solche Stunden, in denen die Lebensgeschichte Luthers vor dem Hintergrund eines sehr negativen, angstbesetzten Menschen- und Gottesbildes aus dem 16. Jahrhundert und verbunden mit massiver Kritik an der damaligen Kirche in der Grundschule präsentiert wird.

Wie die Konfession der Lehrperson sich didaktisch bemerkbar macht

An einer der beobachteten Stunden über Martin Luther, die von einer evangelischen Lehrerin in einer gemischten Lerngruppe erteilt wird, zeigt sich, dass es evangelischen Lehrern bei diesem Thema schwer fallen kann, den katholischen Drittklässlern mit ihren ersten Beichterfahrungen gerecht zu werden. Katholische Kinder versuchen in dieser Stunde zwar mehrfach, das Sakrament der Buße mit Ablass und Rechtfertigung zu vergleichen, doch die Lehrerin geht auf ihre Impulse nicht näher ein. Dies ist wohl darauf zurückzuführen, dass es sich um ein klassisches »evangelisches Thema« handelt, mit dem die Lehrerin sich auch selbst identifiziert. Das Thema Luther eignet sich wie kein anderes dazu, die Entstehungsgeschichte und Besonderheiten ihrer eigenen Konfession zu präsentieren und den evangelischen Kindern positive Identifikationsmöglichkeiten mit ihrer eigenen Kirche zu vermitteln. Zugleich entsteht jedoch die Gefahr, die katholische Konfession abzuwerten. Wenn eine evangelische Lehrperson dieses Thema in einer gemischten Lerngruppe unterrichtet, sollte sie deshalb besonders sensibel für die Empfindungen, Wahrnehmungen und Fragen der katholischen Kinder sein.

Umgekehrt gilt dies im Blick auf die von uns beobachteten Unterrichtsstunden ebenso für katholische Lehrerinnen und Lehrer, die in konfessionell gemischten Gruppen spezifisch katholische Themen wie Erstkommunion und Maria behandeln. Diese Themen locken umgekehrt in die Falle, die katholische Konfession aufzuwerten und die evangelische abzuwerten. Deshalb sollten katholische Lehrpersonen bei der Erarbeitung typisch

»katholischer Themen« sehr sensibel auf die Empfindungen, Wahrnehmungen und Fragen der evangelischen Kinder eingehen.

Die Konfessionszugehörigkeit des Unterrichtenden kann nicht nur die didaktischen Entscheidungen im Ziel-Inhalt-Zusammenhang des Religionsunterrichts beeinflussen, sondern auch die unterrichtliche Interaktion sowie die Wahl der Methoden und Medien. In konfessionell gemischten Gruppen müssen Religionslehrerinnen und -lehrer deshalb darauf achten, die Kinder der eigenen Konfession z.B. nicht durch häufigeres Aufrufen zu bevorzugen. Dass dies oft unbewusst und absichtslos geschieht, ist eine nicht zu unterschätzende Hürde der Realisierung konfessionell-kooperativen Unterrichts. Vielfach macht die Konfession der Lehrperson sich auch in der Wahl bzw. Zugänglichkeit der Unterrichtsmethoden und Medien bemerkbar. So geht z.B. beim Thema Luther, das in der Grundschule in der Regel nur von evangelischen Lehrerinnen und Lehrern behandelt wird, den katholischen Kollegen die Vorbereitung recht schwer von der Hand, weil ihnen das Thema nicht vertraut und die didaktischen Materialien schwerer zugänglich sind. Ebenso ergeht es evangelischen Kollegen bei Themen wie Erstkommunion oder Heilige. Im Blick auf die für den Religionsunterricht gewählten Methoden und Medien fällt an den von uns beobachteten Stunden auf, dass katholische Lehrerinnen und Lehrer mit den Kindern relativ häufig symbolische Handlungen vollziehen, wie das Kreuzzeichen oder spielerische Prozessionen, während die evangelischen Lehrerinnen und Lehrer vor allem mit Texten, Erzählungen und verschiedenen Formen des Unterrichtsgesprächs arbeiten. Im Kontext konfessioneller Kooperation trägt deshalb ergänzend zum Austausch von Unterrichtsmaterialien zwischen evangelischen und katholischen Kollegen die gemeinsame Planung von Unterrichtseinheiten und insbesondere die Durchführung von Team-Teaching erheblich zur Erweiterung des didaktischen Repertoires der Lehrerinnen und Lehrer bei.

Zum Zusammenhang zwischen Organisationsform und Qualität des konfessionell-kooperativen Unterrichts

Eine katholische Lehrerin und ein evangelischer Kollege haben die Unterrichtseinheit über Martin Luther für die dritte Klasse gemeinsam vorbereitet und die beobachteten Stunden dann getrennt durchgeführt. Beim Vergleich dieser konfessionell differenzierten Unterrichtsstunden mit den Stunden in gemischten Lerngruppen zeigt sich, dass nicht nur die Konfession der Lehrperson, sondern auch die Organisationsform des Unterrichts die Gestaltung und Qualität der Lehr-Lernprozesse erheblich beeinflusst.

Die katholische Lehrerin behandelt das Thema Luther zum ersten Mal und meint im Nachgespräch zu der beobachteten Stunde, das sei »*gerade für die katholischen Schüler … sehr spannend*«, und wenn sie den Unterricht nicht in Kooperation mit ihrem evangelischen Kollegen geplant hätte, würden ihre Kinder »*es ja nicht mal mitkriegen*«. Das Nachgespräch zeigt außerdem, wie sehr diese Lehrerin ihrem »konfessionellen Takt« folgt. Sie möchte den katholischen Kindern dabei helfen, mit den kirchenkritischen Aspekten des Themas zurecht zu kommen. Allerdings eröffnen sich dieser Lehrerin in ihrer konfessionellen Lerngruppe auch Möglichkeiten, die reformatorische Bewegung und Gemeindebildung ohne Rücksicht auf evangelische Sichtweisen zu kritisieren und die Gegenreformation dann in ein unangemessen positives Licht zu rücken.

Im Unterricht des evangelischen Religionslehrers, der sich offenbar mit der Erfahrung Luthers und mit seiner Kirche stark identifiziert, wird der evangelischen Lerngruppe ein negatives Menschen- und Gottesbild vermittelt. Außerdem enthalten die Lehrererzählungen über die Höllenangst der Menschen um 1500 und über Luthers Ängste bei einem Gewitter massive Kritik an der damaligen Kirche. Vor dem Hintergrund eines derart negativen Menschen-, Gottes- und Kirchenbildes hat der Lehrer später in seiner konfessionellen Lerngruppe die Möglichkeit, Luthers reformatorische Erkenntnis, die reformatorische Bewegung und die Gemeindebildung besonders positiv darzustellen.

Solche aus historischer Sicht unangemessenen Auf- oder Abwertungen sind für die konfessionelle Kooperation kontraproduktiv, weil dabei Unterschiede zwischen den Konfessionen leicht zu Feindbildern hochstilisiert werden. Hier zeigen sich erneut die Klippen und Fallen einer Aufwertung der eigenen Konfession auf Kosten der anderen. Im Blick auf die Organisationsformen des Religionsunterrichts ist hervorzuheben, dass diese Gefahren im konfessionell differenzierten Religionsunterricht erheblich größer sind als in Lerngruppen mit evangelischen *und* katholischen Kindern. Den Gefahren konfessionalistischer Auf- und Abwertungen lässt sich didaktisch sowohl durch die Bildung konfessionell gemischter Lerngruppen entgegenwirken als auch durch die Zusammenarbeit mit einer Kollegin oder einem Kollegen der anderen Konfession im Team-Teaching.

Vor dem Hintergrund des von uns beobachteten konfessionell-kooperativen Unterrichts ist den Religionslehrerinnen und -lehrern zur Erweiterung ihrer Kompetenzen für die konfessionelle Kooperation zu empfehlen, nicht nur in gemischten Lerngruppen zu unterrichten, sondern auch mit Kollegen der anderen Konfession intensiv zusammen zu arbeiten. Abzuraten ist davon, dass in einer gemischten Lerngruppe z.b. eine evangelische Lehrerin alleine eine Stunde über Luther hält oder ein katholischer Lehrer alleine das Thema Erstkommunion behandelt. Die umgekehrte Situation, dass eine evangelische Lehrerin mit einer gemischten Lerngruppe über die Erstkommunion spricht oder eine katholische Lehrerin Luther behandelt, kann unseren Beobachtungen zufolge im Sinne konfessioneller Kooperation jedoch durchaus lernproduktiv sein, weil die Unterrichtenden in solchen Situationen fast automatisch die Kinder der jeweils anderen Konfession als »Experten« ernst nehmen und dadurch die Gefahr geringer wird, dass allein die Konfession des Unterrichtenden den Verlauf der Stunde bestimmt.

Insgesamt ist besonders im Blick auf die Stunden, in denen wie bei »Martin Luther« Unterschiede zwischen den Konfessionen thematisiert werden, festzustellen, dass konfessionell-kooperativer Unterricht die Aufmerksamkeit für die Wahrnehmungen, die Anliegen und Fragen der anderen Konfession(en) fördert und vor allem, wo er phasenweise in gemischten Lerngruppen und im Team-Teaching realisiert wird, die Qualität des Religionsunterrichts steigt. Durch mehr ökumenische Aufmerksamkeit können die Planung, die Durchführung und die kritische Reflexion des Religionsunterrichts nicht nur in konfessionell gemischten, sondern auch in differenzierten Lerngruppen optimiert werden.

Zum Weiterlesen:
Feil-Götz, Elvira u.a.: Martin Luther und seine Zeit. Materialien für die Grundschule, Stuttgart 1999; Heinemann, Ursula/Friedrichsdorf, Joachim (Hg.): Wege miteinander. Konfessionelle Kooperation in der Schule, München 1999, 57-89; Pfnür, Vinzenz: Das Thema »Reformation« im Religionsunterricht und in der Erwachsenenbildung, in: Katechetische Blätter 106 (1981), 204-211; Scheidler, Monika: Didaktik ökumenischen Lernens, Münster 1999, 22-33. Freudenberg, Hans (Hg.): Religionsunterricht praktisch. 3. Schuljahr, Göttingen 1991, 35-56; RPZ Heilsbronn (Hg.): Gemeinsame Erklärung zur Rechtfertigungslehre. Anregungen für den Unterricht, Heilsbronn 2000; Steinwede, Dietrich: Reformation – Martin Luther. Ein Sachbilderbuch zur Kirchengeschichte, Lahr 1983.

3.6. Maria – »Heiße Eisen« im konfessionell-kooperativen Unterricht

Umstrittene Maria

Wie kaum ein anderes Thema stellt die Frage nach der Bedeutung von Maria, der Mutter Jesu, unter katholischen und evangelischen Gläubigen ein Dissensthema dar. Fragt man erwachsene Katholiken und Protestanten nach den wichtigsten Unterschieden zwischen beiden Konfessionen, nennen sie in vielen Fällen spontan Stichworte wie »allein der Glaube, die Bibel, Christus«, Ämterfrage, Abendmahl-Eucharistie, Papst, verheiratete Pfarrerinnen und Pfarrer, Heilige – und unweigerlich auch Maria: Darf Maria eine theologische Deutung zuteil werden, die über das biblische Zeugnis hinaus geht? Kann und darf man zu Maria beten? Steht sie als »Fürsprecherin« gleichsam zwischen den Glaubenden und Gott? Besteht bei übergroßer Marienfrömmigkeit die Gefahr, dass das Christuszeugnis in den Hintergrund gedrängt wird?

Soll konfessionell-kooperativer Unterricht derlei Themen überhaupt berühren oder gibt es gute Gründe dafür, sie lieber nicht aufzugreifen, zumal in der Grundschule?

In den katholischen Lehrplänen zahlreicher Bundesländer findet sich eine Einheit zu Maria. Der von der Deutschen Bischofskonferenz herausgegebene »Grundlagenplan für den katholischen Religionsunterricht in der Grundschule« (1998, 49) sieht das »Gegrüßet seist Du Maria« als »Grundgebet« für das erste oder zweite Schuljahr vor.

In der Zusammenarbeit mit den Lehrerinnen und Lehrern konnten wir feststellen, dass sie das Thema keineswegs ausgespart haben. In insgesamt sechs der von uns beobachteten Stunden wurde Maria, die Mutter Jesu, als Unterrichtsthema gewählt. Die Stunden sind höchst unterschiedlich angelegt, haben unterschiedliche inhaltliche Schwerpunkte und divergieren im Blick auf die didaktischen Entscheidungen und Organisationsformen. Die Vielfalt des Spektrums ist höchst aufschlussreich und erlaubt zahlreiche Vergleiche. In drei Fällen haben katholische Lehrkräfte das Thema »Maria« alleine mit der Religionsgruppe behandelt, in einem Fall eine evangelische Lehrerin. In zwei Stunden zum Marienthema waren beide Lehrkräfte zugleich anwesend, katholische und evangelische. In allen Stunden waren die Schülergruppen konfessionell gemischt.

Wie nun kann das Thema »Maria« konfessionell-kooperativ unterrichtet werden und welche Schlüsse sind daraus zu ziehen?

Wer glaubt was? Differenziert sprechen – nicht nur über Maria

Ein katholischer Lehrer unterrichtet in einem katholisch geprägten Dorf eine konfessionell gemischte Lerngruppe der ersten Klassenstufe. Das erkennbare Hauptziel der Stunde ist das Vertrautmachen der Kinder mit dem Gebet »Gegrüßet seist Du Maria«, das er mit allen Kindern an mehreren Stellen des Unterrichts gemeinsam einübt. Ferner macht er die Kinder mit bestimmten Gegenständen und Handlungen im Zusammenhang der Marienfrömmigkeit und der katholischen Liturgie bekannt. Dazu hatte er in Tafelnähe ein mit Seidentüchern geschmücktes Tischchen vorbereitet, auf das er im Verlauf der Stunde einen großen Rosenkranz und eine Marienikone legt. Daneben stellt er eine Osterkerze und entzündet sie im Laufe des Unterrichts.

Fast alle Kinder – auch die evangelischen und konfessionslosen – haben zu Stundenbeginn einen Rosenkranz in der Hand, den sie auf Bitte des Lehrers von Eltern, Verwandten oder Bekannten ausgeliehen hatten. Ferner haben alle ein selbst angefertigtes Gebetsbüchlein auf dem Tisch vor sich liegen. Nach einem Eingangslied betet der Lehrer mit allen Schülerinnen und Schülern das »Ave Maria«: *Gegrüßet seist Du, Maria, voll der Gnade. Der Herr sei mit Dir …«.* Die Kinder sprechen im Chor mit; das Gebet scheint ihnen bekannt, ja fast vertraut zu sein. Offenbar ist es nicht das erste Mal, dass es im Unterricht gemeinsam gebetet wird. Nach dem gemeinsamen Beten erläutert der Lehrer, wie man den Rosenkranz richtig in der Hand hält und mit ihm umgeht. Auffällig häufig verwendet er in der Darstellung des Rosenkranzgebets die erste Person Plural und spricht von »wir« oder »uns«, zum Beispiel:

Lehrer: Es sind Dinge in dem Rosenkranz, da sagen wir und beten wir Dinge, die wir von Maria wissen und die wir von Jesus wissen.

Angesichts der gemischten Lerngruppe stellt sich hier die Frage, ob für die Schülerinnen und Schüler transparent wird, wer mit diesem »wir« gemeint ist – katholische oder evangelische Christen – oder beide? Ein sensibler Umgang mit dem »wir« im Zusammenhang mit konfessionellen Sachverhalten ist besonders wichtig, weil geklärt werden muss, um wen es sich genau handelt. Denn sonst kann das »wir« schnell vereinnahmend wirken. Alle Kinder, katholische, evangelische und nicht getaufte, würden dann unter *eine* bestimmte religiöse, hier konfessionelle Praxis subsumiert: *Wir* denken so – *wir* machen es so. Selbst im Blick auf die katholischen Kinder wäre bei diesem Beispiel zu fragen, ob das »wir« nicht zu sehr vereinnahmend wirkt, sind doch diese Formen von Mariengebeten auch unter katholischen Christen längst nicht mehr selbstverständliche Gebetspraxis.

Allgemein kann gesagt werden, dass bei der Behandlung von konfessionell geprägten Gebeten, religiösen Handlungen und Glaubensüberzeugungen im Religionsunterricht eine differenzierte Sprache eine wichtige Voraussetzung für konfessionell-kooperatives Lernen darstellt. Wird beispielsweise gesagt › Wir katholischen Christen machen und glauben dies, evangelische Christen sehen und machen es in diesem Punkt anders‹, wird für die Kinder deutlich, um wen es sich jeweils genau handelt. Sie lernen, dass es Unterschiede zwischen den konfessionellen Wegen gibt. Gleichzeitig hat in einer solchen oder in ähnlichen Formulierungen das »wir« die Funktion der Zuordnung der Lehrkraft. Die Jungen und Mädchen merken, hier spricht die Lehrerin oder der Lehrer als katholische Christin bzw. katholischer Christ. Analoges gilt natürlich für evangelische Lehrkräfte.

Wenn wir uns für einen sensiblen Umgang mit dem »wir« im Religionsunterricht einsetzen, meinen wir damit jedoch auch, dass die differenzierte Sprache nicht überstrapaziert werden darf. Es wäre ja wenig sinnvoll, wenn bei jedem zweiten Satz »Das ist katholisch« oder »Ich bin evangelisch« gesagt werden müsste. Weder zuviel noch zuwenig Differenzierungen, weder ständiges Thematisieren noch das Verschweigen von Unterschieden – diese Gratwanderung kann Religionslehrerinnen und -lehrer zu einem angemessenen sprachlichen und sachlichen Umgang mit konfessionellen Themen führen. Das Pendel sollte weder in die eine noch in die andere Richtung zu stark ausschlagen.

Kehren wir zum Thema Maria zurück und schauen wir uns das eben angesprochene Beispiel einer Unterrichtsstunde noch an einigen Stellen genauer an, um weitere Hinweise für den konfessionell-kooperativen Unterricht zu erhalten. Im Zentrum der didaktischen Entscheidungen dieser Stunde steht die Sichtweise Marias als Fürsprecherin und Mittlerin der menschlichen Gebete.

Lehrer: Und wenn die Maria für uns betet bei Jesus, wie nennen wir sie dann? Sie betet für uns, sie spricht für uns bei Jesus. Wer weiß das noch, wie das heißt? Wir sagen: »Maria ist unsere …«?
Schülerin (katholisch): Mutter.
Lehrer: Mutter. Und? … Fürsprecherin. Ha? Fällt euch der Ausdruck nicht mehr ein?

An diesem Punkt sowie an zahlreichen weiteren Stellen im Unterricht geht der Lehrer auf die katholische Vorstellung der bei Gott fürsprechenden Maria ein. Auch auf Schülerseite ist eine solche Sichtweise zu erkennen, sei es aufgrund von Inhalten, die in früheren Stunden erlernt wurden, oder sei es aufgrund von Vorstellungen, die von zu Hause mitgebracht wurden. An einer Stelle des Unterrichts fragt der Lehrer die Kinder, was ihnen vom Leben und Sterben Jesu Christi bekannt sei und was sie davon im Rosenkranzgebet wiederentdecken würden:

Lehrer: Aber jetzt möchte ich von euch wissen, was wir noch wissen? Eins haben wir jetzt: Er [Jesus] ist geboren.
Schülerin (katholisch): Dass die Maria, wenn man traurig ist, dass man dann zu der Maria sagen kann, dass einem das Herz weh tut und so. Und dann meldet sie's dem Jesus.
Lehrer: Genau. Und dann sagt sie's dem Jesus weiter. Und das ist wie eine gute Mutter, wenn sie's dem Papa sagt. Und dann hilft's besser. Dann zieht's besser.

Auch hier zeigt sich, wie sehr die Aussagen des Lehrers von einem bestimmten Marienbild geprägt sind. Zur biblischen Begründung verweist er im Unterricht auf die johanneische Perikope der Hochzeit zu Kana, in der sich Maria an Jesus wandte: *Du kannst doch helfen, damit die Hochzeitsfeier weitergehen kann.* Diese Begründung begegnete uns auch in einer anderen Unterrichtsstunde zu»Maria«, die von einer weiteren katholischen Lehrkraft gehalten wurde. Beide legen diese biblische Geschichte so aus, dass Maria zur Fürsprecherin bei Jesus wird. So könne auch heute zu Maria gebetet werden, damit sie unser Anliegen zu Jesus und zu Gott trage.

Diese Überzeugung drückt sich dann auch im weiteren Verlauf der eben besprochenen Stunde aus, denn dieser ist ganz und gar geprägt von dem Bild der fürbittenden Maria, an die sich jede und jeder in bittendem Gebet wenden könne. Die Kinder waren aufgefordert, Blumen von zu Hause mitzubringen, die sie nun verbunden mit einem persönlich formulierten und laut gesprochenen Mariengebet in eine Vase auf den geschmückten kleinen Marientisch stellen sollen. Der Lehrer leitet die Schüleraktivität mit einem Gebet ein, zu dem alle Kinder die Hände falten:

Maria, du bist die Mutter von Jesus. Du hilfst uns. Wir können dir alles sagen. Du bringst das zu Jesus, und auf deine Hilfe können wir vertrauen. Die Bitten dieser Kinder – nimm sie auf und trag' sie zu Jesus. Amen.

Die Kinder nehmen die Aufforderung bereitwillig an, bitten um Schutz und Hilfe, sie danken für schönes Wetter, für familiäres Zusammensein, für Gesundheit etc. Einige bitten um ein Ende des Kosovo-Krieges. Der Lehrer beendet diesen Unterrichtsabschnitt mit dem Hinweis: »*So, und jetzt haben wir ganz viel zu Maria gebracht. Und wie bei einer guten Mutter wissen wir ganz genau, dass sie's zu Jesus bringt*«. Wie gesagt, hier zieht sich ein bestimmtes Marienbild wie ein roter Faden durch den ganzen Unterricht. Ohne Zweifel ist der Gedanke der fürbittenden Maria in der Frömmigkeitstradition der *katholischen* Kirche bedeutsam und in manchen Teilen bis heute aktuell. Dieses Marienbild ist indes nicht das einzige und schon gar nicht eines, das von evangelischen Christen geteilt werden würde.

Dazu einige biblisch-theologische und systematisch-theologische Anmerkungen: In der angesprochenen Johannes-Stelle (Joh 2,1-12) vollbringt Jesus in der Komposition des Evangelisten sein erstes Zeichen, das die Herrlichkeit und die Macht der Neuschöpfung durch Jesus Christus offenbart. Vor dem Hintergrund dieser christologischen Sinnspitze muss die Erzählung der Geschichte von Jesus und seiner Mutter anlässlich der Hochzeit zu Kana gelesen werden. Die »fürbittende« Maria ist allenfalls ein Teilaspekt der Perikope. Wichtig ist auch der Unterschied zu kirchlichen Mariengebeten: Maria wird in der biblischen Geschichte von niemandem gebeten, ihre Bitte an Jesus weiter zu geben. Sie handelt also nicht als »Mittlerin«, die von anderen angerufen wird, sondern wird von selbst aktiv.

In neueren katholisch-systematischen Überlegungen zur Mariologie nimmt die fürbittende Rolle Marias wenig Raum ein (Müller/Sattler 1995). Theologische Aussagen zu Maria haben heute, ebenso wie bereits die patristische Tradition und die Bekenntnisse der großen altkirchlichen Konzilien, »eine primär christologische Intention« (169). Erst im beginnenden Mittelalter fand die Theologie stärkeres Interesse an Person und Geschick Marias selbst. Das Zweite Vatikanische Konzil korrigiert die »manchmal maßlose Ausweitung der Mariologie« (Karl Rahner/Herbert Vorgrimler). Die Titel der Fürsprecherin, der Helferin, des Beistandes und der Mittlerin werden zwar ausdrücklich anerkannt, aber nur so, »dass es der Würde und Wirksamkeit Christi, des einzigen Mittlers, nichts abträgt und nichts hinzufügt« (Lumen Gentium, Dogmatische Konstitution über die Kirche, Art. 62). Neue Aufmerksamkeit für die Marienthematik entwickelte sich in feministischen und befreiungstheologischen Kontexten, die aber auch – im Gegensatz zu starken Frömmigkeitstraditionen in Teilen der katholischen und in den orthodoxen Kirchen – kaum Interesse an der fürbittenden Maria zeigen. In der aktuellen katholischen Theologie zielt eine verantwortete Rede von Maria immer darauf ab, die Inkarnation, die Fleischwerdung Gottes in Jesus Christus, hervor zu heben, die sich in Verbindung mit einem konkreten geschichtlichen Menschen ereignet. Für evangelische Theologie und evangelisches Bekenntnis gilt allein das biblische Zeugnis, das immer auf Christus gerichtet bleibt. Jede Heilsbedeutung für Maria wird als unbiblisch abgelehnt. Maria kann als Vorbild in Glauben und Vertrauen gesehen werden, aber eine Anrufung Marias um Fürbitte ist für evangelische Christen nicht denkbar. Denn Christus ist der einzige und alleinige Mittler des Heils.

Der theologisch zentrale Gedanke, dass es bei allen Aussagen zu Maria im Kern um Jesus Christus gehen muss, sollte auch religionsdidaktisch bei allen Unterrichtseinheiten zu Maria beachtet werden. Das Thema Maria ist darum aus theologischen bzw. religionsdidaktischen Gründen mit viel Sensibilität und in differenzierter Sichtweise zu unterrichten. Konfessionell-kooperativer Unterricht muss immer in Offenheit für die anderskonfessionelle Position geplant und durchgeführt werden. Deshalb darf nicht nur *ein* bestimmtes Marienbild allein im Vordergrund stehen; wenn eine solche Sichtweise behandelt wird, muss stets klar sein, zu welcher Konfession es zuzuordnen ist.

Einüben oder einladend üben?

Das eben Gesagte gilt insbesondere dann, wenn es darum geht, die Schülerinnen und Schüler in ein bestimmtes Gebetsverständnis einzuführen und mit ihnen eine bestimmte Gebetspraxis einzuüben. Aus grundschul- und religionspädagogischen Gründen kann das Einüben oder selbst Ausprobieren durchaus sinnvoll sein, denn handlungsorientierte Unterrichtsverfahren bieten Vorteile gegenüber rein kognitiven Vorgehensweisen – zumal wenn es um religiöse Handlungen geht. Für manche Lehrerinnen und Lehrer ist es ein wichtiges Ziel im Religionsunterricht der Grundschule, die Schülerinnen und Schüler in kirchlichen Vollzügen zu »beheimaten«, sie vertraut zu machen mit einer bestimmten religiösen Praxis – was allerdings besonders in evangelischer Sicht umstritten bleibt. Wichtig bei alldem ist, dass der Religionsunterricht, insbesondere in einer konfessionell-kooperativen Form, jede Vereinnahmung von Kindern vermeidet. Kinder der jeweils anderen Konfession oder Konfessionslose dürfen keinem (wenn auch indirektem) Gruppenzwang unterworfen werden. Dagegen wahrt eine bloße Einladung oder eine Darstellung durch die Lehrkraft den Respekt vor der eigenen Entscheidungsfähigkeit der Kinder. Wie dies geschehen kann, wird im Folgenden anhand weiterer Unterrichtsbeispiele diskutiert.

Eine Unterrichtsform, die auf ein praktisches Kennenlernen von konfessionell geprägtem Brauchtum und von konfessionellen Gebeten nicht verzichtet und gleichzeitig den einladenden Charakter als Grenze wahrt, fanden wir in anderen Unterrichtsstunden zu Maria. Eine katholische Lehrerin etwa erzählt ihren Schülerinnen und Schülern der ersten Klasse von ihrer eigenen Kindheit. In dem Dorf, aus dem sie stamme, seien Marienprozessionen bis heute üblich. Nach der Erzählung enthüllt sie eine Marienstatue, die sie in den Unterricht mitgebracht hat. Auf Einladung der Lehrerin dürfen nun zwei Kinder eine kleine »Blütenprozession«, wie sie es nennt, im Klassenzimmer durchführen. Meditative Musik im Hintergrund sorgt für eine ruhige Atmosphäre und für gespannte Aufmerksamkeit der Klassenkameraden. Es melden sich ein evangelischer Junge und ein evangelisches Mädchen, die in aller Ruhe durch das Zimmer gehen, Blütenblätter streuen und schließlich die Statue mit einem Blütenkranz zieren. Die Freiwilligkeit und die klaren Hinweise, hier gehe es um einen katholischen, gar regionalen Brauch, den man einmal kennen lernen dürfe, indem man ihn nachvollziehe, ermöglicht selbst evangelischen Kindern die Teilnahme, ohne dass sie zu etwas vereinnahmt werden.

Im gleichen Unterricht lädt die Lehrerin »*alle Kinder, die wollen*«, dazu ein, ihre Namen in den an der Tafel gezeichneten Mantel Mariens einzuschreiben. Das katholische Motiv des Schutzmantels Mariens kann hier im Vollzug kennen gelernt werden, »*aber nur, wenn ihr wollt*«. Der einladende Stil wahrt das konfessionelle Profil, das nicht aus Gründen der bloßen Gegenwart von Schülerinnen und Schülern mit anderer Konfessionszugehörigkeit versteckt wird.

Auch Mariengebete können mit Sensibilität für die unterschiedlichen konfessionellen Auffassungen unterrichtet werden. Eine katholische Lehrerin, die gemeinsam mit ihrer evangelischen Kollegin unterrichtet (Team-Teaching), betet das »Gegrüßet seist du Maria« nicht unterschiedslos mit den Kindern, sondern gibt der Gruppe Distanzmöglichkeit, ohne ihnen das Gebet vorzuenthalten. Sie erläutert der Schülergruppe, dass Maria in der katholischen Kirche – im Unterschied zur evangelischen – auf bestimmte Weise gesehen wird. Dann fährt sie fort:

Lehrerin: Und weil man Maria besonders verehrt, gibt es auch ein spezielles Gebet, das man schon ganz lange, schon Jahrhunderte lang betet, aber es ist ein bisschen ein kompliziertes Gebet. Ich spreche es jetzt trotzdem mal. Ich bin gespannt, ob es einer von euch schon mal gehört hat. Ich sprech's einfach so, wie es im Originaltext heißt:»Gegrüßet seist du, Maria, …«

Hier lernen die Kinder das Gebet kennen, indem es die Lehrerin vorspricht. Eine weitere Möglichkeit wäre es, das Gebet auf Gebetskarten den Schülern in die Hand zu geben. Schließlich könnte man zur Vertiefung das »Ave Maria« oder andere Gebete einüben, wenn vorher geklärt ist, wer das betreffende Gebet üblicherweise betet (Katholische oder Evangelische oder beide). Das erklärte Ziel der zuletzt erwähnten katholischen Lehrerin ist es, die Kinder mit Formen der Marienverehrung bekannt zu machen, und zwar gleichermaßen die katholischen wie die evangelischen. Im Gespräch nach ihrem Unterricht erklärt die Lehrerin, dass allein so der konfessionell-kooperative Religionsunterricht dazu beitragen könne, falsche Vorstellungen von der Marienverehrung, die »*in vielen evangelischen Köpfen*« noch vorhanden seien,»*ein bisschen zu entschärfen*«.

Wer mit den Kindern im Religionsunterricht in dieser Weise religiöse Praxis einladend übt, trägt dazu bei, dass sich katholische Kinder mit »ihrer« Kirche ein Stück weit identifizieren können. Für die evangelischen Kinder kann hier jedoch leicht ein religionspädagogisch abzulehnender Druck entstehen. Auch bei evangelischen Eltern dürften die entsprechenden Empfindlichkeiten hier besonders ausgeprägt sein.

Zusammenfassend kann zum Einüben von Marienfrömmigkeit und des Mariengebets im Religionsunterricht gesagt werden, dass jede Vereinnahmung der Kinder vermieden werden muss und dass das gemeinsame Gebet im Unterricht stets die Grenze einer bloßen Einladung wahren sollte. Den Kindern muss die Möglichkeit eröffnet werden, sich zu der im Unterricht behandelten Marienfrömmigkeit in eigener Entscheidung zu verhalten und zu distanzieren.

Maria unterrichten – am bestem in enger Kooperation

Bereiten eine katholische und eine evangelische Lehrkraft das Thema Maria gemeinsam vor, werden sich von vorne herein Differenzierungen abzeichnen. Die Kolleginnen und Kollegen lassen ihre je spezifische Sicht in die Diskussion einfließen. Die unterschiedlichen Auffassungen können von beiden dann im Unterricht mit eingebracht werden, was das Unterrichtsgeschehen bereichert. Beispielsweise sagte ein evangelischer Lehrer zu seiner gemischtkonfessionellen Schülergruppe:

Also ich muss euch sagen, ich bin evangelisch. Ich kenne dieses Mariengebet nicht. Weil ich nämlich nicht zu Maria bete.

Einer evangelischen Lehrkraft ist es, wie in diesem Fall, naturgemäß leicht möglich, Mariengebete als etwas für sie Fremdes zu charakterisieren und damit auch den Schülerinnen und Schülern die Möglichkeit zu geben, zu einer eigenen Entscheidung zu finden. Doch auch katholische Lehrkräfte äußern gelegentlich Distanz zur Marienfrömmigkeit. Ein Beispiel:

Katholische Lehrerin: …ich selber hatte als Kind so ein, das Ding heißt Rosenkranz. … Ich weiß nicht, wo mein Rosenkranz aus früherer Zeit geblieben ist. Ich habe schon lange keinen Rosenkranz mehr gebetet.

Dennoch enthält sie das Gebet den Kindern nicht vor, sondern stellt ihnen in die katholische Praxis des Gebets zu Maria vor. Im Unterrichtsgespräch mit den Kindern und mit der evangelischen Kollegin, die zugegen ist, gelingt es ihr, die hier aufbrechenden Fragen zu klären. Doch selbst, wenn kein Team-Teaching möglich ist, zahlt sich gemeinsame Vorbereitung aus. Beispielsweise nimmt eine allein unterrichtende katholische Lehrerin ihre evangelische Kollegin indirekt mit in den Unterricht hinein, indem sie den Unterschied zwischen der katholischen und der evangelischen Sicht Marias folgendermaßen erläutert:

Katholische Lehrerin: Ich habe die evangelische Kollegin gefragt: Was halten Sie eigentlich von Maria? Persönlich? Und sie hat mir gesagt: »Für mich ist sie eine ganz tolle Frau gewesen, von der ich viel lernen kann, aber ich würde nicht zu ihr beten.« Und ich glaube, das ist gerade der Unterschied: Die Katholiken, sie sprechen mit Maria im Gebet …

Hier ist das schwierige Thema der unterschiedlichen Auffassungen Marias in katholischer und evangelischer Tradition auf ganz einfache und für Kinder anschauliche Weise ein Stück weit verständlich gemacht. Die katholische Lehrerin hat die evangelische Position durch die Worte einer konkret greifbaren Person, nämlich der evangelischen Lehrerin, in das Unterrichtsgeschehen einbezogen. Da die Kinder die betreffende Kollegin kennen und schätzen, wird es den evangelischen Kindern ermöglicht, sich mit deren Position zu identifizieren. Und gleichzeitig fällt es evangelischen *und* katholischen Kindern leicht, die unterschiedliche Auffassung bezüglich Maria klar zuzuordnen. Hier zeigt sich, dass das personale Angebot zweier Lehrkräfte selbst dann für den konfessionell-kooperierenden Unterricht einen wichtigen Faktor darstellen kann, wenn nicht gemeinsam unterrichtet werden kann.

Es ist also durchaus möglich, »heiße Eisen« wie das Thema Maria konfessionell-kooperativ zu unterrichten – am besten in enger Zusammenarbeit der Kolleginnen und Kollegen. Wichtig ist, stets die jeweils anderen Glaubens- und Verstehensweisen im Blick zu haben, was im permanenten Austausch leichter möglich ist als allein. Außerdem bringt gemeinsames Vorbereiten neben menschlichen und fachlichen Bereicherungen meist auch Früchte für das konkrete Unterrichten, und damit für die, um die es in der Schule in erster Linie geht: Die Kinder.

Zum Weiterlesen:
Vorschläge für die konfessionell-kooperative Arbeit zum Thema »Maria« gibt es bislang noch nicht. Theologische Erläuterungen, weiterführende Hinweise auf theologische Literatur und konkrete didaktische Vorschläge für die Grundschule bringt das Kapitel »Maria, die Mutter Jesu« in: mein bist du. Unterrichtswerk für Katholische Religionslehre an Grundschulen, Klassenstufe 1/2. Handreichung für Lehrerinnen und Lehrer (hg. v. Bistum Rottenburg-Stuttgart; erarbeitet von Ursula Bangert, Walter Kern, Ruth Mathey-Drumm, Marianne Vögler), Stuttgart 1998, 177-193.

Zu den konfessionell unterschiedlichen Standpunkten vgl.: Müller, Alois/Sattler, Dorothea: Mariologie, in: Schneider, Theodor (Hg.): Handbuch Dogmatik, Band II, Düsseldorf 1995, 155-187 (katholisch); Frieling, Reinhard: Maria. III/1. Evangelisch. In: Theologische Realenzyklopädie, Band XXII, Berlin/New York 1992, 137-143; Petri, Heinrich (Hg.): Divergenzen in der Mariologie. Zur ökumenischen Diskussion um die Mutter Jesu, Regensburg 1989; Beinert, Wolfgang (Hg.): Maria – eine ökumenische Herausforderung, Regensburg 1984.

3.7. Heilige – Verschiedene Standpunkte im Unterricht

Wer würde bestreiten, dass Franziskus oder Martin Luther King oder Mutter Theresa oder Dietrich Bonhoeffer besonders gute Menschen waren, vor allem Menschen, die die Botschaft und Nachfolge Jesu Christi in ihrem Leben auf außergewöhnliche, ja, vorbildliche Weise gelebt haben? Doch, so fragen vor allem evangelische Christen, muss man sie deshalb als »Heilige« bezeichnen und sie darin von anderen Gläubigen unterscheiden? Sind nicht alle, die an Christus glauben, ihm gleich nahe und in gleicher Weise gerechtfertigt? Insbesondere stoßen bestimmte Formen der Heiligenverehrung nicht nur bei Protestanten, sondern zunehmend auch bei Katholiken auf Unverständnis. Der katholische Theologe Karl Rahner warnte bereits vor Jahrzehnten davor, dass in manchen Spielarten der Volksfrömmigkeit Gott nur noch als *eine* Wirklichkeit *neben* anderen, nämlich den Heiligen, verehrt werden würde und dass sich um die Heiligen nicht selten »unkontrollierte sentimentale Motive« und »religiöser Kitsch« ranken (Rahner/Vorgrimler 1981, 180).

Wäre es demnach auch hier – wie es schon beim Thema Maria die Frage war – in konfessionell-kooperativem Unterricht nicht angemessener, auf die Rede von den »Heiligen« zu verzichten und katholischen wie evangelischen Kindern von besonders vorbildlichen Menschen zu erzählen? Oder würden dann konfessionell unterschiedliche Standpunkte zu sehr nivelliert?

Wie die verschiedenen Sichtweisen im konkreten Unterricht auftauchen, zeigen beispielsweise folgende Äußerungen: Ein evangelischer Lehrer und eine katholische Lehrerin haben ihren Unterricht eng miteinander abgesprochen. Sie unterrichten zeitweise in ihren konfessionell getrennten Gruppen am gleichen Tag das gleiche Thema. Jetzt hatten sie gerade eine Stunde zu »Elisabeth von Thüringen« bzw. der »Heiligen Elisabeth« gehalten. Im Nachgespräch sagt der evangelische Lehrer über seinen Unterricht: »*Der Schwerpunkt der Stunde war die Hilfe der Elisabeth für die Armen*«. Zur selben Zeit fasst die katholische Lehrerin den Kern ihrer Unterrichtsstunde folgendermaßen zusammen: »*Das Wichtigste war eben heute dieses ›Heilige‹, was das im einzelnen zu bedeuten hat*«. Solche unterschiedlichen Standpunkte *können* konfessionell geprägt sein, auch wenn sich zweifellos viele katholische Lehrerinnen und Lehrer finden lassen würden, die ihren Unterricht im Sinne der ersten Aussage gestalten. Die Konfession ist nicht zwangsläufig der Ursprung für bestimmte Haltungen. Dennoch fällt gerade bei konfessionell umstrittenen Themen wie Maria oder Heilige auf, dass katholische Lehrerinnen und Lehrer die Themen meist anders angehen bzw. anders didaktisch realisieren als ihre evangelischen Kolleginnen und Kollegen. Unterschiedliche Einstellungen zu einem Thema wirken sich im Unterricht aus. Katholische Lehrkräfte tendieren dazu, die »Heiligen« als »Fürsprecher« bei Gott, als »Mittler« und »Vermittler« der menschlichen Gebete zu Gott, als Namenspatron etc. zum Thema zu machen. Solche Themen spielen bei evangelischen Lehrerinnen und Lehrern keine Rolle.

Doch wie gehen *Kinder* mit dem Thema »Heilige« um? An einzelnen Stellen in dem von uns beobachteten Unterricht wird erkennbar, dass die Kinder über die »Heiligen« wenig bis gar kein Vorwissen mitbringen, was wohl niemanden überraschen wird. Wohl kennen manche die Erzählungen, die mit St. Martin oder St. Nikolaus verbunden sind. Aber sie wissen beispielsweise nur selten etwas über Namenstage oder Namenspatrone und wissen nicht, ob es sich dabei um einen typisch katholischen oder einen evangelischen Brauch handelt. Dennoch ist ein deutliches Interesse auf Kinderseite zu spüren, wenn ihnen im Unterricht die Bedeutung der Namenspatrone aufgeschlüsselt wird, etwa dadurch, dass fast jeder gängige Name auf einen Heiligen zurückgeführt werden kann, was den Namensträger in katholischem Verständnis auf besondere Weise mit »seinem« Heiligen verbindet. Hier spüren die Kinder, es geht um meinen Namen, es geht um mich.

Hin und wieder konnten wir beobachten, dass Kinder der dritten Klasse im Unterricht anfanghaft in der Lage sind zu artikulieren, was sie unter »Heiligen« verstehen. Ein katholisches Mädchen sagt im Unterricht: »*Man lobt die Heiligen für das, was sie getan haben*«. Kinder können sich darüber Gedanken machen, was »heilig« bedeutet und entwickeln eigene Theorien dazu. (Bei der Folgenden Passage handelt es sich um eine Lerngruppe mit nur katholischen Schülerinnen und Schülern.)

Lehrerin: Und mit 24 Jahren ist Elisabeth von Thüringen dann gestorben.
Erster Schüler: War sie da schon heilig?
Lehrerin: Nein. Vier Jahre später wurde sie heilig gesprochen. Kannst du dir etwas unter dem Ausdruck »heilig gesprochen« vorstellen?
Zweiter Schüler: Dass man da vielleicht heilig ist.
Dritter Schüler: Dass sie dann verehrt wurde.
Vierter Schüler: Nämlich Gott hilft ja auch Menschen, und das hat sie auch gemacht.
Erste Schülerin: Vielleicht hat der … der »irgend jemand« die Elisabeth heilig gesprochen.
Fünfter Schüler: Heilig ist vielleicht, dass sie mit Armen geteilt hat.
Lehrerin: Das ist alles richtig und gut.
Erster Schüler: Die wurde vom, ich glaube, vom Papst heilig gesprochen.
Zweite Schülerin: Man lobt sie, dass sie ein guter Mensch war, dass sie immer geteilt hat.

Im Anschluss daran erklärt die katholische Lehrerin, dass, wie es der Apostel Paulus (sie sagt: »*der heilige Paulus*«) aufgeschrieben hat, im Grunde alle Gläubigen »Heilige« sind, weil sie getauft und Kinder Gottes sind. Aber besondere Menschen würden, wie die Schülerin ja richtig gesagt habe, besonders gelobt und deshalb als »Heilige« bezeichnet. Interessant an der Passage ist, wie rege sich die Schülerinnen und Schüler am Unterrichtsgespräch beteiligen und wie sie sich bestimmte Erklärungen zurecht legen: Die (entwicklungspsychologisch erwartbare) tautologischen Erklärungen, die auf das besondere Verehren und Loben abheben, solche, die »heilig« eher an den Taten fest machen, bis hin zu einer vagen Vermutung, dass die Bezeichnung »Heiliger« durch einen kirchlichen Akt (seitens des Papstes) verliehen wird. An diesen Kinderäußerungen anknüpfend erläutert die Lehrerin im weiteren Unterricht einige Gedanken zum katholischen Heiligenverständnis.

Hinsichtlich der Gedankenwelt von Kindern zum Thema »Heilige« ist eine evangelische Religionsunterrichtsstunde mit evangelischem Lehrer und evangelischen Schülerinnen und Schülern aufschlussreich. Ein Kind sagt auf die Frage des Lehrers, was Heilige wohl für die Katholiken bedeuten würden: »*Vielleicht wie ein Gott*«. Ein weiteres Kind sagt: »*Wie Jesus*«. Dem Lehrer wird erst im Nachgespräch deutlich, wie wichtig diese Stelle im Unterricht war und wie sehr hier noch genauere Klärung erforderlich ist. Denn derlei Äußerungen könnten auf Vorurteile gegenüber dem katholischen Heiligenverständnis hindeuten, die die Kinder z.B. aus Familiengesprächen übernehmen.

Wenn falsche Vorstellungen zu vermuten sind, ist Klärung erforderlich und sollte das Thema im Unterricht behandelt werden. Es darf nicht einfach ausgeblendet werden – etwa aus falsch verstandener Rücksicht auf Kinder oder Kollegen der anderen Konfession. Nur so können Vorurteile abgebaut werden oder gar nicht erst aufkommen. Kooperieren katholische und evangelische Lehrerinnen miteinander, können sie jeweils ihre Sicht einbringen und – wie bei anderen Unterrichtsthemen – die konfessionellen Profile differenziert darlegen: Namenspatrone, Namenstage, Heiligenverehrung und Bitte um Fürbitte sind katholische Bräuche, von denen sich evangelisches Verständnis abhebt. Doch gemeinsam ist beiden Konfessionen die Wertschätzung von Menschen, die sich der Nachfolge Christi auf außergewöhnliche Weise hingegeben haben.

Dabei ist besonders darauf zu achten, dass die Deutung der »Heiligen« auch theologisch angemessen ist. In jedem Fall muss vermieden werden, dass der Eindruck entsteht, als würden die »Heiligen« nach katholischem Verständnis quasi *zwischen* den Menschen und Gott stehen. Beispielsweise konnten wir beobachten, wie eine katholische Lehrerin mit einer gemischt-konfessionellen Schülergruppe wiederum zur »Heiligen Elisabeth« unterrichtet. (Elisabeth von Thüringen ist beliebtes konfessionell-kooperatives Thema, da es – zumindest in Baden-Württemberg – sowohl im katholischen als auch im evangelischen Bildungsplan für die Grundschule von 1994 auftaucht, natürlich mit je eigener Akzentuierung.) Die erwähnte Lehrerin erläutert die »katholische« Sicht: Sie sagt den Schülerinnen und Schülern, katholische Christen *»können eine Bitte, eine Sorge über die Heilige Elisabeth zu Gott bringen«.* Die evangelischen Christen würden es anders machen, sie hätten immer die gleiche, direkte Verbindung zu Jesus. Für die Katholischen jedoch stünden die Heiligen *»zwischen den Menschen und Jesus und Gott«.* Sie verdeutlicht diesen Sachverhalt anhand eines Tafelbildes: Unten auf die Tafel schreibt sie »Menschen«, oben »Jesus und Gott«. Dazwischen führt ein Pfeil auf der einen Seite über die Heiligen zu Gott (»katholisch«), auf der anderen Seite direkt zu Gott (»evangelisch«).

Eine solche, theologisch problematische Sicht und religionsdidaktisch ebenso problematische Umsetzung bewirken bei den Kindern einerseits Verwirrung (Sie fragen: *War Elisabeth katholisch oder evangelisch? War sie überhaupt getauft?*), andererseits übernehmen sie die Darstellung der Lehrerin für ihre eigene Sicht: Ein katholischer Schüler sagt: »*Wir können nicht zu Jesus hochsteigen«.* Ein evangelischer Schüler sagt kurz darauf: »*Wir können hochlaufen und müssen nicht erst zu Elisabeth«.*
   Theologisch korrekt wäre es, die unmittelbare Nähe aller Christen zu Gott, ja, aller Menschen hervorzuheben. Alle – gleich welcher Konfession sie angehören – sind Gott gleich nahe, niemand muss einen Umweg gehen. Doch nach katholischem und ostkirchlich-orthodoxem Verständnis können »Heilige« verehrt werden, was Lob und Ruhm Gottes selbst darstellt, der in Jesus Christus Fleisch geworden ist. Das Leben der »Heiligen« spiegelt das Leben Christi und damit das Geschehen der Inkarnation wider, wenn auch nur in »rätselhaften Umrissen« und »unvollkommen« (1 Kor 13,12). In katholisch theologischer Sicht » … ist die Heiligenverehrung Ausdruck des Glaubens an die Rettung aus dem Tod und an die Solidarität, die sich die Glieder der Kirche untereinander mit Hilfe der Gnade Gottes erweisen, auch indem sie ihnen Möglichkeiten und Wege des Glaubens (›vorbildlich‹) aufweisen« (Vorgrimler 2000, 274f.).
   Aus evangelischer Sicht ist eine solche Verehrung nicht möglich, da sie Gott und Christus allein gebührt. Eine Fürbittfunktion der Heiligen wird in den protestantischen Kirchen als unbiblisch abgelehnt.

Die katholische und evangelische Sichtweise können und sollen im konfessionell-kooperativen Unterricht nicht harmonisiert werden. Sie bleiben in ihrer Verschiedenheit nebeneinander stehen: die katholische Sicht, die dem Bedürfnis nach konkret Fassbarem und Anschaulichem entspringt, und die evangelische, die den direkten »Weg« eines jeden Gläubigen zu Gott anmahnt und die rechtfertigende Gnade Gottes für alle Getauften in den Mittelpunkt stellt – seien sie »besondere« oder ganz »normale« Menschen. Wichtig für den Unterricht ist unseres Erachtens eine klare, differenzierte Darstellung: Den Schülerinnen und Schülern muss deutlich werden, wo es sich um katholische Bräuche handelt (z.b. »St. Martin«, Namenstage), und worin sich diese von evangelischem Verständnis unterscheiden. So hat beispielsweise ein evangelischer Lehrer in einer der Stunden mit seinen evangelischen Schülerinnen und Schülern das katholische Heiligenverständnis folgendermaßen thematisiert: Er erklärt, dass es Unterschiede gibt, und zitiert dazu aus einem katholischen Schulbuch eine kleine Passage über die Heiligen. Dies gelte für die katholische Kirche, führt er aus, von der sich die evangelische Sicht unterscheide. Da er keine der Deutungen abwertet, kann den Kindern das selbstverständliche Nebeneinander verschiedener Glaubensweisen deutlich werden.

Zum Weiterlesen:

Vorschläge für die konfessionell-kooperative Arbeit zum Thema »Heilige« gibt es bislang noch nicht. Theologische Erläuterungen zu den »Heiligen«, weiterführende Hinweise auf theologische Literatur und konkrete didaktische Vorschläge bringt das Kapitel »Menschen zeigen die Liebe Gottes« in: mein bist du. Unterrichtswerk für Katholische Religionslehre an Grundschulen, Klassenstufe 1/2. Handreichung für Lehrerinnen und Lehrer (hg. v. Bistum Rottenburg-Stuttgart; erarbeitet von Ursula Bangert, Walter Kern, Ruth Mathey-Drumm, Marianne Vögler), Stuttgart 1998, 78-99. Einen Überblick zu dem katholischen und evangelischen Verständnis der Heiligen und der Heiligenverehrung bieten die Artikel: Hausberger, Karl: Art. Heilige/Heiligenverehrung III: Anfänge der christlichen Heiligenverehrung; IV: Abendländisches Mittelalter; V: Die römisch-katholische Kirche. In: Theologische Realenzyklopädie, Band XIV, Berlin/New York 1985, 646 – 660 und Schulz, Frieder: Art. Heilige/Heiligenverehrung VII: Die protestantischen Kirchen. In: Theologische Realenzyklopädie XIV, Berlin/New York 1985, 664-672.

4. Kriterien einer konfessionell-kooperativen Didaktik

In den ersten drei Abschnitten dieses Kapitels haben wir Erfahrungen und Perspektiven mit konfessionell-kooperativem Unterricht dargestellt, Perspektiven entwickelt und unter didaktischen Aspekten erörtert. Dabei standen zunächst die gleichsam makrodidaktischen, auf die Formen der kooperativen Unterrichtsgestaltung gerichteten Fragen sowie auf die Unterrichtsinhalte bezogene Aufgaben der Auswahl von Themen im Vordergrund. In einem weiteren Schritt wurden ausgehend von bestimmten thematischen Schwerpunkten Unterrichtserfahrungen analysiert und wurde konstruktiv nach Gestaltungsmöglichkeiten gefragt. Am Ende dieses Kapitels soll nun noch einmal ein anderer Blickwinkel gewählt werden, indem wir zwei übergreifende Problemstellungen aufnehmen: konfessionelle Kooperation als Elementarisierungsaufgabe sowie eine didaktische Bewertung unterschiedlicher Kooperationsformen.

Konfessionelle Kooperation als Elementarisierungsaufgabe

Wie an den im letzten Abschnitt dargestellten Erfahrungen leicht abzulesen ist, liegt die Herausforderung konfessionell-kooperativen Religionsunterrichts keineswegs allein auf der Ebene organisatorischer Entscheidungen über die Form, in der die Kooperation durchgeführt werden soll. Eine wesentliche Herausforderung liegt immer auch in der Entwicklung einer angemessenen Didaktik. Diese Angemessenheit bemisst sich einerseits – das ist bereits deutlich geworden – an den für konfessionelle Kooperation bezeichnenden Inhalten und den mit diesem Thema verbundenen Beziehungen in der Lerngruppe, andererseits aber auch an den Maßstäben der religionsdidaktischen Diskussion insgesamt.

Für eine weiterreichende didaktische Reflexion des konfessionell-kooperativen Religionsunterrichts bietet sich u.E. das Modell der Elementarisierung besonders an, weil dieses Modell didaktische Erschließungshinsichten enthält, die sich unmittelbar auf den konfessionell-kooperativen Religionsunterricht beziehen lassen. Im Folgenden greifen wir deshalb auf dieses Modell zurück und beschreiben konfessionelle Kooperation als Elementarisierungsaufgabe. Da hinsichtlich des Verständnisses von Elementarisierung keine allgemeine Übereinstimmung besteht, schicken wir dem einige Anmerkungen zu unserem Verständnis voraus.

Das von Karl Ernst Nipkow, Friedrich Schweitzer u.a. (vgl. Schweitzer u.a. 1995, Schweitzer 2000a) entwickelte, manchmal als »Tübinger Modell« angesprochene Verständnis von Elementarisierung, das wir im Folgenden zugrunde legen, setzt Elementarisierung von vornherein nicht mit den zum Teil geläufigen Erwartungen von Vereinfachung und Auswahl gleich. Statt dessen wird die entscheidende Herausforderung darin gesehen, wie eine wechselseitige Erschließung zwischen Person und Sache, zwischen Lerninhalten und Lernenden erreicht werden kann. Und nur was dieser doppelpoligen Struktur gerecht wird, kann in diesem Sinne als elementar angesprochen werden. Das Elementare gibt es deshalb niemals an sich, losgelöst von bestimmten Personen, von bestimmten Kindern, Jugendlichen oder Erwachsenen also, sondern nur im Bezug auf diese. Ohne Bezug auf Personen oder Lerngruppen kann im Bereich der Religionsdidaktik nur von einer *Elementartheologie* gesprochen werden, nicht aber von einer *Elementarisierung* im Sinne der Didaktik.

Seine Konkretion gewinnt dieses Elementarisierungsverständnis durch die Entfaltung in fünf Erschließungshinsichten – den Fragen nach *elementaren Strukturen*, nach *elementaren (entwicklungsbedingten) Zugangsweisen*, nach *elementaren Erfahrungen*, nach *elementaren Lernformen* und schließlich nach *elementaren Wahrheiten*. Dabei ist die Reihenfolge dieser Hinsichten offen. Es geht um eine zirkelhafte Bewegung, in der alle diese Hinsichten aufgenommen und bedacht werden.

Im Folgenden wollen wir die genannten Erschließungsdimensionen nicht als solche erläutern, sondern gleich mit Bezug auf den konfessionell-kooperativen Religionsunterricht.

Die Herausforderung der kindlichen Entwicklung: elementare (entwicklungsbedingte) Zugänge

Insbesondere durch die im ersten Kapitel dargestellten Sichtweisen der Kinder, aber auch durch die im vorangehenden Abschnitt berichteten Unterrichtserfahrungen ist schon deutlich geworden, dass Kinder ihre eigenen Zugänge zu den Themen des konfessionell-kooperativen Religionsunterrichts mitbringen. Und wie aus der psychologischen Forschung zur religiösen Entwicklung bekannt ist, handelt es sich bei solchen Zugängen nicht einfach um Missverständnisse, fehlende Information oder leicht zu korrigierende Auffassungen. Statt dessen entsprechen diese Zugangsweisen dem Verhältnis der Kinder zur Welt. Sie können – und sollen – sich deshalb nur im Zuge langfristiger Entwicklungsprozesse verändern, wie es den kindlichen Lebens- und Entwicklungsbedürfnissen entspricht. Daraus ergeben sich mehrere didaktische Einzelherausforderungen. Exemplarisch seien drei davon genannt:

- Die Verstehens- und Zugangsweisen der Kinder sind für Erwachsene häufig überraschend und unbekannt. Auch aus der Erinnerung an die eigene Kindheit lassen sie sich nur bedingt erschließen. Wir jedenfalls hatten vor den Gesprächen mit den Kindern nicht damit gerechnet, dass die Konfessionszugehörigkeit in der Sicht von Kindern mit dem Jahr der Geburt oder mit einer entsprechenden Ansage des Pfarrers zusammenhängen könnte. Als erstes stellt sich deshalb die Aufgabe der *sorgfältigen Wahrnehmung* der kindlichen Verstehensweisen, die nur so aufgenommen werden können, dass wir zunächst auf die Kinder hören. Konfessionell-kooperativer Religionsunterricht, der den Kindern gerecht werden will, muss die Kinder von Anfang an aktiv beteiligen und ihre Verstehensweisen zum Zuge kommen lassen.

- Vieles von dem, was Kinder über Kirche oder Gottesdienst berichten, ist ganz auf konkrete Wahrnehmungen, auf das Sichtbare, Greifbare und Hörbare bezogen. Auf theologisch ausgebildete Erwachsene wirkt dies leicht vordergründig, weil sie gewohnt sind, nach der tieferen Bedeutung zu fragen und diese in den Vordergrund zu stellen. Eine abwertende Haltung gegenüber den kindlichen Wahrnehmungen würde aber verkennen, dass wir es auch hier mit dem genuin kindlichen Weltzugang zu tun haben, der nicht mit Vordergründigkeit verwechselt werden darf. Konfessionell-kooperativer Religionsunterricht kann nur gelingen, wenn er diesen kindlichen Weltzugang auch bei theologischen Fragen *anerkennt* und sich darauf einstellt. Es wäre didaktisch verfehlt, auf die bei den Kindern zu beobachtende Konzentration auf die sichtbaren Vollzüge bei der Taufe einfach mit theologischen Erläuterungen zu reagieren, ohne nach deren Zugänglichkeit für die Kinder zu fragen.

- Auch konfessionell-kooperativer Religionsunterricht kann sich aber nicht darin erschöpfen, die Kinder darin zu bestätigen, was sie immer schon wissen und in den Unterricht mitbringen. Ein solcher Unterricht wäre überflüssig. Die von uns als Zielangabe gewählte Formulierung »Gemeinsamkeiten stärken – Unterschieden gerecht werden« verweist auch auf Ziele, die im Unterricht selbst schrittweise erreicht werden sollen. Konfessionell-kooperativer Religionsunterricht muss deshalb auch *angemessene Anregungen* enthalten, die die Kinder darin unterstützen, solche Gemeinsamkeiten zwischen den Konfessionen bzw. in der Kindergruppe zu erfahren und zu erkennen und zugleich andere und anderes auch dann wertzuschätzen, wenn es einem selbst fremd bleibt. Obwohl wir in den Gesprächen mit den Kindern und in dem von uns beobachteten Religionsunterricht kaum Anzeichen für Vorurteile gegen Angehörige der jeweils anderen Konfession beobachten konnten, bleibt diese Aufgabe voraussetzungsreich. Dies wird beispielsweise daran erkennbar, wie wichtig Nähe und Ähnlichkeit für die Kinder bei Freundschaften sind (s.o., 66ff.).

Die Notwendigkeit lebensweltlicher Verankerung: elementare Erfahrungen

Die Dimension der elementaren Erfahrungen ist für den konfessionell-kooperativen Unterricht ebenfalls von großer Bedeutung. Sie betrifft zum einen die Erfahrungen der Kinder, die sie aus ihren lebensweltlichen Bezügen in die Schule mitbringen und zum Teil im Religionsunterricht selber machen. Zum anderen bezieht sich diese Dimension auf die Erfahrungsgründe und –hintergründe, die sich mit den Themen des Unterrichts verbinden oder, im Falle überlieferter (biblischer) Geschichten, zumindest einmal verbunden haben. Anzustreben ist eine dialogische Verknüpfung von Erfahrungen heute und Erfahrungen damals, was für den konfessionell-kooperativen Religionsunterricht Auswahlkriterium und Gestaltungsprinzip zugleich sein sollte.

Als Auswahlprinzip kann der Erfahrungsbezug insofern gelten, als nur solche Inhalte oder Themen aufgenommen werden dürfen, für die ein Bezug zur Erfahrung der Kinder entweder bereits gegeben ist oder zumindest angebahnt werden kann. So wäre es beispielsweise geradezu abwegig, die theologisch hochbedeutsamen Fragen im ökumenischen Gespräch über die Rechtfertigungslehre einfach unverändert in der Grundschule behandeln zu wollen. – Dieser aus der Didaktik auch sonst bekannte Grundsatz ist nicht mit einer Ablehnung des prinzipiell Nicht-Anschaulichen oder Fernen im Unterricht zu verwechseln. Er richtet sich vielmehr gegen erwachsenenzentrierte Darstellungsweisen sowie gegen ein isoliertes Schulwissen oder Vorratslernen von wissenschaftlich oder kirchlich zwar gewichtigen, für die Kinder aber nicht fassbaren Inhalten.

Diese Überlegung verweist darüber hinaus auf die Bedeutung des Erfahrungsbezugs als Gestaltungsprinzip: Gesucht sind Möglichkeiten, Themen wie etwa Rechtfertigung von den lebensweltlichen Bezügen der Kinder her und auf diese hin zu bearbeiten. In den oben beschriebenen Unterrichtsbeispielen wird dies etwa dort greifbar, wo die Frage nach der Herkunft der Konfessionen mit reformationsgeschichtlichen Bezügen beantwortet wird und diese dann in eine narrative, vor allem an Personen orientierte Form überführt werden.

Sich nicht im Nebensächlichen verlieren: elementare Strukturen

Wie bereits erwähnt, wird Elementarisierung häufig nur als Aufgabe der Auswahl und der Konzentration verstanden. Diese Aufgabe spielt auch in unserer Sicht eine wichtige Rolle, aber sie kann nur theologisch *und* pädagogisch zugleich angegangen werden. Denn wenn gefragt wird, was zentral, wesentlich, ausschlaggebend usw. sei, so kann dies zumindest in unterrichtlichen Zusammenhängen niemals unter Absehung von den Kindern oder Jugendlichen festgelegt werden. Unterricht kann sich nicht daran orientieren, was »an sich« wesentlich ist – er muss immer darauf gerichtet sein, was für eine bestimmte Lerngruppe erkennbar, nachvollziehbar, verstehbar und in diesem Sinne zu lernen ist. Umgekehrt verlöre der Religionsunterricht sein christliches Profil, wenn dabei nicht ebenso die Theologie berücksichtigen würde.

Zum Teil kommt die Theologie den Bedürfnissen des konfessionell-kooperativen Religionsunterrichts unmittelbar entgegen. Dies gilt beispielsweise für die in der katholischen Theologie verbreitete Frage nach der »Hierarchie der Wahrheiten«, d.h. nach einer differenzierenden Prüfung des jeweiligen Gewichts theologischer Aussagen oder kirchlicher Gebräuche. Nicht alles ist gleichermaßen zentral oder wesentlich. Im Zusammenhang der konfessionellen Kooperation ist allerdings auch die Wahrnehmung der jeweils anderen zu berücksichtigen: Nicht nur was eine Konfession für sich selbst als wesentlich ansieht, ist wichtig, sondern auch das, was in den Augen der anderen – positiv oder negativ – bedeutsam ist. Schon die Auseinandersetzung mit dieser Perspektiven- oder Wahrnehmungsdifferenz kann für Erwachsene, aber auch für Kinder sehr anregend sein.

Die oben beschriebenen Unterrichtsbeispiele und -themen lassen die Bedeutung solcher Kriterien erkennen. So mag manchen Katholischen die Frage nach den Heiligen oder das Verhältnis zu Maria nicht allzu wesentlich erscheinen, aber im kooperativen Unterricht müssen auch solche Themen aufgenommen werden, die von den Evangelischen immer wieder angesprochen werden. In anderer Weise erhält die Konzentration auf das Wesentliche eine kritische Bedeutung, wenn etwa bei der Behandlung des Themas »Martin Luther« der Streit um den Ablass ganz in den Vordergrund tritt, wohl weil er den Kindern so plastisch erzählt werden kann – und damit ein Gewicht erhält, das ihm so – historisch gesehen – nicht zukommt. Allein vom Ablasshandel her lässt sich Reformationsgeschichte und lassen sich evangelische Grundentscheidungen nach heutigem theologischem Verständnis nicht begreifen.

Weg und Ziel sollen einander entsprechen: elementare Lernformen
Auch wenn die Grundschule insgesamt ein hohes Niveau bei der Verwirklichung aktiven, kind- und subjektorientierten Lernens erreicht hat, ist es auch hier nicht überflüssig, an den Zusammenhang zwischen elementaren Lernwegen und –zielen zu erinnern. Der herkömmliche Frontalunterricht mit Lehrervortrag und gelenktem Schülergespräch wird dem in vielen Fällen nicht gerecht. Schon die oben dargestellten Unterrichtsbeispiele schließen etwa das aktive Erkunden von Kirchenräumen ein, darüber hinaus vielfach ein spielerisches Lernen, narrative Elemente, kreatives Gestalten, Musik und Gesang. Ganz allgemein ist die Bedeutung eigenen Tuns und persönlicher Begegnung hervorzuheben, auch der Gemeinschaftserfahrung und des gemeinsamen Handelns, von Kunst, Liturgie, Meditation und Gebet, ansatzweise in Schule und Unterricht selbst und gewiss in der Wahrnehmung der unterschiedlichen Ausdrucksgestalten des Christentums.

Mit der Formulierung »elementare Lernformen« wollen wir deutlich machen, dass es nicht nur um die auch sonst viel beachtete Frage der Methoden geht, wie sie in den entsprechenden Lehrbüchern dargestellt werden. Elementarisierung verlangt auch nach einer veränderten Schul- und Unterrichtskultur, die sich durch den isolierten Einsatz einzelner Methoden nicht erreichen lässt. Gleichwohl, und auch dies ist bei den Unterrichtsbeispielen deutlich geworden, sind auch die Methoden im Blick auf ihre Implikationen für die konfessionelle Kooperation eigens zu bedenken. Besonderes Gewicht muss hier auf dem Beziehungsaspekt liegen, da Methoden immer auch bestimmte Sozialerfahrungen zulassen und andere ausschließen. »Gemeinsamkeiten stärken« ist nur möglich, wenn entsprechende Erfahrungen mit der Gemeinschaft der Kinder gemacht werden können.

Existentielle Bezüge aufnehmen: elementare Wahrheiten

Die Erschließungsdimension der elementaren Wahrheiten wird oft missverstanden. Es geht keineswegs darum, im Unterricht Wahrheiten zu vermitteln, so als könnte im Religionsunterricht einfach über »die Wahrheit« verfügt werden. Gemeint ist statt dessen, dass der Religionsunterricht – im Unterschied etwa zu einer Religionskunde, die sich mit geschichtlichen oder distanzierten Darstellungen zufrieden geben kann – nach Wahrheit fragen muss, indem er sich insbesondere auf die Wahrheitssuche von Kindern und Jugendlichen einlässt. Das Wahrheitsverständnis ist dabei vielschichtig und kann nicht auf eine einzige Ebene beschränkt werden (vgl. Schweitzer u.a. 1995, 123ff.). Im Folgenden heben wir exemplarisch die existentielle Bedeutung von Wahrheitsansprüchen im Blick auf den konfessionell-kooperativen Religionsunterricht hervor, was nicht bedeutet, dass dieser Fragenkreis damit erschöpft wäre.

Existentielle Bezüge werden im konfessionell-kooperativen Religionsunterricht in mindestens drei Hinsichten bedeutsam:

– Zunächst und leicht nachvollziehbar ist schon die Erfahrung von Zugehörigkeit und Nicht-Zugehörigkeit für die Kinder von existentieller Bedeutung. Deshalb ist es wichtig, dass die Kinder im Unterricht auch Zugehörigkeit erfahren können, was – wie wir im ersten Kapitel gesehen haben – ohne Identifikationsmöglichkeiten mit Erwachsenen nicht angemessen erreicht werden kann. Eng verbunden damit ist zugleich die Frage nach der Anerkennung der anderen, da Zugehörigkeit stets auch Nicht-Zugehörigkeit und damit die Gefahr einer Abwertung des oder der anderen einschließt.

– Umstritten zwischen den christlichen Konfessionen ist nach wie vor die Frage nach dem wahren Verständnis des christlichen Glaubens, insbesondere hinsichtlich seiner Konsequenzen für das Kirchen- und Amtsverständnis, aber auch der christlichen Lebensführung. Konfessionellkooperativer Religionsunterricht, der an der Wahrheitsfrage festhält, kann diese kontroversen Aspekte nicht ausblenden, auch wenn im Unterricht keine Lösungen angeboten werden können. Der Bezug auf solche in Theologie und Kirche kontrovers verhandelten Wahrheitsansprüche ist aber nur dann didaktisch legitim, wenn auch die dritte hier zu nennende Hinsicht berücksichtigt wird:

– Elementare Wahrheiten sind für die Kinder nur dann berührt, wenn sie die entsprechenden Fragen mit ihrem eigenen Leben verbinden können. Auf den ersten Blick scheint dies bei den theologischen und kirchlichen Kontroversen nicht oder nicht mehr der Fall zu sein. Vor allem in den Gesprächen mit den Kindern ist aber mehrfach deutlich geworden, dass etwa Kinder mit Eltern verschiedener Konfessionszugehörigkeit solchen Fragen und Folgeproblemen in ihrer eigenen Erfahrungswelt begegnen und zum Teil auf Lösungen hoffen. Hier zeigt sich, dass theologische oder kirchliche Wahrheitsansprüche durchaus Folgen bis hinein in das Leben von Kindern und Familien haben können.

Festzuhalten bleibt, dass ein konfessionell-kooperativer Religionsunterricht auf die existentiellen Fragen der Kinder bezogen sein muss. Eine bloße Konfessionskunde wäre didaktisch nicht angemessen.

Unterschiedliche Formen der Kooperation in didaktischer Perspektive

Ähnlich wie am Ende des ersten Kapitels von den Kindern her soll auch zum Schluss dieses Kapitels die Frage aufgenommen werden, welche Formen der Kooperation sich besonders bewähren, nun stärker unter dem Aspekt des Unterrichts und der Didaktik im Sinne der Unterrichtsgestaltung. Dabei muss freilich von Anfang an bewusst bleiben, dass die von uns begleiteten Unterrichtsversuche nicht einfach in ihrer Wirksamkeit verglichen werden können. Jede Klassen- und Unterrichtssituation stellt vielmehr einen Sonderfall dar, der von vielen Einflüssen bestimmt wird, keineswegs allein von der Form der Kooperation. Schon deshalb können hier nicht einfach »Erfolge« oder »Misserfolge« im Sinne von Lernergebnissen gegeneinander verrechnet oder bewertet werden. Gleichwohl ergibt sich aus den oben zum Teil dargestellten Unterrichtserfahrungen ein erfahrungsgestütztes Urteil hinsichtlich der Formen von konfessioneller Kooperation.

Wie zu Beginn des Kapitels bereits dargestellt, lassen alle hier beschriebenen Formen der Zusammenarbeit eine konfessionell-kooperative Unterrichtsgestaltung zu. In allen Fällen wird die Zusammenarbeit für die Kinder im Unterricht spürbar, selbst wenn sich die Kontakte zwischen den Lehrerinnen und Lehrern ausschließlich in Abwesenheit der Kinder vollziehen. Darin liegt eine Ermutigung zu vielfältigen, auf die Möglichkeiten der einzelnen Schule eingestellten Kooperationsformen.

Unter dieser Voraussetzung ist zugleich nicht zu übersehen, dass ein von *zwei Lehrkräften* in der Form des *Team-Teaching* erteilter Unterricht besondere Vorteile besitzt:

– Die bereits unter dem Aspekt der Identifikationsmöglichkeiten positiv hervorgehobene Anwesenheit von zwei Lehrkräften wirkt sich auch positiv auf die Beteiligung am Unterricht aus. Kinder können gezielt ermutigt und unterstützt werden, sie werden zu Fragen und Erklärungen angeregt usw.

– Unübersehbar ist die Frage der inhaltlichen Kompetenz, die bei den Lehrerinnen und Lehrern in vollem Umfang nur für die eigene Konfession vorausgesetzt werden kann. Dies wird auch von den Kindern so wahrgenommen, wenn sie beispielsweise sagen, die Lehrerin wisse eben in der einen und der Lehrer in der anderen Konfession besser Bescheid (vgl. oben, 84f.).

– Team-Teaching erlaubt auch eine »Fehlerkontrolle«, weil sie eine unbewusste einseitige konfessionelle Prägung des Unterrichts verhindert. Vielfach ist den Lehrerinnen und Lehrern selbst gar nicht bewusst, wie evangelisch oder katholisch sie tatsächlich sind (s.u., 172ff.), und dies fließt auch in ihren Unterricht ein. Verwunderung und Rückfragen einer zweiten Lehrerin können hier wichtige Anstöße für eine konfessionell-kooperative Unterrichtsgestaltung sein.

Wie jeder Unterricht schließt die konfessionelle Kooperation nicht nur Sternstunden und Höhepunkte ein, sondern auch den gewöhnlichen Alltag. Dies könnte dafür sprechen, dass eine besonders vorbereitete phasenweise Kooperation gegenüber ständig gleich bleibend gemischten Lerngruppen insofern Vorteile aufweist, als sie eine unangemessene Routinisierung ohne Beachtung der besonderen Lernchancen und -aufgaben verhindert oder ihr zumindest entgegen wirkt.

KAPITEL 3

»Ökumene in der Schule«:
Sichtweisen der Lehrerinnen und Lehrer

Dass beim Unterrichten in konfessioneller Zusammenarbeit die Kinder nicht die einzigen sind, die etwas lernen, zeigen die Gespräche mit den Lehrerinnen und Lehrern, die wir zu Beginn und am Ende des Schuljahrs mit ihnen führten. Für alle Seiten war das Miteinander der Konfessionen im Religionsunterricht eine neue Erfahrung, so auch für die Lehrkräfte, die nicht nur wie sonst üblich sporadisch, sondern ein ganzes Schuljahr lang ihren Unterricht intensiv gemeinsam planten, in enger Zusammenarbeit durchführten und miteinander neue Wege des Austauschs ausprobierten. Die Lehrerinnen und Lehrer kamen auch untereinander damit in eine neue Rolle und wurden herausgefordert, ihre eigenen konfessionellen Einstellungen zu bedenken und entsprechend dialogisch zu hinterfragen.

Die Sichtweisen der Lehrerinnen und Lehrer, ihre Erwartungen und schließlich ihre Erfahrungen sind ebenso interessant und wertvoll wie die Aussagen der Kinder und der Blick auf den Unterricht, was in den vorangehenden Kapiteln im Mittelpunkt stand. In diesem Kapitel sollen nun die beteiligten Lehrkräfte ausführlich zu Wort kommen. Wir haben mit ihnen zu Beginn und am Ende des Schuljahrs ca. einstündige Einzelinterviews durchgeführt und dokumentiert. Darüber hinaus bestand ein kontinuierlicher Kontakt mit den Unterrichtenden und haben wir uns im Team drei Mal mit allen im großen Kreis zusammen gesetzt, um Erfahrungen, Probleme und Möglichkeiten zu besprechen. Nicht vergessen werden darf, dass wir auch in Nachgesprächen zu den besuchten Unterrichtsstunden die Sichtweisen der Lehrerinnen und Lehrer kennen lernen konnten, was in die Interpretation des Unterrichts wesentlich eingeflossen ist.

Die Aussagen der Lehrkräfte haben wir in vier Themen- und Fragebereiche gegliedert:
(1) Was denken die Lehrerinnen und Lehrer über die konfessionelle Kooperation?

(2) Wie sehen die Lehrerinnen und Lehrer ihre Schülerinnen und Schüler in religiöser und konfessioneller Hinsicht?

(3) Wie beurteilen die Lehrerinnen und Lehrer den Unterricht und die Unterrichtsvorbereitung?

(4) Was denken die Lehrerinnen und Lehrer zur Zukunft des konfessionell-kooperativen Religionsunterrichts?

1. Was denken die Lehrerinnen und Lehrer über die konfessionelle Kooperation?

»Also mir hat es sehr viel gebracht. Ich habe durch die Gespräche mit meiner evangelischen Kollegin erst einmal begriffen, womit evangelische Christen denn bei den Katholiken Probleme haben. Also, was ihnen Probleme macht vom Katholischsein, und ich selber habe viel von ihr gelernt…«

In einer Äußerung wie dieser, die wir am Ende des Schuljahrs von einer Lehrerin gehört haben, kommt zum Ausdruck, wie intensiv sich die Zusammenarbeit auf die eigene Sicht der Dinge ausgewirkt hat. Meist sind die Lehrkräfte erstaunt und gleichzeitig erfreut, wie viel sie im Laufe der Kooperation für sich selbst erfahren und gelernt haben.

Diese Art von Kooperation bedeutet eine spezielle Qualität von Fortbildung. In der konkreten Herausforderung ergeben sich neue Notwendigkeiten, theologisch zu disputieren, zusätzliche theologische Kenntnisse aufzuarbeiten, sie entsprechend einzubringen, sowie sich eigener Glaubenseinstellungen zu vergewissern.

Welche Motivationen haben die Lehrerinnen und Lehrer, mit ihren Kolleginnen und Kollegen der jeweils anderen Konfession zusammenzuarbeiten?
Doch wie sah es am Anfang aus? Erhoffte man sich, dass das Ganze einem selbst etwas »bringen« könnte? Auf die Frage nach den *Gründen und Motivationen für die Beteiligung* an dem kooperativen Unterricht sagen die meisten Lehrerinnen und Lehrer, sie wollen gerne mit ihrer Kollegin bzw. ihrem Kollegen der jeweils anderen Konfession zusammenarbeiten. Sie haben Interesse an der jeweils anderen Konfession und wollen mehr über sie erfahren. Manchmal wird der Wunsch geäußert, der anderen Konfession gegenüber selbst toleranter und offener zu werden. Auch das Engagement für die Sache der Ökumene ist bei einigen der Lehrkräfte die Motivation

dafür, den Unterricht »ökumenisch« zu planen und durchzuführen. Bei vielen ist der Wunsch vorhanden, durch mehr konfessionelle Kooperation im Religionsunterricht den ihnen möglichen Beitrag für die Einheit der Kirchen leisten zu können. Die Grundmotivation, wenigstens im Bereich der Schule der nachwachsenden Generation eine »ökumenische« Gesinnung mitzugeben, ist ja schließlich auch religionspädagogisch und theologisch ein ehrenwertes Anliegen. Auch die Kirchenleitungen sind in den letzten Jahren intensiver aufeinander zugegangen (vgl. dazu Kapitel 5: Ökumenische Kontexte und theologische Positionen). Zwar wird in den Befragungen der Zusammenhang zwischen schulischem Religionsunterricht und dem, was in einer Gemeinde an ökumenischen Kooperationen möglich ist oder wäre, nur ausnahmsweise reflektiert. Aber die Option, dass der schulische Religionsunterricht eine Antriebskraft für mehr Ökumene in der Zukunft sein müsse, wird öfter angesprochen. Für Lehrerinnen und Lehrer steht der Wunsch der Eltern nach gemischtem Religionsunterricht im Vordergrund.

Deutlich sind auch schulpraktische Überlegungen mit im Spiel. Manche heben den Willen der Eltern hervor. Einige der Beteiligten haben bewusst die Schülerinnen und Schüler im Blick und wollen, dass diese mehr von der anderen Konfession erfahren, eine Gemeinschaft bilden und einen »christlichen«, nicht einen »konfessionellen« Glauben vermittelt bekommen. Ein weiteres Argument für den gemeinsamen Unterricht ist die Chance, dass durch die konfessionelle Kooperation der »Klassenverband« weitgehend erhalten bleiben kann, sieht man einmal von den Kindern ab, die nicht am christlichen Religionsunterricht teilnehmen. Dass es Kindern auch gefallen könnte, nicht dauernd im Klassenverband zu sein, ähnlich wie sie ja auch schon im Kindergarten Kleingruppenerfahrung machen, wird von den Lehrerinnen und Lehrern eher ausnahmsweise als positive Chance verstanden.

Zur Frage nach der Motivation für eine Beteiligung werden aber auch allgemeine Gründe, die nicht speziell mit dem Thema konfessioneller Verständigung zu tun haben, genannt. Mehrfach wird der Wunsch geäußert, etwas Neues im Religionsunterricht auszuprobieren, und vor allem, gemeinsam mit einer bestimmten Kollegin bzw. einem bestimmten Kollegen den Unterricht zu planen, durchzuführen und nachzubesprechen, um so Rückmeldung zum eigenen Unterrichten zu bekommen. Für einige der Lehrerinnen und Lehrer ist es verlockend, Team-Teaching zu erproben und dadurch neue Erfahrungen zu machen.

Was denken die Lehrerinnen und Lehrer über ihre eigene Konfession?
Etwas Neues reizt und fordert heraus, gerade dann, wenn man schon mehrere Jahre im Unterrichtsgeschehen steckt. Im Blick auf die konfessionelle Zusammenarbeit zeigt sich aber auch, dass die eigene, innere Beteiligung sehr intensiv sein kann, denn das Thema hat vielfach mit persönlichen Anschauungen und mit Erfahrungen des eigenen Lebenswegs zu tun. Auf unsere Frage, *wie die Lehrerinnen und Lehrer über ihre eigene Konfession denken*, antworten alle katholischen Lehrkräfte mit »Ich bin sehr katholisch geprägt«. Fast alle katholischen Lehrerinnen und Lehrer geben an, die katholische Kirche sei für sie »Heimat«. Hier decken sich die Ergebnisse mit anderen Studien. Katholische Religionslehrerinnen und -lehrer in Nordrhein-Westfalen, Bayern und Schleswig-Holstein gaben in einer neueren Untersuchung zu weit mehr als der Hälfte an, sich stark mit ihrer Kirche zu identifizieren (Englert/Güth 1999, 34ff.). Viele von ihnen sind in der Kirchengemeinde, in der sie leben, engagiert.

Offen muss die Frage bleiben, ob sich evangelische Lehrkräfte ähnlich stark mit ihrer Kirche bzw. Kirchengemeinde identifizieren, denn in unserem Fall sagten nur wenige »Ich bin sehr evangelisch geprägt« oder die evangelische Kirche sei für sie »Heimat«, was jedoch nicht repräsentativ sein muss. Neuere Untersuchungen der evangelischen Religionslehrerschaft (in Niedersachsen) sprechen davon, dass etwa 70% aller Befragten »mehr oder weniger« an eine Kirchengemeinde angebunden sind (Feige u.a. 2000, 289), wobei sich die in der Gemeinde aktiven Religionslehrerinnen und -lehrer stärker mit der evangelischen Kirche identifizieren als die »Nicht-Aktiven« (ebd. 283; vgl. auch 590).

Zwei Einzelbeobachtungen in den Gesprächen, die wir führten, sind in diesem Zusammenhang von besonderem Interesse: In einem Fall wurde von der katholischen Religionslehrerin sehr bedauert, dass sich die evangelische Kollegin im Austausch und bei den gemeinsamen Vorbereitungen zu wenig profiliert evangelisch gezeigt habe. Von einer evangelischen Kollegin wurde ausdrücklich darauf hingewiesen, dass evangelische Pfarrer ein ausgeprägtes konfessionelles Profil in den Dialog mit einbringen würden.

Konfessionelle Identität ermöglicht spezifische Kompetenzen, die eigenen Glaubensvorstellungen zu kommunizieren. Das »personale Angebot« von Religionslehrerinnen und -lehrern drückt sich auch in ihrer je eigenen »Beziehung zum Inhalt in der Vorbereitung und in der Durchführung des

Unterrichts« aus (Tzscheetzsch 1999, 105). Diese »Beziehung zum Inhalt« ist, wie die Aussagen der Unterrichtenden zeigen, durchaus kirchlich und konfessionell geprägt.

Bei den von uns Befragten glauben viele der Katholiken, die Beziehung zur eigenen Konfession hänge an der religiösen Erziehung, an Prägungen im Elternhaus und Erlebnissen aus der Kindheit. Angesichts solcher tiefgehender Bindungen – »Heimat« ist ein Wort, das viel mit Gefühlen zu tun hat – kann vermutet werden, dass die Art und Weise der Beziehung zur eigenen Konfession in das Unterrichtsgeschehen einfließt. Wer emotional in ein Thema involviert ist, unterrichtet anders, als wenn sie oder er »neutral« zum Thema steht.

Es ist anzunehmen, dass zu den Veranstaltungen, an denen die Religionslehrer und -lehrerinnen in den Kirchengemeinden teilnehmen, auch ökumenische Aktivitäten zählen. Derlei Formen der Zusammenarbeit zwischen katholischen und evangelischen Kirchengemeinden gehören mittlerweile zum selbstverständlichen Alltag im Gemeindeleben. Und da für die meisten der von uns Befragten, wie wir gleich sehen werden, die Ökumene »von unten«, also in den Gemeinden beginnt und stattfindet, ist dies ein nicht unwesentlicher Faktor für die Motivation, auch in der Schule Projekte konfessioneller Zusammenarbeit durchzuführen oder gar über einen langen Zeitraum konfessionell-kooperativ zu unterrichten.

Doch zunächst schauen wir noch einmal genauer hin, was die Lehrerinnen und Lehrer selbst unter Konfession verstehen. An was denken sie zuerst, wenn sie die Wörter »katholisch« oder »evangelisch« hören (eine ähnliche Frage hatten wir ja auch den Kindern gestellt)? Beim Stichwort »katholisch« fallen den katholischen Lehrkräften zunächst die Begriffe »Papst« und »Zölibat«, »Rom«, »Maria« und »(Erst-)Kommunion« ein. Bei den Äußerungen fällt auf, dass die ersten beiden Begriffe meist mit negativen Gefühlen besetzt sind, die drei weiteren eher neutral genannt werden. Mehrere halten den katholischen Gottesdienst für lebendiger und feierlicher und glauben, dem evangelischen Gottesdienst fehle etwas. Allgemein wird die katholische Kirche von einzelnen katholischen Lehrkräften als »moralisch«, »hierarchisch« und »symbolreich« gekennzeichnet, manche sagen, sie sei in Glaube und Lehre »doppelbödig«. Kritik, sagen einige, gehöre zum Katholischsein dazu. Manche der Lehrerinnen und Lehrer finden es positiv, dass der katholische Gottesdienst überall auf der Welt im gleichen Ritus gefeiert werde, so dass man sich überall »zu Hause« fühlen könne.

Beim Stichwort »evangelisch« denken evangelische Lehrerinnen und Lehrer u.a. an »Rechtfertigung«, »sola gratia, sola scriptura, sola fide«, »Konfirmation« und die zentrale Bedeutung der Bibel. Einzelne bezeichnen die evangelische Kirche als freier, demokratischer; sie kenne eine größere Meinungsvielfalt. Pietismus wird von einzelnen als negativ und »eng« charakterisiert.

Was denken die Lehrerinnen und Lehrer über die Konfession der anderen?
Bei den Antworten auf die Frage, wie die Lehrerinnen und Lehrer *über die jeweils andere Konfession* denken, finden sich keine eindeutigen Trends. Einige sagen: »Ich weiß wenig von der anderen Kirche«. Auch evangelische Lehrkräfte assoziieren zum Stichwort »katholisch« sofort »Papst« und »Zölibat« als etwas Negatives; »Maria« und »(Erst-)Kommunion« fällt ihnen gefühlsmäßig neutral ein. Manche halten ebenso wie ihre katholischen Kolleginnen und Kollegen den katholischen Gottesdienst für lebendiger und feierlicher, die katholischen Kirchengebäude für schöner und prächtiger. Katholische Lehrkräfte sagen beim Stichwort »evangelisch« spontan: »Luther«, »schwarzer Talar«, »Pfarrer, die heiraten dürfen«, »Zentralität von Bibel und Predigt«. Einzelne sagen, die evangelische Kirche sei politischer, gleichzeitig auch demokratischer als die katholische, sie bestehe aus mehr unterschiedlichen Gruppierungen.

Interessant an den Äußerungen ist, dass sowohl bezüglich der eigenen als auch der anderen Konfession zumeist typische Bilder auftauchen, bisweilen Klischees und Schablonen. Theologische Äußerungen finden sich, wie bereits gesehen, eher bei evangelischen Lehrkräften, wenn sie über ihre eigene Kirche nachdenken. Dabei ist zu beachten, dass unter den evangelischen Lehrkräften auch Gemeindepfarrer sind, die aufgrund ihrer Ausbildung und ihrer Tätigkeit eher geneigt sind, dezidiert theologisch zu argumentieren.

Ob sich im Laufe der gemeinsamen Arbeit etwas in den eigenen Sichtweisen verändert hat, ist schwer feststellbar. Beim Hören der Begriffe »katholisch« oder »evangelisch« fallen nach einem Jahr der Kooperation im wesentlichen die gleichen Stichworte wie zu Beginn der Schuljahrs. Einige geben an, ihre Wahrnehmung der eigenen und der anderen Konfession habe sich vertieft, insbesondere was die Unterschiede betrifft, z.B. bei den Themen Heilige, Marienverehrung und Liturgie. Nach wie vor regt sich bei evangelischen Lehrerinnen und Lehrern Befremden im Blick auf Marienprozessionen, Blumenstreuen usw., ebenso bezüglich des kirchlichen hierarchischen Systems. Beispielsweise wird gesagt, der Papst sei niemals kompromissfähig; angesichts des Bevölkerungswachstums seien Äußerungen des Papstes über Empfängnisverhütung nicht zu akzeptieren. Dogmen werden von evangelischen Lehrerinnen und Lehrern als nicht mehr zeitgemäß eingeschätzt. »Maria« und »Papst« bleiben nach wie vor *die* »heißen Eisen« in der Zusammenarbeit der Konfessionen. Ein evangelischer Lehrer, so berichtet seine katholische Kollegin, habe Schwierigkeiten damit gehabt, das Thema Maria über die biblischen Grundlagen hinaus zu unterrichten. Seine Sorge sei gewesen, es könnte bei den evangelischen Kindern »etwas hängen bleiben«. Auch am Ende des Schuljahrs meinen fast alle befragten evangelischen Lehrerinnen und Lehrer nach wie vor, die Katholiken würden Maria anbeten. Umgekehrt ist einer katholischen Kollegin nicht klar, dass evangelische Christen *nicht* zu Maria beten. Ihr Kollege folgert, es bestehe auf katholischer Seite ein »ziemliches Nichtwissen«, was die Evangelischen im Blick auf Maria oder die Heiligen denken. Eine evangelische Kollegin äußert, ihr habe die konfessionelle Kooperation keine grundsätzlich neuen Einblicke in die katholische Kirche vermittelt. Grundlegende theologische Überlegungen dazu, warum Katholiken Maria wichtig ist, beispielsweise darüber, dass nach katholischem Verständnis die inkarnationstheologische Begründung wesentlich ist – also dass Maria auf der menschlichen Seite für die Menschwerdung Gottes eine herausragende Rolle spielt – finden sich in den Gesprächen nicht.

Dennoch, fast alle Beteiligten schätzen die konfessionelle Kooperation als sehr gewinnbringend ein, worauf wir noch näher eingehen werden (s.u., 188f.). Zwar lassen sich konfessionelle Sichtweisen und grundlegende Einstellungen im Laufe eines Schuljahres nicht einfach verändern. Aber die Lehrkräfte können eine Fülle von Einzelaspekten über die eigene und über die andere Konfession neu oder wieder kennen lernen und eine gewisse Sensibilität für konfessionelle Sachverhalte entwickeln. Sowohl die Wahrnehmung der Konfessionen als auch das Nachdenken über den eigenen Standort können sich vertiefen.

Wie sehen die Lehrerinnen und Lehrer die Ökumene zwischen den Kirchen?
Gefragt nach ihrer *Einstellung zur Ökumene* zwischen den Kirchen, äußern sich die meisten der beteiligten Lehrkräfte dahingehend, dass eine grundsätzliche Veränderung durch die Zusammenarbeit im konfessionell-koope-

rativen Unterricht nicht eingetreten sei. Das Jahr der Zusammenarbeit mit der konfessionsverschiedenen Kollegin bzw. dem Kollegen hat aber für mehrere zu einer Auseinandersetzung mit der eigenen Konfession geführt; sie geben an, sich noch einmal völlig neu und mit Hilfe theologischer Literatur mit Fragen der Konfession beschäftigt und über ihren konfessionellen Standort und ihr Profil vertieft nachgedacht zu haben. So ist es beispielsweise für eine katholische Lehrkraft wichtig gewesen, sich über die Bedeutung Marias biblisch noch einmal neu zu vergewissern, um darüber mit der evangelischen Kollegin kompetenter sprechen zu können. Diese Herausforderung zur vertiefenden konfessionellen Reflexion wird als eine wichtige Wirkung des konfessionell-kooperativen Unterrichtens hervorgehoben.

Ihre ökumenische Einstellung haben sie, sagen viele, bereits mitgebracht; sie sei durch prägende Erfahrungen in ihrem Leben gewachsen, etwa durch Freundschaft mit Menschen der anderen Konfession, durch konfessionsverschiedene Ehepartner oder Begegnungen auf der Ebene der Kirchengemeinde. Ökumene umschreiben alle beteiligten Lehrerinnen und Lehrer mit einer Stärkung der Gemeinsamkeiten zwischen den Konfessionen. Sie ereigne sich vor allem in den Gemeinden, beispielsweise in ökumenischen Gottesdiensten, Bibelkreisen oder anderweitiger gemeinsamer Arbeit. Was die »Kirchenleitungen« oder die »theologische Wissenschaft« für Probleme mit der Ökumene hätten, sei »im Prinzip völlig uninteressant, wenn es sich nicht im Ort ereignet«. Gelebte, praktische Ökumene auf Gemeindeebene habe Signalwirkung auch »nach oben«. Hier kann der konfessionell-kooperative Unterricht seinen Beitrag zur Ökumene leisten. (Eine Einzelstimme – katholisch – hält es indes für eine Überforderung der Schule, wenn sie die Ökumene vorantreiben soll.)

Die Gemeinsamkeiten zwischen den Konfessionen werden von den Lehrkräften vor allem in der Taufe, dem Abendmahl und der Bibel entdeckt. »Ökumene ist, wenn das Eigentliche in den Mittelpunkt gestellt wird: die Verbindung zu Gott.« Der sozial-diakonische Bereich wird als wichtiges gemeinsames Handlungsfeld der beiden Kirchen gesehen.

Dennoch, den meisten Befragten ist das Respektieren der Andersartigkeit des anderen in der Ökumene wichtig. Auch wenn eine der Lehrkräfte die Konfessionen einfach abschaffen würde, wenn sie könnte, sind die meisten *für* die Beibehaltung der konfessionell unterschiedlichen Wege. Schließlich könne nicht jeder evangelische Christ »den Papst einfach akzeptieren«. »Ein guter Protestant kann viel von dem, was jetzt katholisch ist, nicht unterschreiben; das geht einfach nicht.« Derlei Äußerungen sind häufiger am Ende des Schuljahrs, also nach der Erfahrung konfessioneller Zusammenarbeit, zu hören. Hier deutet sich an, dass sich im Blick auf Ökumene bei den Lehrerinnen und Lehrern vielleicht doch mehr bewegt hat, als die ersten Antworten (»Ich habe meine ökumenische Einstellung schon mitgebracht«) zu erkennen geben. Eine katholische Lehrerin drückt es folgendermaßen aus:

»Also, ich hätte *vor* dem konfessionell-kooperativen Unterrichten gedacht, dass Ökumene leichter ist. Aber jetzt habe ich den Eindruck, dass, wenn jede Konfession auf ihre Identität Wert legt, es ja so leicht auch wieder nicht ist. Auf keinen Fall gibt es einfach einen ökumenischen Religionsunterricht. Am Anfang denkt man ja immer: Beides ist doch das gleiche. Aber das ist es ja nun wirklich nicht. … Da, wo Unterschiede sind, akzeptiert man sie, aber Gemeinsamkeiten muss man stärken.«

Hier scheint, dass sich das Ökumeneverständnis im Laufe des kooperativen Unterrichtens verändert hat: Für die Beibehaltung der Identität der Konfessionen ist es wichtig, die Verschiedenheit nicht zu übergehen. »Man darf die Unterschiede nicht vergessen«, sagt eine evangelische Lehrerin am Ende des Schuljahrs, auch wenn »da wirklich sehr viele Gemeinsamkeiten sind, die wichtig sind«. Beide Äußerungen zeigen, dass sich konfessionelle Kooperation im Religionsunterricht im Spannungsbogen zwischen »Gemeinsamkeiten stärken« und »Unterschieden gerecht werden« aufbaut. Damit wird eine anspruchsvolle Dialogebene angeregt, die sich nicht um Gegensätze und Spannungen zwischen den Konfessionen herumdrückt, sondern sich ihnen stellt.

2. Wie sehen die Lehrerinnen und Lehrer ihre Schülerinnen und Schüler in religiöser und konfessioneller Hinsicht?

Konkretes Unterrichten wird von vielerlei Faktoren beeinflusst, wobei äußere Umstände und »innere« Gegebenheiten gleichermaßen wichtig sind. Die eben beschriebenen grundsätzlichen Einstellungen der Lehrerinnen und Lehrer zu Ökumene und konfessioneller Kooperation stellen *ein* Moment dar, das das Unterrichtsgeschehen prägt. Ein weiteres ist die Art und Weise, wie die Lehrkräfte ihre Schülerinnen und Schüler wahrnehmen, wie sie sie einschätzen und was sie ihnen zutrauen – in unserem Fall insbesondere im Blick auf deren Vorerfahrungen zum Thema Konfession.

Sind die Kinder in ihren Augen konfessionell und religiös »unbeschriebene Blätter« oder bringen die Kinder »etwas mit«?

Oft ist heutzutage zu hören, Schulanfänger wüssten nichts, aber auch rein gar nichts zu dem, was Kirche, Glaube, Religion bedeutet. Sie brächten nichts oder nur äußerst wenig an religiösen Vorerfahrungen mit, da sie weder von zu Hause noch von (kirchlichen) Kindergärten Anregungen dazu bekämen. Das gelte allemal für Erfahrungen mit dem Bereich Konfession. Auch die von uns befragten Lehrerinnen und Lehrer schätzen am Beginn des Schuljahres die konfessionelle Prägung und das konfessionelle Vorwissen ihrer Schülerinnen und Schüler als sehr gering ein, einige sagen gar, es gebe überhaupt keine konfessionelle Prägung von Kindern, die zur Grundschule kommen. Als Indiz dafür wird angegeben: Zu Beginn der Schulzeit wüssten die meisten Kinder nicht, ob sie evangelisch oder katholisch seien, ja, nur wenige würden die Begriffe »evangelisch« oder »katholisch« überhaupt kennen. Eindringlich konstatieren die Lehrerinnen und Lehrer, dass fast kein Kind inhaltlich füllen könne, was mit diesen beiden Wörtern verbunden ist. Nahezu repräsentativ drückt ein evangelischer Lehrer dies so aus:

»Und ich denke, vom Elternhaus ist erschreckend wenig bei fast allen Schülern da. So dass man jetzt so ziemlich bei Null anfängt in der ersten Klasse, das ist schon ein großes Problem, muss ich sagen. Also von daher, sich selber in seiner Konfession besser zu verstehen, wo noch gar nichts da ist, das ist eher schwierig.«

Wo keine Fundamente sind, kann zunächst nichts aufgebaut werden, so der Tenor vieler Aussagen. Und dazu noch der Anspruch, die eigene Konfession »besser« verstehen zu lernen und sich gleichzeitig mit einer zweiten Konfession auseinanderzusetzen? Dies scheint angesichts fehlender Voraussetzungen schier unmöglich.

Es ist eine Spannung festzustellen: Nur in Ausnahmefällen sind in der Wahrnehmung der Unterrichtenden gewisse Begegnungen mit Konfession bei Kindern festzustellen. Einzelne Lehrkräfte sind aber überzeugt, dass die Schülerinnen und Schüler in konfessioneller Hinsicht »keine unbeschriebenen Blätter« sind. Sie nehmen bei manchen ihrer Kinder wahr, wie diese bereits vor der Einschulung mit konfessionellen Themen in Berührung kommen, etwa mit den »Heiligen« (z.B. St. Nikolaus, St. Martin), mit »Maria«, mit der Erstkommunion und der Konfirmation. Doch sind sich die Lehrerinnen und Lehrer darin einig, dass die Kinder auch diese Themen meist nicht inhaltlich, schon gar nicht im Blick auf »Konfession« füllen könnten. Weit öfter als konfessionelle Vorerfahrungen lassen sich – so die Einschätzung der meisten der Lehrerinnen und Lehrer – *allgemeine religiöse Spuren oder Prägungen* finden, doch auch dies keineswegs bei allen Kindern. Nur einzelne Kinder würden durch Kindergarten, Kinderkirche in der Gemeinde, Großeltern oder die Zugehörigkeit zu einer Freikirche religiös geprägt. Hier decken sich die Ergebnisse unserer Untersuchung weitgehend mit denen von weiteren Befragungen von Religionslehrerinnen und -lehrern. So haben Rudolf Englert und Ralph Güth in ihrer bereits erwähnten Studie festgestellt, dass die Lehrkräfte an Grundschulen in den meisten Fällen meinen, wenig »*religiöse* Voraussetzungen« bei ihren Schülerinnen und Schülern beobachten zu können. »Aus ihrer Sicht stellen die Kasualien (Taufe, Hochzeit, Beerdigung usw.) und vor allem das Kirchenjahr noch die stärksten Verbindungen der Kinder zu gelebter Religion dar. Am dürftigsten sind die religiösen Vorprägungen in den Bereichen ›Gemeindeleben‹ und ›Gebet‹, also da, wo es um Formen religiöser oder gar kirchlicher Praxis geht, die irgendeine Art persönlicher Bindung an den Glauben voraussetzen. Hier meldet weit mehr als die Hälfte der Lehrer/innen fast völlige Fehlanzeige.« (Englert/Güth 1999, 74)

Blickt man indes genauer auf die Aussagen der Lehrerinnen und Lehrer, fällt auf, dass bei den erwähnten *allgemeinen religiösen* Spuren, Prägungen oder Voraussetzungen doch wieder *konkrete kirchliche* Ereignisse, Handlungen oder Feste genannt werden. Eine katholische Lehrerin berichtet von ihren Erst- und Zweitklässlern:

»Ich war letztes Mal einfach überrascht, dass die Kinder doch schon einiges erlebt hatten. Durch den Tod von Großeltern und deren Beerdigung, durch eine Hochzeit, bei der sie dabei waren oder durch die Erstkommunion von älteren Geschwistern. Also, sie sind keine unbeschriebenen Blätter. Und wenn ich jetzt an frühere Klassen denke, also … die bringen schon immer etwas mit. Gerade die Großeltern wirken auf die Kinder ziemlich stark. Die Großmütter. Wenn sie sie besuchen, kommen sie eher mal in die Kirche …«

Die kirchlichen Handlungen, die die Kinder meist im größeren familiären Umfeld miterleben, sind stets konfessionell ausgerichtet, da sie von einer der beiden Kirchen gestaltet werden, außer es handelt sich um ökumenische Veranstaltungen. Aber selbst dort, genauer: *gerade* dort – etwa bei sog.

ökumenischen Trauungen – sind die Formen und Vollzüge nicht »allgemein religiöser« Natur, sondern konfessionell geprägt und im Zeichen bewusster, sichtbarer konfessioneller Zusammenarbeit gestaltet. Mit anderen Worten: Wenn Kinder mit irgendwie gearteten kirchlichen Geschehnissen oder Einrichtungen in Berührung kommen, sind diese in der Regel konfessionell gebunden, auch wenn es natürlich den Kindern meist nicht bewusst ist bzw. ihnen das von kaum jemandem erklärt wird. Dies im Blick zu behalten, ist wichtig, um die Äußerungen der Lehrerinnen und Lehrer richtig einschätzen zu können. »Konfession« bzw. konfessionelle Begriffe sind zwar für die meisten Kinder Fremdwörter, hingegen wurden »Konfessionelles« bzw. konfessionelle Formen zumindest von einem Teil der Kinder bereits erlebt – je nachdem in welcher Familie sie aufwachsen und aus welcher Region in Deutschland sie stammen.

Einen weiteren möglichen Berührungspunkt von Kindern mit konfessionellen Gegebenheiten erwähnen immerhin einige der befragten Lehrerinnen und Lehrer: Die Tatsache der Konfessionsverschiedenheit der Eltern könnte ihrer Vermutung nach ein wichtiger Faktor für die Sensibilisierung der Kinder für religiöse, ja für konfessionelle Fragen sein. Immerhin geben in unserem Fall ca. 50 % der Eltern, die uns einen ausgefüllten Fragebogen zurückgaben (vgl. Kapitel 4), an, dass sie mit einem Partner der anderen Konfession verheiratet seien. Dies Ergebnis korrespondiert mit bundesweiten statistischen Angaben, wenn man unter »andere Konfession« auch die Konfessionslosen rechnet: Dort beträgt der Anteil der konfessionshomogenen Ehen ca. 42% (vgl. Ebertz 2000, 30). Mehr als die Hälfte der Eheleute in Deutschland ist demnach mit einem konfessionsverschiedenen oder einem konfessionslosen Partner verheiratet. Auch im größeren Kreis der Familien kann es zu Erfahrungen der Kinder mit Konfessionsverschiedenheit kommen (Großeltern, Schwager, Schwägerin etc.), doch dazu haben wir von den Lehrkräften keine Hinweise erhalten.

Die Mehrheit der Befragten ist sich jedoch sicher, dass im Laufe der Grundschuljahre das konfessionelle Wissen und Bewusstsein der Kinder zunimmt. Zum einen werde es durch die Inhalte des schulischen Religionsunterrichts gestärkt, zum anderen durch die Vorbereitung und das Fest der Erstkommunion bei den katholischen Kindern – in der Regel im dritten Schuljahr. Spätestens ab der dritten Klasse wüssten die Kinder eindeutig, ob sie katholisch oder evangelisch sind. Ein solches Wissen um die eigene Konfessionszugehörigkeit werde u.a. auch durch die organisatorische Trennung der Kinder in zwei Religionsklassen bzw. -gruppen gefördert. Sie bereite den Schülerinnen und Schülern zwar anfangs große Schwierigkeiten, da sie in den ersten Wochen nicht wüssten, zu welcher Religionsgruppe sie gehören. Die Tatsache der Zugehörigkeit zu einer *Gruppe* (»Wir sind bei Frau Meier und sind evangelisch«, bzw. umgekehrt) fördert aber in den Augen der Lehrkräfte langfristig das Bewusstsein der Zugehörigkeit zur jeweiligen *Konfession*. In der Einschätzung, ob die Schülerinnen und Schüler in der Lage wären, diese Selbstzuordnung mit inhaltlichen Aspekten zu füllen, spiegeln viele Äußerungen der Befragten die gängigen Meinungsmuster wider, wonach Kinder Konfessionen allenfalls an äußerlichen Gesichtspunkten fest machen oder gar nichts zu inhaltlichen Differenzen sagen könnten – ein Aspekt, den wir bereits ausführlich in unserem Kinderkapitel diskutiert haben. Interessanterweise meinen einige wenige der Lehrerinnen und Lehrer, katholische Kinder könnten inhaltlich *mehr* mit ihrer Konfession verbinden als evangelische, erläutern diese Behauptung aber nicht näher. Eine Minderheit der Befragten glaubt, Grundschulkinder seien überhaupt noch zu klein, um konfessionelle Unterschiede zu verstehen.

Insgesamt jedoch entsprechen die Beobachtungen und Einschätzungen der Religionslehrerinnen und -lehrer bezüglich der Selbstzuordnung den Trends, die wir in den Äußerungen der Kinder ausmachen konnten: Schulanfänger sind wesentlich unsicherer, was ihre Konfessionszugehörigkeit betrifft, als Drittklässler; diese wissen meist mehr zu den Begriffen »evangelisch« und »katholisch« zu sagen als zwei Schuljahre zuvor, und sie können differenzierter erklären, wie Konfessionszugehörigkeit zustande kommt.

Was haben die Kinder nach Meinung der Lehrerinnen und Lehrer am Ende gelernt?

Kommen wir von den großen Entwicklungslinien innerhalb der Grundschulzeit wieder zurück auf die Erfahrungen, die die Lehrkräfte *innerhalb* eines Schuljahres praktizierter konfessioneller Kooperation mit ihren Schülerinnen und Schülern konkret gemacht haben. Haben die Kinder etwas Zusätzliches gelernt, das sie im herkömmlichen, nach Konfessionen getrennten Unterricht nicht gelernt hätten? Auch diese Frage nach dem »Vorher – Nachher?« haben wir bereits im Kinderkapitel aufgeworfen und die Grenzen der Beantwortbarkeit angesichts der mangelnden Messbarkeit aufgezeigt. Doch wie sehen dies die Lehrerinnen und Lehrer? Nehmen sie eine Veränderung, einen Lerneffekt bei den Kindern wahr?

Anfangs sind alle sehr optimistisch gestimmt. Noch bevor sie mit der konfessionellen Zusammenarbeit beginnen, erwarten sie generell eine positive Wirkung der nun beginnenden Kooperation auf die Schülerinnen und Schüler. Sie glauben, das Verständnis füreinander könne in jedem Fall gefördert werden, die Kinder würden feststellen, dass beide Konfessionen im Religionsunterricht weitgehend dasselbe machen. Andererseits könnten Unterschiede zwischen den Konfessionen von den Kindern am Ende wohl bewusster wahrgenommen werden, ohne sie als trennend verstehen zu müssen. Neben größerem Verständnis für die *andere* Konfession würde den Kindern auch bewusster, was zur *eigenen* Konfession gehört. Lernen des Eigenen und des Fremden werde gleichzeitig möglich, insbesondere durch »Anschauen« und unmittelbares Erfahren der anderen Konfession, z.B. beim Thema Erstkommunion, das auch mit den evangelischen Kindern erarbeitet werde.

Nur wenige Lehrerinnen und Lehrer befürchten am Anfang eine Überforderung oder gar Irritation der Kinder durch die Kooperation, da sie mit einer Meinungsvielfalt konfrontiert würden. Manche begrüßen die Möglichkeit, dass die Schülerinnen und Schüler den Lehrer der jeweils anderen Konfession kennenlernen; sie erwarten, dass die Kinder den Lehrertausch mühelos akzeptieren.

Werden die Lehrkräfte in ihren Erwartungen bestätigt oder enttäuscht? Der große Optimismus, der in der Anfangsbegeisterung bei ihnen herrschte, ist am Ende des Schuljahrs keineswegs verflogen. Nach wie vor sind sie von einer positiven Wirkung des kooperativen Unterrichts auf die Schülerinnen und Schüler überzeugt und meinen, eine solche Wirkung in vielen kleinen Unterrichtsschritten beobachtet zu haben. Aber man ist sich viel differenzierter darüber im Klaren, dass es zu einem großen Durchbruch innerhalb eines einzigen Schuljahres nicht kommen kann. Immerhin sind nicht wenige Lehrkräfte der Meinung, das kooperative Unterrichten habe einen Zuwachs an konfessionellem Wissen und Bewusstsein bei den Kindern bewirkt. Diese setzten sich durch konfessionell-kooperativen Religionsunterricht nicht nur mit der anderen, sondern auch mit ihrer eigenen Konfession auseinander. Religionsdidaktisch ist es nachvollziehbar, dass eine Lenkung der Aufmerksamkeit auf die andere Konfession Wahrnehmungsprozesse intensiviert, die sich auch auf die Wahrnehmung der eigenen Konfession positiv auswirken. Von daher gesehen wäre es im Blick auf das Niveau des Religionsunterrichtes geradezu ein Fehler, solche Qualitäten von konfessioneller Kooperation nicht zu beachten und nur im üblichen Sinne konfessionell zu unterrichten. Gerade wer auch eine »Beheimatung« in der eigenen Konfession anstrebt, sollte diesen Weg der Intensivierung nicht unterschätzen. So hätten etwa die evangelischen Kinder nach Einschätzung einer evangelischen Religionslehrerin von neuen Erfahrungen, vor allem im emotionalen Bereich (Tanz im Religionsunterricht, meditatives Gehen, Kerze anzünden und andere Symbolisierungen) profitiert. Andererseits vermuten manche, die katholischen Kinder würden durch einen konfessionell-kooperativen Religionsunterricht in ihrer Tradition mehr beheimatet als die Kinder aus der evangelischen Lerngruppe.

Manche werfen am Ende auch die Frage auf, ob durch konfessionell-kooperativen Religionsunterricht möglicherweise konfessionelle Barrieren erst aufgebaut würden, weil Kinder mit Unterschieden konfrontiert werden, die sie sonst gar nicht bemerkt hätten. Doch es bleibt bei der Frage. Nirgendwo konnten wir in den Gesprächen mit Lehrerinnen und Lehrern und ebenso wenig bei den Kinder, Eltern oder während der Unterrichtsbeobachtung einen Hinweis darauf finden, dass »Barrieren« aufgebaut worden oder Unterschiede so gelehrt und gelernt worden wären, dass sie in negativer Weise trennend wirken würden. Sich Differenzen zwischen Konfessions- oder auch Religionsgruppen bewusst zu machen und in Lehr-Lern-Prozessen dazu zu arbeiten, heißt nicht, Mauern aufzubauen. Im Gegenteil. Gelingt es, die Thematik in vorurteilsfreier Weise zu behandeln und die Konfessionsgruppen gleichwertig darzustellen oder gar Erfahrungen mit ihnen zu ermöglichen, können Unterschiede auch von Grundschülerinnen und -schülern ohne Ausgrenzung und Herabsetzung der jeweils anderen akzeptiert werden. Auf Seiten der Kinder besteht im Grundschulalter vielfach eine ausgeprägte Neugier und Offenheit für Anderes, Unbekanntes. Gerade ihre Unbefangenheit in konfessionellen Dingen macht sie ansprechbar für Bekanntes und für Fremdes. Kinder lernen etwas für die gegenwärtige und zukünftige Kommunikation, wenn sie das Andere als Anderes wahrnehmen lernen, sich in ihrem eigenen Selbstverständnis dabei nicht irritiert oder angegriffen fühlen. Dies ist im Blick auf die Problematik von Prozessen gesellschaftlicher Vorurteilsbildung sowie den interreligiösen Dialog und politische und kulturelle Differenzierung eine Grundqualifikation von besonderem Gewicht.

3. Wie beurteilen die Lehrerinnen und Lehrer den Unterricht und die Unterrichtsvorbereitung?

Stellen wir uns eine Situation vor, wie sie bei den Lehrkräften, mit denen wir zusammengearbeitet haben, nicht selten der Fall war: Eine Religionslehrerin, ein Religionslehrer unterrichtet seit Jahren das Fach Religionslehre in der eigenen Konfession. Mehrheitlich haben die Schüler die selbe Konfession. Man unterrichtet den »eigenen« Lehrplan anhand der »eigenen« Lehrbücher, man entwickelt einen eigenen Stil im Umgang mit den Themen. Plötzlich verändert sich die Lerngruppe: Man hat katholische ebenso wie evangelische Schülerinnen und Schüler im Unterricht, man soll und will beiden Konfessionen gleichermaßen gerecht werden, beide Lehrpläne berücksichtigen, die Eltern der einen wie die der anderen Gruppe nicht vergraulen und zudem noch mit einer Kollegin oder einem Kollegen bei der Unterrichtsvorbereitung und ggf. bei der Durchführung eng zusammen arbeiten. – Keine Frage, ein solches Unterfangen braucht ein gehöriges Maß an Mut, Flexibilität und Bereitschaft für Neues. Was bewirkt ein solches Unterrichten bei den Lehrerinnen und Lehrern selbst? Was verändert sich, was bleibt gleich? Wird die Vorbereitung intensiver, der Unterricht anders? Und wie ergeht es einem im Austausch mit der Kollegin, dem Kollegen?

Was ist anders, wenn die Lehrerinnen und Lehrer den Unterricht in einer gemischt konfessionellen Lerngruppe vorbereiten? Die eigene Konfession spielt aber auch schon im Vorfeld des Unterrichtens ein Rolle. Die Vorbereitung des Religionsunterrichts ist gewiss beeinflusst von der eigenen konfessionellen »Brille«, die man trägt. Dies gilt für die Auswahl der Themen, die Schwerpunktsetzung und die Herangehensweise. Im Idealfall denkt man bei der Vorbereitung ebenso intensiv an die Schülerinnen und Schüler wie an die Inhalte, was den Grundgedanken der sog. »Elementarisierung« ausmacht: eine Doppelbewegung zwischen Kindern und Thema (vgl. oben, 160ff.). Hat man eine gemischt-konfessionelle Gruppe vor Augen, verändert sich in der Regel die Vorbereitung im Unterschied zum »herkömmlichen« Unterricht. Viele der Lehrerinnen und Lehrer sagten am Ende, sie hätten bei der Vorbereitung die anderskonfessionellen Kinder im Blick gehabt und deshalb »anders« vorbereitet als lediglich für die »eigenen« Schülerinnen und Schüler. Man wolle nämlich in keinem Fall die Kinder der anderen Konfession »verletzen« oder »überrumpeln«, und man versuche, »beiden gerecht zu werden«.

Eine solche Haltung ist einerseits ein Zeichen von konfessioneller Einfühlsamkeit, zum anderen aber sollten die vorhandenen Unterschiede zwischen den Konfessionen nicht tabuisiert werden. Es geht eben um beides: Gemeinsamkeiten zu stärken und gleichzeitig den Unterschieden gerecht zu werden (vgl. Kapitel 5). Werden vorwiegend die Kinder der anderen Konfession in den Blick genommen werden, besteht die Gefahr, dass die Kinder der eigenen Konfession möglicherweise das spezifisch Evangelische oder das spezifisch Katholische nicht kennen lernen.

Wie schätzen die Lehrerinnen und Lehrer die Vorbereitung konfessionell-kooperativen Religionsunterrichts insgesamt ein?
Die meisten Lehrerinnen und Lehrer kennzeichnen sie als Mehrarbeit und als zeitaufwendiger gegenüber den üblichen Unterrichtsvorbereitungen. Manche geben ein einerseits-andererseits an, da es auch Erleichterungen bringe (bei gemeinsamer Vorbereitung kommen mehr Ideen zusammen; die Arbeit kann aufgeteilt werden). Nicht wenige empfinden es als schwieriger, konfessionell-kooperativen Unterricht vorzubereiten. Für sie ist die Vorbereitung intensiver und erfordert eingehendere Auseinandersetzung mit den zu unterrichtenden Inhalten. Eine Lehrerin sagte, sie habe weit öfter als sonst in theologischen Hand- und Wörterbüchern nachgeschlagen, da sie meinte, ihre inhaltlichen Überlegungen gegenüber der einer anderen Konfession zugehörigen Kollegin genau begründen zu müssen. Noch weiter gehen Äußerungen, wonach sich manche Lehrerinnen und Lehrer bei Themen, die v.a. die andere Konfession betreffen, nicht kompetent fühlten und sie diesen Part lieber ihren jeweiligen Kolleginnen und Kollegen überlassen hätten. Allgemein wünschen sich viele eine bessere Abstimmung der katholischen und evangelischen Lehrpläne, damit die Vorbereitung konfessionell-kooperativen Unterrichts einfacher würde.

Wie ist die Zusammenarbeit mit der Kollegin, dem Kollegen?
Besonders wichtig für den Verlauf konfessioneller Kooperation ist die konkrete, alltägliche Zusammenarbeit mit der Kollegin bzw. dem Kollegen der jeweils anderen Konfession. Die allermeisten der von uns Befragten sprachen von einer guten bis sehr guten Zusammenarbeit, die sie als »Bereicherung«, als »Horizonterweiterung« und als Chance verstehen, etwas dazu zu lernen. Die Bereicherung bezieht sich zum einen auf Absprachen und den Austausch von Materialien, zum anderen auf inhaltliche Aspekte: Man lerne

die andere Konfession besser kennen, man lerne auch, sich gegenseitig zu respektieren. Oft werden Unterschiede wahrgenommen, die sich jedoch auf das gemeinsame Tun nicht negativ auswirken würden. Vielfach wird die *persönliche* Seite der Zusammenarbeit hervorgehoben; mit ihr stehe und falle eine konfessionelle Kooperation. Eine Einzeläußerung ist in diesem Zusammenhang besonders interessant: Eine Lehrerin gab an, dass ihrer Meinung nach die Zusammenarbeit deshalb so besonders geglückt sei, weil jeder der Partner in der eigenen Konfession tief verwurzelt sei und »Freude am eigenen« mitbringe.

Hier zeigt sich, wie wichtig es ist, dass »die Chemie stimmt«. In den von uns begleiteten Unterrichtsversuchen war dies nur in Einzelfällen nicht so.

Ein Lehrer bezeichnete die Qualität der Kooperation als »gemischt«, eine Befragte äußerte sich nicht, eine Lehrerin gab an, sie hätten sich immerhin »nicht gestritten«, und eine vierte beklagt sich am Ende, dass die Kinder von ihrer Kollegin zu bestimmten Unterrichtsthemen sehr katholisch unterrichtet worden seien, obwohl die Abmachungen differenzierter waren (»wir wollten eigentlich klar machen, dass da Unterschiede sind«). Eine weitere Lehrkraft bezeichnete die Zusammenarbeit als nicht gut (»man hätte das Ganze auch alleine machen können«). Verwunderlich ist, dass dieselbe Lehrerin die gemeinsame Arbeit völlig anders bewertet (»positives Erlebnis«, »schöne Sache«). Allerdings hatten sich die Bedingungen kurz vor Schuljahresbeginn geändert: Eine Lehrerin, mit der die Kooperation bereits vereinbart war, wurde überraschend an einer anderen Schule eingesetzt, weshalb man rasch »Ersatz« suchen musste. Auf Bitte des Schulleiters arbeiteten dann die zwei erwähnten Lehrkräfte zusammen – mehr oder weniger »freiwillig«.

All dies sind wichtige Hinweise für zukünftige Überlegungen zu einer flächendeckenden Einführung konfessioneller Kooperation. Intensive Zusammenarbeit zwischen zwei Lehrkräften kann man nicht verordnen. Entweder sie haben »eine gemeinsame Wellenlänge« oder eben nicht, je nachdem gestaltet sich die Kooperation. Flächendeckend kann also allenfalls die *Möglichkeit* zur konfessionellen Kooperation einführt werden, wenn man ein enges Miteinander zweier Lehrkräfte wünscht. Es ist aber auch nicht verständlich, wenn Schülerinnen und Schülern diese speziellen Möglichkeiten, die durch konfessionelle Kooperation entstehen, vorenthalten werden, nur weil sich die Religionslehrer beider Konfessionen nicht dazu durchringen können.

Wie ein Minimalprogramm an konfessioneller Kooperation gesichert werden kann, müsste in den nächsten Jahren überlegt und erprobt werden. Die Kooperationsfähigkeit bleibt jedoch eine wichtige Frage, da die persönliche Komponente im konfessionell-kooperativen Lehren und Lernen fehlt, wenn nicht zwei Lehrkräfte unterschiedlicher Konfession konkret zusammenarbeiten. Die persönliche Dimension ist gegeben und kann zum Vorschein kommen, indem sich die Lehrerinnen und Lehrer mit ihrer Konfession zumindest teilweise identifizieren und über ihr Verhältnis zur eigenen und zur anderen Konfession offen sprechen.

Wie beurteilen die Lehrerinnen und Lehrer die Bedeutung ihrer eigenen Konfessionszugehörigkeit für die Unterrichtsgestaltung?

Macht sich die eigene Konfessionszugehörigkeit bei der Vorbereitung des Unterrichts und bei der Arbeit mit den Kindern bemerkbar? Dazu hörten wir unterschiedliche Stimmen von den Beteiligten. Ein evangelischer Lehrer antwortet auf die Frage »Hat sich Ihre eigene evangelische Konfessionszugehörigkeit beim Unterrichten ausgewirkt?« folgendermaßen:

»Also, ich denke, nicht. Für mich persönlich sind Konfessionen zweitrangig – auch als evangelischer Christ. Ich möchte nicht katholisch sein aus gewissen einzelnen, schwerwiegenden Gründen. Zum Beispiel kann ich die Marienverehrung als solche in ihrer extremen und dogmatischen Form in keinster Weise gutheißen … Aber ich gestalte meinen Unterricht ganz bewusst nicht konfessionell, also dass ich jetzt versuchen würde, jemanden zum evangelischen Glauben zu bekehren, ich habe da gar keinen Grund. …

Also verändert hat sich eigentlich bei mir gar nichts. Nur die Haltung, dass man miteinander den christlichen Glauben lebt, wurde eigentlich ein wenig bestärkt.«

Ein anderer, ebenfalls evangelischer Lehrer antwortet auf die gleiche Frage:

»Ja, denke ich schon. Das ist zwar schwer festzumachen. Das ist sehr schwer festzumachen. Also, ich halte mich eben an die Themen des Lehrplans. Gut, die sind natürlich ein bisschen konfessionell geprägt. Also ich würde aber eher sagen, als Person bringe ich mich ein oder bin ich einfach involviert. Das ist meine Persönlichkeit, mein persönlicher Glaube oder mein Abstand oder meine Vorbehalte. Und in diesem Fall: Ich bin es sehr gerne. Ich bringe mich sehr gerne und bewusst ein. Und auch von meinen eigenen Glaubenserfahrungen her ist mir das wichtig. … Insgesamt in der Zusammenarbeit tut die Horizonterweiterung sehr gut.«

Beide Äußerungen stehen stellvertretend für recht unterschiedliche Auffassungen, die uns mehrfach begegnet sind: Manche der Lehrerinnen glauben, ihre Konfession spiele im eigenen Religionsunterricht eine sehr geringe bis gar keine Rolle. Andere sind sich dagegen sehr bewusst darüber, wie sehr ihre Konfessionszugehörigkeit in das Unterrichtsgeschehen hinein wirkt. Der »persönliche Faktor« (vgl. Feige u.a. 2000, 58) wird von nicht wenigen als wichtig erachtet. Wer sich persönlich einbringt und nicht versucht, »neutral« oder distanziert zu unterrichten, bringt auch seine eigene Haltung zu konfessionellen Fragen und seine konfessionellen Vorprägungen mit »ins Spiel«. Deutlich wird dies an den eben zitierten, so gegensätzlich klingenden Äußerungen: Auch der erste Lehrer, der überzeugt ist, seine Konfessionszugehörigkeit wirke sich im Unterricht nicht aus, und der die Konfessionen als »zweitrangig« betrachtet, lässt erkennen, welch dezidiert kritische Meinung er zu bestimmten konfessionellen Sachverhalten hat. Ob er will oder nicht – diese Meinung wird sich im Unterricht widerspiegeln. So wurde genau dieser Lehrer von seiner katholischen Kollegin angeregt, eine gemeinsam geplante und teilweise gemeinsam durchgeführte kleine Unterrichtseinheit zum Thema »Maria« zu machen. Kein Zweifel, dass seine Konfessionalität und konfessionelle Überzeugung hierbei zur Sprache kamen – sei es ausdrücklich, sei es indirekt. Es stellt sich die Frage, von welcher »Konfession« Lehrerinnen und Lehrer sprechen, wenn sie behaupten, nicht »konfessionell« zu sein oder zu unterrichten. Auch eine solche Einstellung ist eine Einstellung und beinhaltet ein Bekenntnis – zu wem oder zu was, zu welcher Tradition usw.

Wie beurteilen die Lehrerinnen und Lehrer abschließend den persönlichen Gewinn ihrer Mitarbeit bei der konfessionellen Kooperation?
Ein letzter, wichtiger Punkt bezüglich der Selbstwahrnehmung der Lehrkräfte im Kontext kooperativen Unterrichtens ist noch anzuführen, nämlich die Frage, wie die Lehrerinnen und Lehrer die konfessionelle Kooperation für sich selbst beurteilen. Was hat ihnen das Projekt rückblickend »gebracht«? Wie bereits angedeutet, kommt es in vielen Fällen auf Lehrerebene zu positiven gegenseitigen Herausforderungen – sowohl im Blick auf die Inhalte als auch hinsichtlich der Unterrichtsmethoden, die neu rezipiert werden. Der theologische Austausch und das Gespräch mit dem konfessionsverschiedenen Unterrichtspartner wird als sehr positiv eingestuft. Dies gehe weit über bisherige Erfahrungen in der Schule hinaus. Dort,

so berichten einige, habe es zwar immer wieder ökumenische Veranstaltungen, etwa ökumenischen Schulgottesdienst gegeben, über konfessionelle Probleme und Themen aber habe so gut wie kein Austausch stattgefunden. Durch die konfessionelle Zusammenarbeit entstehe ein Qualitätsdruck, auch die Unterschiede richtig zu vermitteln und nicht neue Fehler zu machen, etwa indem man Vorurteile aufbaut oder weitergibt. Dabei müsse man klar zwischen Volksmeinung und theologisch richtigen Ansätzen unterscheiden. Für die eigene Weiterentwicklung als Lehrerpersönlichkeit werden die Erfahrungen mit der konfessionellen Kooperation als Einschnitt und positiver Impuls wahrgenommen. Der Mehraufwand habe sich als nicht so schlimm herausgestellt wie eingangs befürchtet, im Gegenteil, viele sagen, er habe sich in jedem Fall gelohnt. Lehrerinnen und Lehrer würden ähnlich wie die Kinder »kooperativer«, sie würden zu mehr Zusammenarbeit motiviert. Insgesamt wird die Kooperation als befruchtender Austausch und nicht als Konkurrenz wahrgenommen, sie habe ein Bemühen um mehr Fachkompetenz angestoßen und Motivation für das Studium weiterer konkreter Themen erbracht. Auf die Lernvoraussetzungen der je anderen Schülergruppe einzugehen, sei ein lehrreicher Prozess für die Lehrkraft selbst.

4. Was denken die Lehrerinnen und Lehrer zur Zukunft des konfessionell-kooperativen Religionsunterrichts?

Wie im Kapitel über den Unterricht dargestellt, sind die *Formen der Zusammenarbeit* zwischen katholischer und evangelischer Lehrkraft sehr unterschiedlich. Dementsprechend sind die Erfahrungen sowie die Konsequenzen, die aus diesen Erfahrungen gezogen werden, verschieden. Die Lehrerinnen und Lehrer, die das ganze Schuljahr hinweg in Form des Team-Teaching unterrichtet hatten, also in allen Unterrichtsstunden gemeinsam mit der Kollegin bzw. dem Kollegen der anderen Konfession unterrichteten und gute Erfahrungen dabei machten, ziehen dieses Modell vor. Andere wollten zu bestimmten Unterrichtseinheiten sehr gerne »ihre eigenen Schüler« unterrichten, z.B. wenn in der dritten Klasse im Religionsunterricht Themen behandelt werden, die die Vorbereitung der Erstkommunion in den katholischen Kirchengemeinden ergänzen. Aus den Aussagen der Lehrkräfte, mit denen wir gesprochen hatten, lässt sich demnach kein »Einheitsmodell« für den Religionsunterricht der Grundschule ablesen.

In welchen organisatorischen Formen sollte konfessionell-kooperativer Religionsunterricht nach Meinung der Lehrerinnen und Lehrer stattfinden? Die Aussagen der Lehrerinnen und Lehrer legen eine Vielfalt der Formen nahe: Wenn es aufgrund der Klassengröße möglich ist, raten manche zu Formen des gemeinsamen Unterrichtens beider Lehrer; in Einzelfällen kann die Klassengröße auch einmal den üblichen Klassenteiler übersteigen, etwa wenn die Religionsgruppen für Exkursionen zusammen gelegt werden oder wenn es um andere besondere Unterrichtsprojekte geht (z.B. Nachbereitung der Kommunionfeier, Vorbereitung eines ökumenischen Gottesdienstes, besondere Aktivitäten im Kirchenjahr). Im allgemeinen wird es als positiv gesehen, gemeinsam mit dem Kollegen oder der Kollegin zu unterrichten. Nur *eine* katholische Lehrkraft berichtet von schlechten Erfahrungen, die sie in einer Einzelstunde im Team-Teaching gemacht habe (Sie sagte zur Begründung, man müsse sich als Kollegen zuvor besser kennen, man müsse zuvor genauer wissen, wie der Kollege seine Klasse führe, man müsse sich im Vorfeld besser absprechen). Von den anderen Lehrerinnen und Lehrern wurden als Gewinn des Team-Teachings sowohl inhaltliche Aspekte (man lernt fachlich dazu, man lernt Neues von der anderen Konfession), als auch evaluative (man bekommt Rückmeldung) sowie unterrichtspraktische Vorteile angegeben (man hat bessere Kontrolle über die Schülerinnen und Schüler; man kann sich die Unterrichtseinheiten aufteilen).

Wie im Unterrichtskapitel erwähnt, wählten andere die Form des Lehrertausches, um ihr gemeinsames Vorgehen im Unterricht umzusetzen. Am Ende des Schuljahrs kommentieren sie diese Form der Zusammenarbeit: Ein stundenweiser Wechsel wird klar als negativ bewertet (zu viel Abstimmung erforderlich, ermöglicht kaum Flexibilität; was geschieht, wenn Stunden ausfallen, wenn man mit seinem Pensum nicht durchkommt? etc.). Auch ein wöchentlicher Wechsel wurde als »stressig« für Kinder und für Lehrerinnen und Lehrer bezeichnet, wohingegen ein blockweiser Lehrertausch (abgestimmter Unterricht über mehrere Wochen) von denen, die ihn praktizierten, durchweg positiv gesehen wurde: Die Schülerinnen und Schüler könnten so konkrete Erfahrungen mit einer Vertreterin bzw. einem Vertreter der anderen Konfession machen, würden einmal ein anderes Gesicht sehen und lernen, die Themen von einem neuen Blickwinkel aus zu sehen.

Doch nicht nur der Lehrertausch, auch der Wechsel von getrennten und gemischten Religionsgruppen hat, wie eine Lehrerin es ausdrückt, einen

»Erziehungswert« für die Kinder. Manche der beteiligten Lehrerinnen und Lehrer erteilten den Religionsunterricht im Klassenverband, andere im Wechsel zwischen getrennter und gemischter Gruppe, in anderen Fällen war die getrennte Gruppe das Grundmodell, das für kürzere oder längere Phasen aufgebrochen wurde, indem zur gemischten Gruppe gewechselt wurde. Für die Schülerinnen und Schüler sei ein solcher Wechsel stets unproblematisch verlaufen. Für konfessionelles Lernen sehen die befragten Lehrkräfte den Wechsel aus gemischten und konfessionell homogenen Lerngruppen als positiv.

Auch diese Rückmeldung zeigt, dass die intendierte Dialogebene der konfessionellen Gruppen bedarf. Ansonsten wäre ein profilierter Dialog gar nicht möglich.

Was denken die Lehrerinnen und Lehrer über einzelne Unterrichtsthemen und spezielle Projekte, die bei ihrer konfessionellen Kooperation eine Rolle gespielt haben?

Auch hinsichtlich der *Themen und speziellen Unterrichtsprojekte*, die von den Lehrerinnen und Lehrern nach ihren Aussagen in konfessionell-kooperativem Unterricht behandelt wurden, ist eine große Vielfalt zu beobachten. In der Reihe der Häufigkeit wurden genannt: gemeinsamer Kirchenbesuch, Maria, Erst-Kommunion, Heilige allgemein, Heilige Elisabeth/ Elisabeth von Thüringen, Martin Luther, Kirche, biblische Themen (z.B. Mose, Josefs-Geschichte), Friedhofsbesuch, Gebet, Taufe, Vertrauen, Diakonie, evangelisch-katholisch, ökumenisches Erntedankfest, ökumenischer Gottesdienst, ökumenischer weihnachtlicher Lichtertanz. Daran wird noch einmal deutlich, dass sich prinzipiell alle Themen des Religionsunterrichts der Grundschule für die konfessionelle Kooperation eignen. Niemand berichtet von besonders schlechten Erfahrungen mit bestimmten Themen oder rät von einem Thema dringend ab. Das gilt auch für die »heißen Eisen« im Dialog der Konfessionen, was am Thema »Maria« kurz ausgeführt werden soll (vgl. Kap. 2).

Das Thema »Maria« haben ihren Angaben zufolge zwei evangelische und sechs katholische Lehrkräfte behandelt. Die beiden evangelischen und eine der katholischen Lehrerinnen unterrichteten Maria ganz aus biblischer Sicht, als Mutter Jesu. Mehrere katholische Lehrkräfte sagen, sie hätten auch Marienfrömmigkeit, Mariengebete und weitere katholische Marientraditionen mit ihren Schülerinnen und Schülern behandelt, doch einige berichten auch von »Hemmungen«, die sie gehabt hätten, weil evangelische Kinder mit anwesend waren. (Deshalb habe ich das »Gegrüßet seist du Maria« nicht unterrichtet; ich bin kein »absoluter Marienanhänger«. Ich hatte »ein komisches Gefühl im Bauch, weil ich auch nicht jemand sein wollte, der jetzt dieses typisch Katholische so rüberbringt«.) Die meisten Lehrkräfte würden die Einheit ohne weiteres erneut in konfessionell-kooperativem Unterricht in der Grundschule behandeln. Einzige Ausnahme: Ein evangelischer Lehrer schlägt vor, das Thema »Maria« aus der ersten Klasse heraus zu halten:

»Ich würde die Unterrichtseinheit zu Maria in der erste Klasse raus lassen, wobei ich glaube, dass das den Katholischen relativ schwer fällt. … Aber ich würde es bewusst raus lassen, weil es schon für Spannungen sorgt oder einfach der Evangelische kein so gutes Wissen dabei hat, finde ich. Und dann lieber das mal machen, wenn man wirklich getrennt unterrichtet, und dann die Katholischen nur das über die Maria von der katholischen Lehrerin unterrichtet bekommen, und die Evangelischen nur das von der evangelischen Lehrerin. … Dann könnte man die Gemeinsamkeiten schön darstellen und die Unterschiede. Aber die Unterschiede verlieren sich wirklich, jetzt in der ersten Klasse.«

Der Lehrer geht davon aus, dass das Thema in der ersten Klasse der Grundschule (in Baden-Württemberg ist es im Bildungsplan für die Grundschule wahlweise für Klasse 1 oder Klasse 2 vorgesehen) für die Schülerinnen und Schüler noch eine Überforderung darstellt. Sie seien noch nicht fähig, Unterschiede in diesem konfessionell umstrittenen Thema (»Spannungen«) wahrzunehmen. Deshalb rät er zu einem späteren Einsatz der Einheit »Maria«.

Diese Äußerung geht Hand in Hand mit einigen Ergebnissen unserer Befragung der Kinder und der Beobachtung ihrer Äußerungen im Unterricht: Zwischen erster und dritter Klasse geht, wie in Kapitel 1 aufgezeigt, eine Entwicklung des konfessionellen Verständnisses von Kindern vonstatten, ein Befund, der, wie soeben gesehen, auch der Einschätzung der Lehrkräfte entspricht. Es ist sinnvoll, diejenigen Themen in den höheren Grundschulklassen vertiefend zu behandeln, die ein gewisses Konfessionsbewusstsein auf Seiten der Kinder voraussetzen, was nicht heißt, dass derlei Themen und konfessionelle Unterschiede nicht schon vorher zur Sprache kommen dürfen. (Religiöses) Lernen ist ein Prozess, bei dem früher Gelerntes immer neu erweitert und vertieft werden kann.

Auch der Hinweis auf die Behandlung bestimmter Themen in konfessionell getrennten Gruppen scheint uns einleuchtend, besonders dann, wenn sich danach eine kooperative Phase des Austauschs anschließt:»Was habt Ihr Katholischen, was haben wir Evangelischen über das Thema gelernt? Wo gibt es Gemeinsamkeiten, wo Unterschiede?« Manche Lehrerinnen und Lehrer geben am Ende des Schuljahrs an, immer wieder und ganz bewusst bestimmte Themen oder konfessionelle Besonderheiten differenziert dargestellt zu haben (z.b. sei das Kreuzeszeichen in einem Fall folgendermaßen eingeführt worden:»Wir Katholiken machen es, ihr Evangelischen überlegt, ob ihr es mitmachen wollt; in der evangelischen Kirche ist es nicht üblich«). Damit werde konfessionelles Lernen besonders gefördert. Doch auch die Gefahr, durch derlei Hinweise Unterschiede zu»zementieren«oder»überzubetonen«, wurde von einigen gespürt. Manche zogen daraus die Konsequenz, konfessionelle Spezifika»zurückhaltender«zu unterrichten.

Wie sehen die Lehrerinnen und Lehrer die Zukunft des Religionsunterrichts an der Grundschule im Allgemeinen?
Insgesamt entnehmen wir den Reaktionen der Lehrerinnen und Lehrer, dass nach einem Schuljahr des Unterrichtens und Ausprobierens keine grundsätzlichen Zweifel an Sinn und Notwendigkeit der konfessionellen Kooperation aufgekommen sind. Auch wenn mancher Enthusiasmus des Anfangs einer ruhigen, an den Realitäten des Schulalltags orientierten Nüchternheit Platz machte, sind die beteiligten Lehrkräfte nach wie vor von den Chancen der Kooperation überzeugt. Die meisten wollen sofort damit weiter machen – mit den selben oder auch anderen Klassen. Für die Zukunft des Religionsunterrichts an der Grundschule sehen sie die verschiedenen Formen der konfessionellen Kooperation als positive Möglichkeit. Allerdings schweben ihnen unterschiedliche Modelle vor, *wie* diese Kooperation in die Tat umgesetzt werden sollte. Manche befürworten konfessionelle Kooperation in gemischten Lerngruppen nur für die erste Klassenstufe, manche für die ersten beiden Jahre, was meist mit dem sich erst entwickelnden konfessionellen Bewusstsein begründet wird.

Die Hinweise der Lehrerinnen und Lehrer legen nahe, eine Vielfalt an Formen der konfessionellen Kooperation über die ganze Grundschulzeit zu praktizieren. Keine Klassenstufe sollte davon ausgenommen sein, wenigstens an einigen thematisch geeigneten Punkten sollte im Schul- und Kirchenjahr die Zusammenarbeit angestrebt werden. Vielleicht ist es gerade sinnvoll, in manchen Zeiten (z.B. manche Schuljahre lang) enger zu kooperieren, in anderen wieder eher in loser Form zusammenzuarbeiten. Ohne Zweifel ist es gut, wenn sich die konfessionell verschiedenen Schülergruppen und vor allem die Kolleginnen und Kollegen untereinander nicht aus den Augen verlieren. Konfessionelle Kooperation an der Grundschule, sagte einer der Lehrkräfte, sei nicht nur »zukunftsfähig«, sondern vor allem »zukunftsnötig«.

Zusammenfassend ist von den Lehrerbefragungen her eindeutig festzuhalten, dass konfessionelle Kooperation eine gewinnbringende Herausforderung ist. Wenn sich Lehrerinnen und Lehrer auf die konfessionelle Kooperation einlassen, entstehen Wahrnehmungs- und Diskursebenen, die auch für die eigene Identität und Kompetenz wirksam werden. Die Lehrerinnen und Lehrer schätzen diesen Ansatz der konfessionellen Kooperation als anspruchsvoll und auch für die eigene Weiterentwicklung hochinteressant ein.

KAPITEL 4

Weitere Wahrnehmungen:
Eltern – Schulleiter – Klassenlehrerinnen

Schulische Veränderungen, wie sie die konfessionelle Kooperation darstellt, auch aus der Sicht von Eltern wahrzunehmen, ergibt spezielle Einblicke. Kinder stehen mit ihren Eindrücken und Erfahrungen mehr oder weniger intensiv im Kontakt mit ihren Eltern. Auch wenn bei den Eltern überhaupt keine Resonanz angekommen wäre, wäre dies ja auch ein Ergebnis. Die folgenden Befragungsergebnisse zeigen jedoch, dass sich zumindest ein Teil der Eltern mit dem auseinander gesetzt haben, was ihre Kinder im Religionsunterricht im Zeichen der konfessionelle Zusammenarbeit erlebten.

Unter dem Aspekt von Schulentwicklung ist auch auf die Wahrnehmungen der Schulleiter sowie der Klassenlehrerinnen zu achten, denn damit stehen Einsichten aus anderen Interessenperspektiven (Organisation, Stundenplan, Schulaufsicht und Schulrecht) sowie der Leitung der Klasse insgesamt mit zur Debatte.

Im Folgenden werden von den Befragungen dieser drei Gruppen – Eltern, Schulleiter, Klassenlehrerinnen – die wichtigsten Ergebnistendenzen beschrieben.

Wenn man die Eltern fragt

Ob Eltern überhaupt etwas merken, wenn sich im Religionsunterricht ihrer Kinder etwas verändert? Die Frage, ob das Fach Religion in der Wahrnehmung von Eltern irgendwie auftaucht oder ob es nur ein »Mauerblümchendasein« fristet, stellt sich generell, aber natürlich auch im Blick auf unser Thema. Dabei wurden wir von manchen Antworten unserer schriftlichen Befragung der Eltern zu Beginn und am Ende des Schuljahrs überrascht. Da wir möglichst viele Beteiligte zur Sprache kommen lassen wollen, ist die Wahrnehmung der Eltern von Kindern, die an einem konfessionell-kooperativen Religionsunterricht teilnehmen, wichtig. Denn damit spiegeln sich auf einer anderen Wahrnehmungsebene die Aussagen der Schüler, Lehrer und Schulleiter noch einmal anders. Auch wenn die Eltern bei unserem Vorhaben nicht im Zentrum der Aufmerksamkeit standen, geben ihre

Antworten wertvolle Hinweise zur Gesamteinschätzung und lassen flankierende Rückschlüsse zu.

Was die Eltern am Beginn des Schuljahrs sagen
Überraschend ist beispielsweise die Tatsache, dass etwa Dreiviertel (74,2%) aller Eltern, die einen Fragebogen ausgefüllt und über die Kinder und Klassenlehrer an uns zurück gegeben haben, den Religionsunterricht als »ziemlich bedeutend« (38,1%) bis »sehr bedeutend« (36,1%) einschätzen. Ebenso viele sagen »ja« auf die Frage, ob sie wüssten, dass ihr Sohn oder ihre Tochter an einem Religionsunterricht in evangelisch-katholischer Zusammenarbeit teilnimmt. Bei einem Rücklauf der Bögen von ca. 70% gibt dies ein recht deutliches Signal: Den meisten Eltern ist der Religionsunterricht nicht gleichgültig, sie interessieren sich dafür und wissen Bescheid über die Form, in der er erteilt wird. Einschränkend ist zu beachten, dass ca. die Hälfte der ausgefüllten Bögen (214 Mütter und 28 Väter haben sich beteiligt) von Eltern stammen, die Kinder in der ersten Klasse hatten. Hier ist meist die Aufmerksamkeit für schulische Vorgänge noch größer, die Eltern sind tendenziell besorgter und informieren sich über schulische Situationen genauer, was mit der Höhe der Klassenstufe in der Regel nachlässt.

Im Gegensatz zur Bedeutung, die die Eltern dem Religionsunterricht zumessen, lässt sich auf die Frage nach dem Stellenwert der eigenen Konfessionszugehörigkeit nur eine geringe Tendenz in Richtung »ja, ist mir wichtig« ausmachen. (Im Bereich von »ziemlich bis sehr bedeutsam« bewegen sich 38,5%, im Bereich von »nicht bis wenig bedeutsam« bewegen sich nur 28,2% der Ankreuzungen. Damit kann gesagt werden, dass die Bedeutung der Konfessionszugehörigkeit tendenziell eine Rolle spielt.) Ob die Konfessionszugehörigkeit der Lehrkraft wichtig sei, beantworten die meisten eindeutig: Nein, die Konfession der Lehrkraft ist nicht oder nur wenig von Bedeutung (40,5% sagen »nicht bedeutend« und weitere 21,8% sagen »wenig bedeutend«). Viel wichtiger, so vermerkten einige handschriftlich auf den Bögen, sei die Persönlichkeit und die Kompetenz des Religionslehrers bzw. der Religionslehrerin.

Auch sind die Antworten auf die Frage, ob die Eltern davon ausgehen, dass sich ihr Kind für Fragen der Konfessionszugehörigkeit interessiere, statistisch gesehen »normal verteilt«: Die meisten kreuzten »vielleicht« an, d.h. sie sind unentschieden. Die Mehrheit glaubt wohl, dass Kinder in diesem frühen Alter mit dem Wort »Konfession« nicht viel anfangen können. Ähnlich verhält es sich mit der Frage, ob es ihnen wichtig sei, dass ihr Kind ein Bewusstsein von seiner Konfessionszugehörigkeit bekomme: Die meisten sagen »mittelmäßig wichtig«, was man als »egal« deuten kann. Neben statistischen Werten sind persönliche, selbst formulierte Anmerkungen auf den Fragebögen aufschlussreich, die jedoch nur in ca. einem Fünftel der Fälle gemacht wurden (wir hatten dazu Raum gelassen). »*Es gibt viele Farben, nicht nur gelb und lila*«, so drückt ein Elternteil seinen Wunsch nach »*Ethikunterricht*« oder »*nicht konfessionsgebundenem Religionsunterricht*« als Alternative zum konfessionellen aus. Ein anderer: »*Ich finde es gut, dass auch Evangelische in die katholische Religion reinschnuppern dürfen. Ökumenisch – der Weg der Zukunft.*« Diese Äußerungen stehen stellvertretend für viele ähnliche.

Insgesamt wird in diesen Bemerkungen der statistische Befund bestätigt: Die meisten Eltern begrüßen einen Religionsunterricht, bei dem beide Konfessionen eng zusammen arbeiten. Für manche sollte diese Form gar zur »*Regeleinrichtung*« werden. Allerdings finden sich keine Hinweise, wie dies genauerhin organisatorisch verwirklicht werden könnte. Manche Äußerungen legen einen »*ökumenischen Religionsunterricht*« nahe, in dem beide Konfessionen aufgehen, manche wünschen eher einen Unterricht, der konfessionell bleibt, aber mit der Gruppe der anderen Konfession kooperiert (z.B.: *Ich finde beides gut, nicht nur gemeinsamen Unterricht*). Nicht wenige Eltern schreiben, für ihre Kinder sei es wichtiger, allgemein christliche und biblische Inhalte bzw. Werte (kennen) zu lernen, als dass sie »*an Institutionen*« angebunden würden. Mit Ausnahme einer Stimme *(Mein Kind ist römisch-katholisch und sollte auch in diesem römisch-katholischen Religionsunterricht teilnehmen)* spricht aus allen persönlichen Anmerkungen der Eltern ein »ökumenischer Geist«, der offen ist für die Zusammenarbeit der Konfessionen im Religionsunterricht. Einmal äußert sich die nicht unbegründete Sorge: »*Werden dann weniger Lehrkräfte eingestellt?*«

Was die Eltern am Ende des Schuljahrs sagen
Am Ende des Schuljahrs kamen weniger Bögen zurück als zu Beginn. Liegt es daran, dass sich kurz vor den Sommerferien im Schulalltag vieles »auflöst«, Wander- und Projekttage, sowie Noten, Zeugnisse und der bevorstehende Urlaub derlei Fragebögen leicht in Vergessenheit geraten lassen? Immerhin haben 179 Mütter und 25 Väter den Bogen ausgefüllt und zurück gegeben, d.h. nicht ganz 60%.

Interessant und überraschend zugleich, ist, dass am Ende etwa 45% der Eltern angeben, die eigene Konfessionszugehörigkeit sei für sie bedeutungsvoll. Zur Erinnerung: Am Schuljahrsanfang konnte man nur eine sehr schwache Tendenz in Richtung »bedeutungsvoll« feststellen. Haben jetzt, am Ende, vielleicht vornehmlich *die* Eltern einen Bogen ausgefüllt, denen Konfession irgendwie wichtig ist? Das kann durchaus sein, weshalb hier die statistischen Ergebnisse nicht überinterpretiert werden dürfen. Ein direkter Vergleich im Sinne einer »Vorher-Nachher«-Studie zwischen den Eingangs- und Abschlussfragebögen ist nicht möglich, da die Fragebögen einander nicht zuzuordnen sind und sicher verschiedene Elternteile die Bögen ausgefüllt haben.

Trotz dieser Einschränkung gibt die Eindeutigkeit zu denken, auch bei der Frage der Bedeutung des Religionsunterrichts insgesamt. Noch mehr Eltern als zu Beginn der konfessionellen Kooperation sagen am Ende des Schuljahrs klar: »Ja, der Religionsunterricht ist für mich von Bedeutung«, nämlich 74%, zuzüglich weiterer 13,5%, die »eher von Bedeutung« ankreuzen. Dies ist möglicherweise dadurch zu erklären, dass die Eltern auf den Religionsunterricht aufmerksamer werden, zum Anderen sie möglicherweise von ihren Kindern her mehr Informationen bekommen und sie sich mit dem Anliegen eines konfessionell-kooperativen Religionsunterrichtes noch mehr identifizieren können. Eine Unschärfe bei dieser Interpretation liegt allerdings darin begründet, dass die Beteiligung der Eltern an der Schlussbefragung etwas geringer ist. Wenn nämlich vor allem diejenigen Eltern den Fragebogen in der Schlussbefragung abgegeben haben, denen der Religionsunterricht besonders wichtig ist, dann ist dieses Ergebnis zumindest vorsichtig zu bewerten. Einige halten es dabei für wichtig, dass ihre Kinder »etwas von Gott erfahren«, fast Dreiviertel der Eltern wollen, dass ihre Kinder im Religionsunterricht angeregt werden, »über Fragen des menschlichen Lebens nachzudenken«.

Wie bewerten Eltern die evangelisch-katholische Zusammenarbeit jetzt, nach einem Schuljahr der Kooperation? 45% sagen »sehr gut«, 40% sagen »ziemlich gut«. Nimmt man beide Zahlen zusammen, können die unterrichtenden Lehrerinnen und Lehrer sehr zufrieden sein. Ihre Mühen haben sich in der Einschätzung der Eltern gelohnt. Deshalb plädieren etwa ebenso viele Eltern (vier Fünftel derer, die die Bögen ausgefüllt haben) dafür, dass die Zusammenarbeit unbegrenzt oder wenigstens einige Schuljahre lang fortgesetzt werden sollte.

Mehr als die Hälfte der Eltern sehen klar die Vorzüge der Zusammenarbeit vor konfessionell getrenntem Religionsunterricht und wiederum vier Fünftel wünschen, dass Lehrkräfte beider Konfessionen im Religionsunterricht ihrer Kinder präsent sein sollten. Im Gegensatz dazu ist es – ebenso wie zu Beginn des Schuljahrs – den meisten gleichgültig, ob ihr Kind vorzugsweise von einer Lehrkraft der eigenen oder der anderen Konfession unterrichtet wird. Der Widerspruch ist nicht leicht zu erklären, da weitere Erläuterungen fehlen. Möglicherweise sagen sich viele Eltern: Am besten, es arbeiten die Religionslehrer beider Konfessionen zusammen; wenn dies nicht möglich ist und nur einer von beiden unterrichten kann, dann spielt dessen Konfession keine entscheidende Rolle.

Ein Unterschied zum Schuljahrsanfang ist markant: Die Wichtigkeit des Bewusstseins des Kindes über Konfessionszugehörigkeit wird jetzt, am Ende, von 45% mit Ja beantwortet, während es anfangs eher »egal« war.

Zusammenfassend zeigt sich am Ende des Schuljahrs folgendes Bild:

◆ Die Bedeutung der eigenen Konfessionszugehörigkeit hat zugenommen.
◆ Die Bedeutung des Religionsunterrichts an der Schule wird höher eingeschätzt.
◆ Die positive Bewertung evangelisch-katholischer Zusammenarbeit im Religionsunterricht hat zugenommen.
◆ Die Bedeutung, die Eltern dem Ziel beimessen, dass das Kind ein Bewusstsein von seiner eigenen Konfessionszugehörigkeit hat, ist gewachsen.

Wie gesagt, die Befunde dürfen nicht überinterpretiert werden, da kein Vergleich mit genau denen möglich ist, die am Anfang unsere Fragebögen ausgefüllt haben. Aber die aufgezeigten Trends und Tendenzen sind unseres Erachtens nicht nur Zufallsbefunde. Dies wird wiederum in den schriftlichen Äußerungen auf den Bögen bestätigt:

Viele Eltern bemerken mit Nachdruck, dass sich ihre Kinder im Laufe der konfessionellen Kooperation durchaus für die Unterschiede zwischen katholisch und evangelisch interessiert hätten, dass sie es interessant fanden, beide Kirchen zu besuchen und etwas über die anderen zu erfahren. Manche der Kinder brachten ihre Fragen mit nach Hause, befragten die »gesamte Verwandtschaft« nach deren Konfession oder sprachen mit den Eltern über konfessionelle Sachverhalte. Dabei lernten auch die Eltern etwas: *»Er hat mir Dinge über die katholische Kirche erzählt, die ich nicht wusste«.* Ein Kind interessierte sich zu Hause dafür, ob die anderen *»an einen anderen*

Gott glauben würden«, ein anderes fragte nach dem Sinn und Grund für die unterschiedlichen Konfessionen.

Nicht vergessen darf man bei der Betrachtung dieser Aussagen, dass es sich um Einzeläußerungen handelt, die nicht repräsentativ gesehen werden dürfen. Dennoch können auch einzelne Meinungen etwas Wichtiges zum Vorschein bringen. Immerhin haben mehrere Eltern geschrieben, dass ihr Kind den gemeinsamen Religionsunterricht bevorzuge. In manchen Fällen ist dies wohl auf den Abwechslungseffekt zurückzuführen, denn zwei verschiedene Lehrer sind stets interessanter als immer nur der gleiche. Ein Elternteil schreibt, für ihr Kind war es »*ungewohnt*«, im Religionsunterricht zu beten, was die katholische Lehrkraft im Unterricht praktiziert hätte.

Des öfteren sehen Eltern die Entscheidungsmöglichkeit der Kinder durch konfessionell-kooperativen Unterricht gestärkt: So lernten sie beides kennen, die katholische und evangelische Kirche, und könnten sich später einmal besser für ihren eigenen Weg entscheiden. Nur ganz wenige Stimmen äußerten Vorbehalte gegen konfessionelle Kooperation, z.B.: »*Ich bin evangelisch, und deshalb möchte ich, dass mein Kind in den evangelischen Unterricht geht.*« Oder: Der Zeitpunkt der dritten Klasse sei nicht gut »*wegen der Erstkommunion*«; die vierte Klasse würde sich besser eignen.

Doch *insgesamt* spricht aus fast allen Äußerungen ein positiver Eindruck zur konfessionellen Kooperation und eine klare ökumenische Gesinnung der Eltern: »*Der Gott der Bibel ist weder evangelisch noch katholisch.*« Ein Elternteil gab seine Lösung der Konfessionsfrage folgendermaßen an: »*Unser Kind soll der christlichen Konfession angehören.*«

Die im Hintergrund Beteiligten: Schulleiter und Klassenlehrer
Am Ende des Schuljahrs haben wir Interviews mit Schulleiterinnen und Schulleitern und mit Klassenlehrerinnen und Klassenlehrern geführt, die indirekt am konfessionell-kooperativen Unterricht beteiligt waren, vor allem auf der organisatorischen Ebene.

Zusammenfassend lässt sich diesen Gesprächen entnehmen:
Die meisten *Schulleiterinnen und Schulleiter* schätzen die Teamfähigkeit ihrer Religionslehrer als sehr hoch ein und äußern sich durchweg positiv zur tatsächlichen Zusammenarbeit. Der Erfolg solcher konfessionell-kooperativer Projekte stehe und falle mit der persönlichen Fähigkeit zur Kooperation der beiden Lehrkräfte.

Die nicht an der konfessionellen Zusammenarbeit beteiligten Lehrerinnen und Lehrer haben sich nach Wahrnehmung der Schulleiterinnen und Schulleiter nicht oder kaum dafür interessiert und haben davon im Schulalltag nichts bemerkt – weder auf seiten der Kinder, der Kollegen noch der Eltern –, und sie wurden in der Regel durch die Kooperation auch nicht beeinträchtigt. Nur *einem* Schulleiter sind Klagen der Kolleginnen und Kollegen über organisatorische Schwierigkeiten bei Unterrichts*besuchen* (also bei der Forschungsarbeit) zu Ohren gekommen. Die beteiligten Kinder haben der Schulleitung nie irgend etwas zur konfessionellen Kooperation erzählt; Veränderungen in irgendeiner Art konnten bei den *Kindern* nicht wahrgenommen werden. Von *Elternseite* wurde, von einer Ausnahme abgesehen (Altkatholiken wollten ihre Kinder nicht zum konfessionell-kooperativen Religionsunterricht schicken), den Schulleiterinnen und Schulleitern gegenüber keine Kritik am Projekt geübt. Vielmehr reagierten die Eltern auf die konfessionelle Kooperation »neutral« oder mit »positiver Resonanz«.

Die Organisation der konfessionellen Kooperation wird von den Schulleiterinnen und Schulleitern sehr unterschiedlich beurteilt: Von der Äußerung, die Organisation des konfessionell-kooperativen Religionsunterrichts bereite überhaupt keine Probleme, bis hin zu der Aussage, dass es äußerst kompliziert und schwierig sei, einen solchen Unterricht zu ermöglichen, reichen die unterschiedlichen Erfahrungen der Schulleitungen. Dies mag seinen Grund in den sehr verschiedenartigen Organisationsformen der einzelnen Kooperation haben (vgl. Kapitel über den Unterricht und die möglichen Kooperationsmodelle).

Alle Rektorinnen und Rektoren befürworten die konfessionelle Kooperation an ihrer Schule, allerdings mit unterschiedlichen Begründungen, wobei auffällt, dass die Möglichkeit, den Klassenverband beizubehalten, als schlagkräftigstes Argument für den konfessionell-kooperativen Religionsunterricht angeführt wird, neben Begründungen wie »Erleichterungen beim Erstellen des Stundenplans« und »gegenseitiges Kennenlernen der Konfessionen«.

Für die Zukunft des Religionsunterrichts an der Schule wünschen sich die Schulleitungen »*gegenseitige Toleranz und Offenheit*«, »*Horizonterweiterung*«, aber auch die Möglichkeit, den Religionsunterricht vom Klassenlehrer bzw. der Klassenlehrerin unterrichten zu lassen. Damit fielen die konfessionell getrennten Gruppen ganz weg, was sich die Rektorinnen und Rektoren in der Regel gut vorstellen können. Einige befürworten aber auch die konfessionelle Trennung auf Zeit oder in bestimmten Klassenstufen. Einem Schulleiter ist der katholische Religionsunterricht für katholische Kinder wichtig, weil diese nur so Kontakt zu Geistlichen finden können.

Die *Klassenlehrerinnen und Klassenlehrer* geben durchweg an, von der konfessionellen Kooperation nicht gestört oder beeinträchtigt worden zu sein; meist haben sie überhaupt nichts vom Projekt gemerkt. Auch die Schülerinnen und Schüler hätten sich nicht zum konfessionell-kooperativen Religionsunterricht geäußert; die *Kinder* haben, ihren Aussagen zufolge, nie etwas davon erzählt. Es ließen sich auch keine Veränderungen bei den Jungen und Mädchen beobachten, die konfessionell-kooperativ unterrichtet wurden. Die *Eltern* haben sich den Klassenlehrerinnen und Klassenlehrern gegenüber ebenfalls nicht zum gemeinsamen Religionsunterricht geäußert. An einigen Schulen wurde beim ersten Elternabend darüber informiert, und neben einer neutralen Haltung gab es auch positive Zustimmung von seiten der Eltern. Von der Organisation her gab es keine Probleme bzw. überhaupt keine Veränderungen. Für die Zukunft des Religionsunterrichts an der Schule ist der Wunsch nach einem »gemeinsamen Religionsunterricht« ganz deutlich; als Hauptbegründung für dieses Anliegen wird die Beibehaltung des Klassenverbandes genannt – neben Gründen wie »Vermeidung von Klassenzimmerwechsel«, »gute Einfügung in den Schulalltag«. Eine auffallende Begründung für den »gemeinsamen Religionsunterricht« ist die, dass nicht konfessionell gebundene Kinder, die weder in den evangelischen noch in den katholischen Religionsunterricht gehen würden, am »gemeinsamen Religionsunterricht« teilnehmen könnten.

KAPITEL 5:

Ökumenische Kontexte und theologische Positionen

Bislang haben wir in diesem Buch fast ausschließlich von *konfessioneller Ko-operation im Religionsunterricht* gesprochen und nicht von *Ökumene*. Der Begriff der konfessionellen Kooperation ist begrenzter und damit auch prä-ziser bestimmt als beispielsweise Formulierungen wie »ökumenisches Ler-nen« oder »ökumenische Zusammenarbeit«. Gleichwohl ist die konfessio-nelle Kooperation theologisch natürlich im Horizont der christlichen Ökumene zu sehen. Deshalb muss es im Folgenden um Fragen einer öku-menischen Theologie gehen.

Bereits in der Einleitung zu diesem Buch haben wir festgehalten, dass schulischer Religionsunterricht u.E. nicht einfach kirchliche oder theologi-sche Vorgaben umzusetzen hat. Schulischer Religionsunterricht muss heute von der Schule und von den Kindern her begründet werden, was allerdings eine zusätzliche theologische oder kirchliche Begründung keineswegs aus-schließt. Konfessionell-kooperativer Religionsunterricht lässt sich in seiner Notwendigkeit oder seiner Ausgestaltung auch nicht ohne weiteres aus einer ökumenischen Theologie ableiten. Gleichwohl kann die evangelisch-ka-tholische Zusammenarbeit aber auch nicht einfach ohne theologische Klä-rungen funktionieren. Sie muss vielmehr auch theologisch verantwortet werden. Nun wäre es freilich wenig sinnvoll, an dieser Stelle die leicht greif-baren und orientierenden Darstellungen zum Stand der ökumenischen Be-mühungen wiederholen zu wollen (vgl. Meyer 1996, Neuner 1997, Hilbe-rath/Moltmann 2000).

Der Stand der ökumenischen Bemühungen ist gegenwärtig nicht einfach auf ei-nen Nenner zu bringen. Einerseits ist das zunehmende Angebot von Konvergenz-und Konsenspapieren unübersehbar, andererseits wächst zugleich die Sorge um die eigene Identität. Die Diskussionen um »Dominus Jesus« haben dazu geführt, dass sich die evangelischen Kirchen verstärkt auf ihr eigenes Profil als Kirchen be-sinnen. Insofern provoziert die eine Profilierung die andere, wobei freilich auch die kritischen Stimmen aus der katholischen Theologie im Blick auf das in Rom vertretene (Selbst-)Verständnis nicht übergangen werden dürfen. Hat die Erklärung »Dominus Jesus« zu einer gewissen Ratlosigkeit über den Fortgang des ökumenischen Prozesses geführt, so bleiben andere Ergebnisse des ökumenischen Dialogs und der ökumenischen Zusammenarbeit weitgehend erfreulich. Insgesamt hat der Stand der ökumenischen Bemühungen eine gewisse Unübersichtlichkeit und vor allem Ungewissheit im Blick auf die nähere Zukunft an sich. Im Blick auf den schulischen Religionsunterricht ist deshalb nicht zu erwarten, dass hier schon vorweggenommen werden könnte, was als – zumindest offiziell gut geheißene – Entwicklung in der Ökumene insgesamt für die nähere Zukunft noch nicht erreichbar scheint.

Auf den Stand der Ökumenediskussion beziehen wir uns im Folgenden, stellen ihn aber nicht eigens dar. Statt dessen konzentrieren wir uns auf den Zusammenhang von Schule und Religionsunterricht.

Auch die neuere religionspädagogische Diskussion zur Konfessionellen Kooperation im Religionsunterricht ist inzwischen sehr umfangreich und kann hier nicht umfassend gewürdigt werden. Wenigstens die wichtigsten Einzelveröffentlichungen und Sammelbände seien aber genannt und knapp kommentiert, auch als Hinweis für vertiefende Lektüre:

Die derzeit aktuellsten umfassenden Darstellungen stammen von Karl Ernst Nipkow (1998) auf evangelischer und Richard Schlüter (2000) auf katholischer Seite. Nipkows Position steht dem von uns vertretenen Verständnis von konfessioneller Kooperation besonders nahe. Schlüter legt größeren Nachdruck auf einen von den Kirchen gemeinsam verantworteten Religionsunterricht als Zukunftsperspektive. Wiederum stärker vom Motiv des »ökumenischen Lernens« (EKD 1985) ist der Ansatz von Ralph Sauer/Reinhold Mokrosch (1994) bestimmt. Auch dieses Motiv berührt sich mit der konfessionellen Kooperation (vgl. bes. Goßmann/Schneider 1995, auch Böhm 2001), schließt aber noch weitere Bezüge ein, die wie die »Einheit und das Zusammenleben *aller* getrennten Kirchen und Christen« (EKD 1985, 11) über den im vorliegenden Band thematisierten konfessionell-kooperativen Religionsunterricht hinausgehen und eigens erörtert werden müssten (vgl. Goßmann 1987, Goßmann u.a. 1995, Koerrenz 1994).

Eine weitere religionspädagogische Kontroverse bezieht sich auf das Verhältnis des konfessionell-kooperativen Religionsunterrichts zu anderen Ansätzen: zum traditionellen konfessionellen Religionsunterricht, zum Ethikunterricht und zu LER (Lebensgestaltung-Ethik-Religionskunde, Brandenburg) und dem Hamburger Modell eines »Religionsunterrichts für alle« (auf evangelischer Grundlage). Wie intensiv diese Diskussion geführt wurde bzw. wird, zeigen beispielsweise die Sammelbände von Reinhard Göllner/Bernd Trocholepczy (1995), Albert

Biesinger/Joachim Hänle 1997, Jörg-Dieter Gauger (1998), Michael Langer/Armin Laschet (1998), Karl E. Grözinger u.a. (1999), Martin Vetter (2000), Wolfram Weiße/Folkert Doedens (2000), Friedrich Schweitzer (2002).

Didaktisch-praktische Fragen des konfessionell-kooperativen Religionsunterrichts sind noch vergleichsweise wenig bearbeitet. Aus dem Tübinger Umkreis kommt die Darstellung von Monika Scheidler zur »Didaktik ökumenischen Lernens« (1999). Eine Sammlung von Beispielen haben Ursula Heinemann/Joachim Friedrichsdorf (1999) vorgelegt. Auch das für die Sekundarstufe I konzipierte Arbeitsbuch Religion »Projekt Ökumene« (U. Becker u.a. 1997) berührt sich, bei an derer Schwerpunktsetzung, mit Fragen der konfessionellen Kooperation.

Auf die einschlägigen kirchlichen Stellungnahmen der EKD und der deutschen Bischofskonferenz haben wir bereits in der Einleitung hingewiesen. Die wichtigsten Texte sind, zum Teil nur in Ausschnitten, dokumentiert bei Reinhard Frieling/Christoph Th. Scheilke (1999), zusammen mit weiterführenden Diskussionsbeiträgen.

Damit ist zumindest in Kürze der theologische und religionspädagogische Diskussionshorizont benannt, vor dessen Hintergrund unsere eigene Darstellung zu lesen ist. Ehe wir im Folgenden unsere eigenen Positionen skizzieren, soll zunächst noch an einige Fragen erinnert werden, die in unserer Darstellung der konfessionellen Kooperation im Blick auf die Kinder (Kap. 1), den Unterricht bzw. die Didaktik (Kap. 2) sowie die Lehrerinnen und Lehrer (Kap. 3) aufgebrochen sind:

– *Welche Form der ökumenischen Zusammenarbeit wird den Kindern und ihren Voraussetzungen gerecht?* Bei dieser Frage ist sowohl an die Erziehungs- und Sozialisationsvoraussetzungen zu denken, denen die Kinder in Familie und Gesellschaft heute begegnen, als auch an die entwicklungsbedingten Verstehensweisen, die für Kinder im Grundschulalter bezeichnend sind. Bislang haben wir diese Fragen vor allem pädagogisch und entwicklungspsychologisch reflektiert. Nun müssen auch die theologischen Aspekte in den Blick kommen.
– *Welche Inhalte sollen im Unterricht in welcher Form thematisiert werden?* Beides, die Auswahl von Inhalten wie die Form der Zusammenarbeit, schließt theologische Fragen ein. In welchem Verhältnis stehen die von den Lehrerinnen und Lehrern aufgenommenen bzw. von uns vorgeschlagenen Inhalte zu den Themen der theologischen Diskussion und

des ökumenischen Prozesses zwischen den Kirchen? Welche Formen der Kooperation besitzen theologisch gesehen den Vorzug?

– *Welche ökumenisch-theologischen Implikationen finden sich in den Auffassungen der Lehrerinnen und Lehrer?* Auch in diesem Falle kann nach zwei Richtungen hin gefragt werden: Zum einen ist es interessant zu beobachten, welche ökumenisch-theologischen Positionen von den Lehrerinnen und Lehrern rezipiert und welche nicht rezipiert werden. Zum anderen ist davon auszugehen, dass die von den Lehrerinnen und Lehrern vertretenen theologischen Positionen immer wieder auch im Unterricht zum Tragen kommen und somit für die Kinder bedeutsam sind.

Vor dem Hintergrund dieser drei Fragen wollen wir nun unsere eigenen Positionen in Form von acht Thesen darlegen. Dass die Darstellung skizzenhaft bleibt, ist uns bewusst. Die Thesen können hier nicht umfassend begründet werden. Sie dienen vor allem dazu, unsere eigenen Voraussetzungen offen zu legen.

Ökumene ist ein unverzichtbares Anliegen:
Als prinzipiell unumstritten sehen wir das Ziel der auch sichtbaren Einheit des Christentums an. In dieser Hinsicht stimmen die Kirchen im wesentlichen überein. Umstritten ist jedoch der Weg, auf dem dieses Ziel erreicht werden soll. U.E. ausgeschlossen sein muss jede Form einer »Rückkehrökumene«, bei der eine Kirche unter Preisgabe ihrer Identität zu einer, wie es dann heißt, Rückkehr zur ursprünglichen Gemeinschaft veranlasst werden soll. Ebenso unfruchtbar wäre das Ziel eines Einheitschristentums, in dem für die traditions- und kulturbedingten Unterschiede kein Raum mehr wäre. Mit Konsensformeln wie »Einheit und Verschiedenheit«, »differenzierte Einheit«, »gegenseitige Anerkennung in Differenz«, »versöhnte Vielfalt« u.ä. hat die ökumenisch-theologische Diskussion solche Einheitlichkeitsvorstellungen längst hinter sich gelassen (vgl. Meyer 1996). Vor diesem Hintergrund ist unsere eigene Zielvorstellung für den konfessionell-kooperativen Religionsunterricht, die wir auch als Buchtitel verwendet haben, zu verstehen: *Gemeinsamkeiten stärken – Unterschieden gerecht werden.* Die konfessionellen Wege mit ihrem je eigenen Profil müssen sich dabei also nicht selbst aufgeben.

Unabhängig von den durch das jüngste Schreiben der römischen Glaubenskongregation »Dominus Jesus« (2000) ausgelösten heftigen Diskussionen ist deutlich, dass für ökumenisches Lernen nicht Einförmigkeit, sondern vielmehr »Einheit in der Vielfalt« oder »versöhnte Einheit« bedeutsam ist. In der ökumenischen Diskussion sind folgende Modelle unterscheidbar (religionspädagogisch vgl. zuletzt Hilger/Leimgruber/Ziebertz, 2001, 425-427):

- Das Modell »*konziliare Gemeinschaft*« geht von einer Gemeinschaft untereinander verbundener (Lokal-)Kirchen aus, die jeweils die Realisierung der Katholizität der Kirche darstellen und im Verbund die Fülle der Katholizität abbilden.

- Das Modell »*Einheit in versöhnter Verschiedenheit*«, das hauptsächlich die konfessionellen Weltbünde entwickelten; die gewachsenen Konfessionen behalten ihr Profil und verstehen sich als legitime Ausprägung des christlichen Glaubens. »Ziel ist dabei die Versöhnung und Bejahung der anderen in ihrem Anderssein. Dieses Modell hat auch von römisch-katholischer Seite Zustimmung erfahren« (ebd. 426).

- Das Modell der »*Koinonie*« wurde von der Vollversammlung des Ökumenischen Rates der Kirchen 1991 in Canberra zur Sprache gebracht und versteht die Einheit der Kirchen im gemeinsamen Bekenntnis des apostolischen Glaubens und in der gemeinsamen Sendung als Bezeugung des Evangeliums und als Dienst an der ganzen Schöpfung.

Gerade wenn man davon ausgeht, dass Lernen als Verarbeitung von Wahrnehmung und Erfahrung konkreter Wirklichkeit vonstatten geht, ist das Vorhandensein unterschiedlicher konkreter Ausprägungen des Christentums eine wichtige Lernhilfe. Die Konfession spiegelt in dieser Hinsicht die notwendige Vielfalt in der Realisierung des christlichen und kirchlichen Lebens. Das Problem ihrer Existenz besteht in dem Vorgang ihrer Entstehung und, soweit heute noch gegeben, in ihrem bleibenden Gegeneinander. In der ökumenischen Bewegung muss unterschieden werden zwischen einer legitimen Ausprägung authentischen Christentums und einer zeitbedingten und jeweils reformbedürftigen Gestalt. Dabei sind emotionale Dimensionen ebenso zu berücksichtigen wie handlungsbezogene Optionen und kognitive Herausforderungen. Dass es dabei um einen dialogischen Ansatz gehen muss, zeigen die Forschungsergebnisse dieses Bandes mehr als deutlich.

»Gemeinsamkeiten stärken – Unterschieden gerecht werden« bedeutet,
die Spannung zwischen divergierenden Wahrheitsansprüchen auszu-
halten, ohne das Verbindende zu vergessen bzw. *weil* das Verbindende
dies erfordert:

Bislang haben wir unser Motto »Gemeinsamkeiten stärken – Unterschieden gerecht werden« vor allem von den Kindern her sowie unter didaktischen Aspekten begründet. Wie durch unsere erste These bereits deutlich
geworden ist, steht hinter dieser Formel aber auch eine theologische Entscheidung – nämlich für das Modell von »Anerkennung in der Differenz«
(vgl. zur weiteren Diskussion Herms 2000, Hilberath 2000). Der konfessionell-kooperative Religionsunterricht klammert die Unterschiedlichkeit von
Wahrheitsansprüchen nicht aus. Beispielsweise wurde die Frage nach der
Unfehlbarkeit des Papstes von den Lehrerinnen und Lehrern zum Teil intensiv diskutiert. Auch im Blick auf den Unterrichtsprozess erweisen sich
differenzierte Einheitsvorstellungen als anschlussfähig. Die Befürchtung,
dass die Aufmerksamkeit sowohl für Gemeinsamkeiten als auch für Unterschiede konfessionelle Profile erst erzeuge oder Mauern zwischen den Konfessionen errichte, wird durch unsere Untersuchungsergebnisse zu den Kindern und zum Unterricht nirgendwo bestätigt. Anzustreben ist in
kognitiver, emotionaler und sozialer Hinsicht eine Balance zwischen Gemeinsamkeiten und Unterschieden, und dies in einer Weise, die diese beiden Pole für die Kinder direkt erfahrbar macht.

**Ökumene kann sinnvoll nur durch theologische und kirchliche
Verständigung, nicht durch äußeren Druck erreicht werden:**

Theologisch gesehen können heute nur solche Wege zur Einheit und Zusammenarbeit als legitim gelten, die innerlich, auf Grund von Glaubensüberzeugungen und theologischem Urteil, bejaht werden. Mittel und Zweck
müssen hier einander direkt entsprechen. Die gemeinsame Bejahung des
christlichen Glaubens kann deshalb beispielsweise nicht dadurch erreicht
werden, dass Kinder im öffentlichen Schulwesen zu einem einheitlichen
Religionsunterricht verpflichtet werden. Dies würde nicht nur dem Grund-
gesetz (Art. 7,3) widersprechen, sondern noch viel mehr den Zielen von
Theologie und Kirche. Welche Rolle Schule und Religionsunterricht als
Antriebskraft für ökumenischen Fortschritt dabei spielen können, wird
kontrovers diskutiert. Wenn der Religionsunterricht hinter dem Stand der
jeweils erreichten ökumenischen Verständigung zurückbliebe, wäre dies si-

cher ebenso problematisch wie der Anspruch auf eine isolierte Pionier- oder Vorreiterrolle. Der Religionsunterricht sollte also dem erreichten Stand der ökumenischen Situation entsprechen. Dies darf aber nicht einseitig gesehen werden, so als würden allein die Ergebnisse der ökumenischen Dialoge in den Religionsunterricht einfließen. Vielmehr käme es im Sinne einer breiten ökumenischen Bewegung auch auf die Wechselwirkungen an: Die Erfahrungen im Religionsunterricht sind bzw. sollten im Blick auf die theologische und die zwischenkirchliche Ökumene ihrerseits ernstgenommen werden. Die Frage ist, ob es einen gemeinsamen christlichen Unterricht geben kann, solange die Einheit des Christentums noch aussteht (vgl. Schlüter 2000). Die derzeitige ökumenische Diskussion bietet eine Vielzahl von Schattierungen und Positionen, die miteinander konkurrieren und die mehr oder weniger konsensfähig sind. In den letzten Jahren zeichnen sich ernsthafte Versuche einer Verständigung auf kirchenpolitisch hohen Ebenen sowie zu veränderter ökumenischer Praxis in den Gemeinden und Schulen ab. Dabei sind viele Gemeinsamkeiten deutlich geworden, die religionspädagogisch aufgegriffen und betont werden sollten. Gleichwohl bleiben Unterschiede bestehen, die ebenfalls nicht übergangen werden können, wenn die Ernsthaftigkeit ökumenischer Verständigungsbemühungen nicht einfach unterlaufen werden soll.

Ökumenische Zusammenarbeit im Religionsunterricht ist nicht theologisch ableitbar, muss aber theologisch verantwortet werden: Pädagogische Entscheidungen können niemals aus obersten theologischen (oder anderen) Prinzipien allein abgeleitet werden, weil für solche Entscheidungen immer zusätzliche Annahmen (sog. »Annahmen von der Seite«) erforderlich sind (vgl. Blankertz 1969, Nipkow 1975, 180ff.). Mit der Berufung auf das ökumenische Anliegen werden im Bereich des Religionsunterrichts auch ganz unterschiedliche Vorgehensweisen und Ansätze begründet – konfessionelle Kooperation, wie sie im vorliegenden Buch beschrieben wird, ebenso wie ein Religionsunterricht im Klassenverband ohne weitere Differenzierungen oder Kooperationselemente sowie sogar ein »Religionsunterricht für alle« im Sinne des in Hamburg praktizierten Modells (Doedens/Weiße 1997). Mit dem theologischen Ökumene-Argument ist religionsdidaktisch also noch nicht viel entschieden. Umgekehrt erhebt die Didaktik den Anspruch, dass Entscheidungen über den Unterricht niemals ohne ihre Beteiligung und also nicht von der Fachwissenschaft allein getroffen werden können. Auch wenn die Ansprüche auf einen »Primat« der Didaktik heute problematisiert werden können, bleibt festzuhalten, dass ein angemessenes Verhältnis zwischen Theologie und Didaktik auf dialogische Weise anzustreben ist. Wie die im vorliegenden Buch dargestellten Erfahrungen und Analysen zeigen, kann ein solches dialogisches Verhältnis im Horizont von »Gemeinsamkeiten und Unterschieden« durchaus erreicht und auch in praktische Formen überführt werden. Die theologische und die didaktische Reflexion greifen hier – beispielsweise in den von uns entwickelten Unterrichtseinheiten im Wechsel von Gemeinsamkeiten und Unterschieden – direkt ineinander. Unter didaktischen und religionspädagogischen Aspekten ist die besondere Bedeutung der Kinder und ihrer Weltzugänge eigens hervorzuheben. Deshalb unsere nächste These:

Ökumenische Zusammenarbeit im Religionsunterricht kann nur unter konstitutiver Berücksichtigung der religiösen Entwicklung und der Weltzugänge von Kindern gelingen:
Wie die Gespräche mit den Kindern zeigen (Kap. 1), haben Kinder ihre eigenen Zugänge zu ökumenischen Fragen. Die entscheidende Herausforderung liegt darin, die Lern- und Verstehensmöglichkeiten von Kindern im Bereich von Ökumene zu ergründen und ihnen gerecht zu werden. Dies zeigt sich beispielhaft an folgenden Fragen: Wie nehmen Kinder Konfession konkret wahr? Wie verarbeiten sie etwa die Eindrücke von Besuchen in evangelischen und katholischen Kirchen? Welche Fragen und Gefühle werden bei ihnen ausgelöst? Wie ordnen sich solche Wahrnehmungen in ihre eigene Lebenswelt ein? usw. Auch wenn man wie wir selbst theologisch davon ausgeht, dass die Kinder Gemeinsamkeiten und Unterschiede kennen lernen und verstehen sollen, kann daraus nur in dem Maße eine (reli-gions-)pädagogische Zielsetzung werden, in dem sich Gemeinsamkeiten und Unterschiede den Kindern auch tatsächlich in sinnvoller Weise erschließen. Die auf das konkret Wahrnehmbare gerichtete Aufmerksamkeit der Kinder entspricht ihren auch sonst zu beobachtenden Weltzugängen und sollte deshalb weder pädagogisch noch theologisch abgewertet werden. Was für Erwachsene von bloß vordergründiger Bedeutung erscheint, kann für Kinder sehr wichtig sein und muss deshalb von Erwachsenen geachtet werden. Wenn wir konfessionelle Kooperation als Aufgabe der Elementarisierung bezeichnet haben (vgl. oben, 160ff.), dann ist damit nicht nur eine Vereinfachung oder Konzentration auf das Wesentliche gemeint (auch

wenn die vor allem in der katholischen Theologie bearbeitete Frage nach der »Hierarchie der Wahrheiten« durchaus bedeutsam bleibt). Elementarisierung konfessioneller Kooperation bedeutet vielmehr, dass die Erfahrungen und Weltzugänge der Kinder im Unterricht konstitutiv zum Tragen kommen müssen, weil nur so ein für sie lebensbedeutsames Lernen möglich wird.

Ökumenische Zusammenarbeit kann sich weder auf kirchliche Institutionen noch auf theologische Diskurse beschränken, ebenso wenig aber auch von schwankenden Bewusstseinslagen in der Gesellschaft abhängig gemacht werden:
In Religionspädagogik und Theologie wird immer wieder darauf hingewiesen, dass heute bei Jugendlichen, in steigendem Maß aber auch bei Erwachsenen nicht mehr mit einem klaren Bewusstsein hinsichtlich der theologischen Unterschiede zwischen den Konfessionen gerechnet werden kann (Nipkow 1990, Baumann 2000). Unsere eigenen Untersuchungsergebnisse bestätigen, dass ein konfessionelles (Selbst-)Bewusstsein bei den Kindern nicht einfach vorausgesetzt werden kann. Ökumene und konfessionelle Kooperation bedeuten unter den Voraussetzungen religiöser Individualisierung notwendig etwas anderes als Verständigung zwischen zwei festgefügten Gruppen oder Gemeinschaften, die mit wechselseitigen Vorbehalten und Vorurteilen aufeinander reagieren. Der Religionsunterricht muss sich auf diese Situation einlassen. Im Unterricht muss daher deutlich werden, was die Unterschiede und die Gemeinsamkeiten auch persönlich für den einzelnen bedeuten. Die Zusammenarbeit kann weder allein kirchlich-institutionell noch dogmatisch-theologisch gestaltet werden. Ebenso wenig leuchtet es aber ein, wenn ein Absehen von allen konfessionellen Bindungen mit der Begründung gefordert wird, dass gesellschaftliche Bewusstseinslagen solche Bindungen nicht mehr unterstützten. Pädagogisch wird dabei zum einen übergangen, dass Bildungsziele sich niemals allein an vorgegebenen Bewusstseinslagen entscheiden – sonst bedürfte es keiner Bildungsanstrengungen, da diese nichts anderes als eine Verdoppelung des ohnehin Gegebenen wären. Zum anderen unterläuft eine solche Argumentation die theologisch begründeten substantiellen Ökumenevorstellungen, die sich nicht mit einer »Einheit auf Grund von Erosion« zufrieden geben. Bei konfessioneller Kooperation erlauben es erst die klar wahrgenommenen konfessionellen Bindungen, im Religionsunterricht auch konfessionelle Profile und Wahrheitsansprüche ernst zu nehmen. Wenn Dialoge und Wahrneh-

mungsprozesse von unterschiedlichen Fragehorizonten her aufgenommen und begleitet werden, entstehen Lern- und Identifikationsmöglichkeiten, die sonst nicht gegeben wären. Dem entspricht es, wenn bei unserem Verständnis von konfessioneller Kooperation die konfessionellen Bindungen der Lehrerinnen und Lehrer sowie der kooperierenden Lerngruppen nicht aufgegeben werden.

Ökumenische Zusammenarbeit ist als wechselseitige Bereicherung auszulegen, nicht aber ohne Kritik und Selbstkritik:
Wie bereits deutlich geworden ist, führen die von uns zugrundegelegten ökumenisch-theologischen Positionen zu der pädagogischen Auffassung, dass die Unterschiede zwischen den Konfessionen in Bildungsprozessen nicht einfach aufgehoben, sondern als Chance einer wechselseitigen Bereicherung angesehen werden sollen. Die im vorliegenden Band beschriebenen Erfahrungen zeigen, dass dies ein komplexer Prozess ist. So sehen sich vor allem die Lehrerinnen und Lehrer dazu herausgefordert, die »schwierigen Anteile« ihrer eigenen Konfession bewusster wahrzunehmen. Es geht also nicht um ein vordergründig-kulinarisches Interesse, wie es beim interkulturellen Lernen manchmal beobachtet und kritisiert wird. Religionsdidaktisch ist davon auszugehen, dass der Religionsunterricht dann interessant wird, wenn er die konfessionellen Ausprägungen des Christentums in seiner geschichtlichen Entwicklung nicht ausklammert oder tabuisiert, sondern sich auf sie einlässt. Das Christentum realisiert sich immer geschichtlich und damit auch als Praxis von Kirchen und Gemeinden, die auch dann zu würdigen ist, wenn sie fremd, unverständlich oder als Irrweg erscheint. Unterschiedliche Zugangsweisen sind dabei unverzichtbar. Zum Teil geht es um die Anerkennung des anderen »als anderem«, dessen Andersein weder verniedlicht noch vereinnahmt werden darf. Zum Teil geht es um die kritische Auseinandersetzung mit geschichtlichen Fehlentwicklungen in den Konfessionen, zu der ökumenische Dialoge besonders herausfordern – sei es die Kritik an einer »evangelisch« begründeten Apartheidstheologie in Südafrika oder sei es die Problematisierung einer »katholisch« sich darstellenden Theologie der gesellschaftlichen Stabilisierung im Interesse lateinamerikanischer Großgrundbesitzer. Auch die mittelalterlichen Blutwunder oder eine überzogene Heiligenverehrung im Sinne einer Vergöttlichung einzelner Heiliger sind als Irrwege deutlich geworden. In unserem eigenen Erfahrungsbereich des konfessionell-kooperativen Religionsunterrichts in der

Grundschule weisen besonders die Lehrerinnen und Lehrer darauf hin, dass der Dialog mit evangelischen Kolleginnen und Kollegen zu der Frage nach den besonderen Möglichkeiten, aber auch den Grenzen der Marienverehrung geführt habe. Kritik und Selbstkritik lösen Vergewisserungsprozesse aus, die eine weitergehende Reflexion im Blick auf die eigene Konfession und Tradition nötig machen. Zugleich wird die Wahrnehmung des anderen präziser: Manches, was als purer Machtanspruch oder als nicht nachvollziehbare lehramtliche Äußerung etwa zur Empfängnisverhütung oder zu Bischofsernennungen erscheint, wird von katholischen Lehrerinnen und Lehrern selbst keineswegs als Spezifikum ihrer Konfession akzeptiert. Ähnlich wie ihre evangelischen Kolleginnen und Kollegen mahnen sie vielmehr den kirchlichen Zentralismus an und formulieren ihr Unverständnis hinsichtlich entsprechender Auswirkungen auf katholischer Seite. Ein naives Verständnis von gegenseitiger Bereicherung reicht also nicht aus. Es bleibt eine zentrale Aufgabe ernst zu nehmender religiöser Bildung, auch das Fremdbleibende und nicht so leicht Verstehbare der je anderen Konfession wahrzunehmen, zu verstehen sowie – unter dem Vorbehalt weiterer kritischer Dialoge – zu achten. Die Frage, was für die jeweilige Konfession unverzichtbar und von wesentlicher Bedeutung ist, muss dabei immer wieder gestellt und weiter vorangetrieben werden.

Ökumene ist als ein lebendiger Prozess von Verständigung und Veränderung anzusehen. Darauf gründet sich unsere Hoffnung, dass durch den Blick auf Gemeinsamkeiten und Unterschiede auch in Zukunft für den Religionsunterricht weitere Diskussionen entstehen werden. So geht es der vorliegenden Darstellung auch nicht darum, den Diskussionsprozess zum Abschluss zu bringen. Vielmehr sollen in den Schulen vor Ort, in der Bildungsdiskussion, in Kirchen und Universitäten weitere Überlegungen angestiftet werden.

Ökumenische Zusammenarbeit ist eine grundlegende Herausforderung für die Aus-, Fort- und Weiterbildung von Religionslehrerinnen und -lehrern

Weil auch in der akademischen Theologie konfessionelle Kooperation davon lebt, dass Menschen aus verschiedenen Konfessionen heraus den christlichen Glauben dialogisch wahrnehmen, realisieren, austauschen und im Diskurs gewichten, bedarf es dringend einer Erweiterung dieser Kompetenz.

Wenn man die interessanten Ergebnisse im Bereich der Grundschule analog für die Ausbildung von Religionslehrerinnen und -lehrern weiterreflektiert, dann müssten bereits für die Lehrerausbildung konsequent neue Modelle einer konfessionellen Kooperation entwickelt werden. Es bedarf dabei einer noch gründlicheren Reflexion und Diskussion der Profile der Theologien für eine solche weiterführende Kooperation in der Zukunft. Es ist davon auszugehen, dass kooperativer Religionsunterricht besonderer Kompetenzen bedarf, gerade weil es nicht einfach um eine Nivellierung der konfessionellen Ausprägungen geht. In diesem Bereich stehen noch erhebliche hochschuldidaktische Veränderungen an.

An den beiden Theologischen Fakultäten in Tübingen gibt es im Bereich der einzelnen Disziplinen bereits seit Jahren Versuche einer solchen theologischen Kooperation in Lehrveranstaltungen. Speziell im Bereich der Religionspädagogik – darauf sei noch einmal hingewiesen – werden regelmäßig konfessionell-kooperative Seminare durchgeführt. Dies führt nicht nur zu einer intensiveren Dialogfähigkeit, sondern auch zu einem präziseren Diskurs bei einer Vielzahl von Themen und zu einer religionsdidaktischen Kompetenzerweiterung bei der nachwachsenden Generation.

KAPITEL 6:

Konfessionelle Kooperation im Religionsunterricht – Eine empirische Untersuchung im Überblick

In den bisherigen Kapiteln haben wir immer wieder auf Interviews, Unterrichtsbeobachtungen und Zusammenarbeit mit Religionslehrerinnen und -lehrern Bezug genommen. All dies war Teil unseres Forschungsprojekts, das von der Deutschen Forschungsgemeinschaft und durch Kooperation vom Bistum Rottenburg-Stuttgart und von der Evangelischen Landeskirche Württemberg unterstützt wurde. Der Erhebungszeitraum lag im Schuljahr 1998/1999, die Auswertungen dauerten weitere zwei Jahre. Dieses Projekt, seine Methoden und Vorgehensweisen werden im Folgenden überblickartig dargestellt.

1. Zielsetzung und Anlage des Projekts

Ziel des Forschungsprojekts war die empirisch-explorative Prüfung von Möglichkeiten konfessionell-kooperativen (evangelisch-katholischen) Religionsunterrichts in der Schule. Die gesellschaftliche, kirchliche, bildungspolitische und religionspädagogische Bedeutung des Projekts haben wir in der Einleitung zu diesem Buch dargelegt, den theologischen Standort im Kapitel 5 »Ökumenische Kontexte und theologische Positionen« verdeutlicht. Der Fokus der Forschungsarbeiten lag auf der Grundschule. In Zusammenarbeit mit ausgewählten Grundschulen wurden in – von den Kirchen und von den staatlichen Aufsichtsbehörden genehmigten – Unterrichtsversuchen Formen des konfessionell-kooperativen Religionsunterrichts entwickelt und erprobt. Mit Hilfe von Methoden vorwiegend der qualitativen, zum Teil aber auch der quantitativen empirischen Sozialforschung wurden Voraussetzungen, Erwartungen und Erfahrungen der an diesem Versuch beteiligten Schülerinnen und Schüler, Lehrerinnen und Lehrer sowie weiterer Beteiligter (Klassenlehrerinnen, Schulleiter) erfasst und ausgewertet. Die Sichtweise der Eltern der am Projekt beteiligten Kinder wurde mittels Fragebogen erhoben.

In einem multiperspektivischen Verfahren wurde konfessionell-kooperativer Unterricht untersucht. Dabei wurden folgende Zugänge gewählt:
(1) Befragungen der Schülerinnen und Schüler zu Beginn und am Ende des Untersuchungszeitraumes;
(2) Befragungen der Lehrerinnen und Lehrer zu Beginn und am Ende des Untersuchungszeitraumes;
(3) Analyse von Unterricht;
(4) Befragungen der Eltern mittels Fragebogen zu Beginn und am Ende des Untersuchungszeitraumes;
(5) Gespräche mit den (indirekt beteiligten) Klassenlehrerinnen und Schulleitern am Ende des Erhebungszeitraums.

Insgesamt wurden:

◆ 35 Unterrichtsstunden beobachtet und dokumentiert, 31 davon transkribiert und analysiert;
◆ 31 Nachgespräche mit Lehrerinnen und Lehrern unmittelbar im Anschluss an den beobachteten Unterricht geführt, auf Tonband aufgezeichnet, transkribiert und analysiert;
◆ 34 Eingangsinterviews und 76 Abschlussinterviews mit Schülerinnen und Schülern (Gruppeninterviews) geführt, auf Tonband aufgezeichnet, transkribiert und analysiert;
◆ 14 Eingangsinterviews und 14 Abschlussinterviews mit den 14 beteiligten Lehrerinnen und Lehrern geführt, auf Tonband aufgezeichnet, transkribiert und analysiert;
◆ 252 ausgefüllte Elternfragebogen zu Beginn der Unterrichtsversuche, 208 ausgefüllte Elternfragebogen am Ende der Unterrichtsversuche analysiert;
◆ 9 Gespräche mit Klassenlehrerinnen (zum Teil mit zwei Lehrerinnen gemeinsam) und mit Schulleitern geführt, auf Band aufgezeichnet und ohne Transkript ausgewertet.

Der multiperspektivische Zugang zum Forschungsfeld hebt die Studie von bislang verfügbaren Forschungsarbeiten zum Thema konfessionelle Kooperation ab. Entgegen der Vorgehensweise zahlreicher Studien in der religionspädagogischen Forschung, die sich ausschließlich oder nahezu ausschließlich auf die Selbstauskünfte der Lehrerinnen und Lehrer beziehen (vgl. Schweitzer 2001), erweitern wir die Perspektive, wobei insbesondere die Kinder im Brennpunkt des Interesses stehen. Damit wird die Bedeutung der Wahrnehmungen von Lehrerinnen und Lehrern keineswegs relativiert. Sie sind als Experten ernst zu nehmen. Aber auch Kinder und Jugendliche sind Experten für ihr eigenes Leben. Da die Wahrnehmungen der Kinder und die der Unterrichtenden zum Teil erheblich divergieren können, beziehen wir die Erfahrungen und Reflexionen der Schüler wesentlich in unsere Untersuchung mit ein. Außerdem erscheint es uns geboten, die Perspektive der Fremdwahrnehmung, d.h. der Unterrichtsbeobachtung, -dokumentation und -analyse, der Selbstauskunft von Lehrenden und Lernenden zur Seite zu stellen.

Durch Vernetzung der verschiedenen Forschungszugänge gelingt es, zu Ergebnissen zu gelangen, die als Grundlage für geprüfte Empfehlungen zur Weiterentwicklung des Religionsunterrichts dienen können.

Bevor die Vorgehensweise und die Forschungsmethoden im einzelnen beschrieben werden können, müssen die Kooperationsformen erläutert werden, in denen die Lehrerinnen und Lehrer unterrichteten.

2. Beschreibung der beobachteten Kooperationsformen

In insgesamt sechs ausgewählten Grundschulen im größeren Umkreis Tübingens konnten 14 Lehrerinnen und Lehrer gewonnen werden, die an dem Projekt teilnahmen. Die Schulen wurden so ausgewählt, dass sowohl Dörfer und Städte mit mehrheitlich evangelischer als auch mit mehrheitlich katholischer Bevölkerung repräsentiert waren. Die konfessionelle Zusammensetzung der Bevölkerung spiegelt sich naturgemäß in der Zusammensetzung der Religionsgruppen wider. In Abstimmung mit der jeweiligen Schulleitung wurde zwischen den Lehrkräften und den Projektmitarbeitern acht Kooperationsformen konfessionell-kooperativen Unterrichtens entwickelt. Alle Formen der Zusammenarbeit unterscheiden sich voneinander, abhängig von den spezifischen Gegebenheiten der jeweiligen Schule. Wir beschreiben im Folgenden alle acht beobachteten Formen, die wir danach in vier Grundformen zusammen fassen.

K1: Evangelisch-katholische Lerngruppen

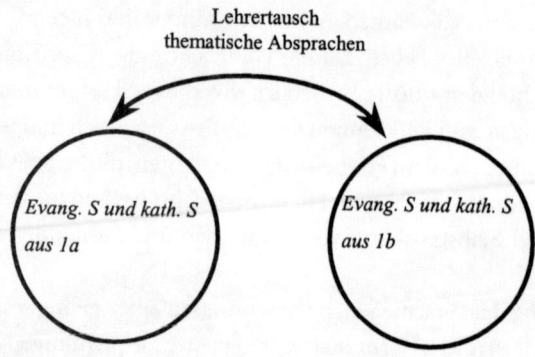

Lehrertausch
thematische Absprachen

Evang. S und kath. S
aus 1a

Evang. S und kath. S
aus 1b

K1: In einem Dorf mit mehrheitlich katholischer Prägung unterrichtet die evangelische Lehrkraft die evangelischen und katholischen Schülerinnen und Schüler der Klasse 1a, die katholische Lehrkraft unterrichtet die evangelischen und katholischen Kinder der Klasse 1b. Im Verlauf des Schuljahres wird mehrfach Lehrertausch praktiziert, gelegentlich finden gegenseitige Hospitationen statt. Einige Unterrichtsthemen werden thematisch miteinander abgestimmt. Es wird also der sogenannte »Klassenverband« beibehalten, wobei im Religionsunterricht z.B. die ungetauften und muslimischen Kinder nicht in jedem Fall teilgenommen haben, weshalb der »Klassenverband« in den Religionsstunden nicht immer vollständig war.

K2: Evangelisch-katholische Lerngruppe; Team-Teaching

Evang. S und kath. S
aus 1a und 1b und
kath. S aus Kl. 2

K2: In einem Dorf mit mehrheitlich evangelischer Prägung unterrichten die evangelische und die katholische Lehrerin gemeinsam die Schülerinnen und Schüler der Klasse 1a und 1b sowie die katholischen Schüler aus den 2. Klassen. Es wird also das ganze Schuljahr über im Team-Teaching unterrichtet, was in diesem Fall bedeutet, dass beide Lehrkräfte im Unterricht präsent sind, sich vorher absprechen, sich in der Federführung der Stunde abwechseln oder auch parallel im Unterrichtsgeschehen aktiv sind.

K3: Evangelisch-katholische Lerngruppen

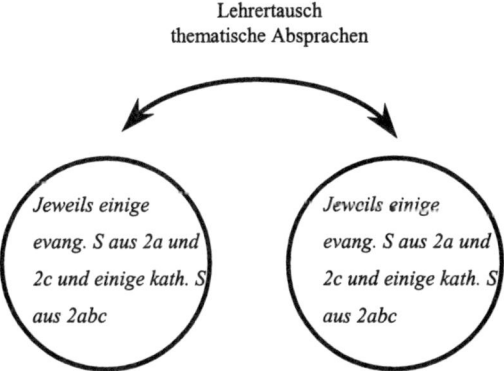

Lehrertausch
thematische Absprachen

Jeweils einige
evang. S aus 2a und
2c und einige kath. S
aus 2abc

Jeweils einige
evang. S aus 2a und
2c und einige kath. S
aus 2abc

K3: In einem Dorf mit mehrheitlich evangelischer Bevölkerung werden zwei konfessionell gemischte Gruppen aus der Klassenstufe 2 gebildet. Da es insgesamt drei Parallelklassen gibt, setzen sich die kooperativen Religionsgruppen folgendermaßen zusammen: Beide Lehrerinnen unterrichten jeweils einige evangelische Kinder aus 2a und 2c und einige katholische Kinder aus allen drei Parallelklassen. Die evangelischen Schülerinnen und Schüler aus 2b und die Hälfte aus 2c müssen aufgrund zu hoher Schülerzahlen unabhängig vom Projekt von einer weiteren Lehrkraft unterrichtet werden. Den Kindern aus den kooperativen Gruppen wird freigestellt, zu welcher der beiden Religionsklassen sie gehören möchten.

K4: Wechsel zwischen konfessionell getrennten und gemischten Lerngruppen

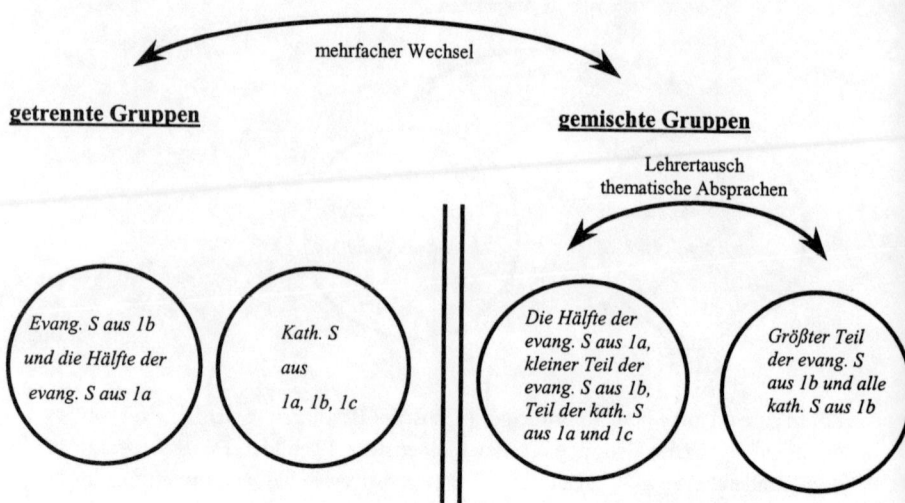

getrennte Gruppen

mehrfacher Wechsel

gemischte Gruppen

Lehrertausch
thematische Absprachen

Evang. S aus 1b und die Hälfte der evang. S aus 1a

Kath. S aus 1a, 1b, 1c

Die Hälfte der evang. S aus 1a, kleiner Teil der evang. S aus 1b, Teil der kath. S aus 1a und 1c

Größter Teil der evang. S aus 1b und alle kath. S aus 1b

K4: In einem vorwiegend evangelischen Dorf unterrichtet die evangelische Lehrkraft die evangelischen Schülerinnen und Schüler der Klasse 1b und die Hälfte der evangelischen Schülerinnen und Schüler der Klasse 1a. Die evangelischen Schülerinnen und Schüler der Klasse 1c und die zweite Hälfte aus 1a müssen aufgrund zu hoher Schülerzahlen unabhängig vom Projekt von einer weiteren Lehrkraft unterrichtet werden. Die katholische Lehrerin unterrichtet die katholischen Schülerinnen und Schüler der Klassen 1a, 1b und 1c. Bei bestimmten Themen werden die Gruppen konfessionell gemischt.

K5: Wechsel zwischen konfessionell getrennten und gemischten Lerngruppen

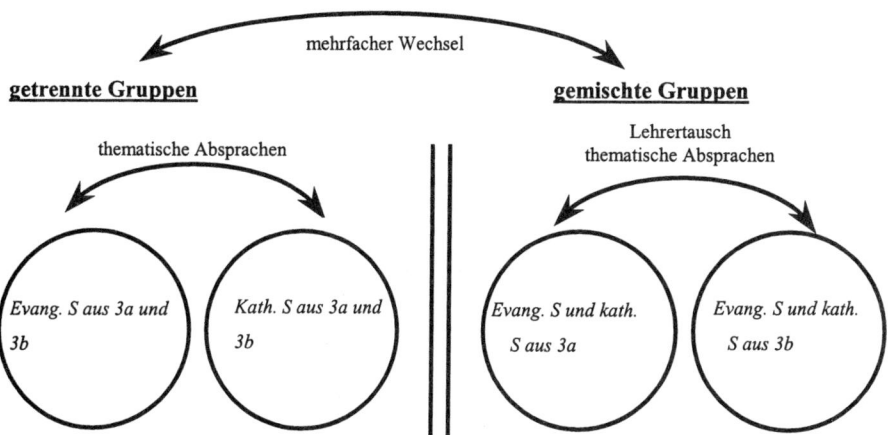

K5: In einem Dorf mit überwiegend katholischer Bevölkerung ist das Grundmodell der Unterricht in getrennten Gruppen. Allerdings wird zu einer relativ langen Unterrichtseinheit im ersten Schulhalbjahr der »Klassenverband« hergestellt und wöchentlicher Lehrertausch praktiziert. Danach findet der Religionsunterricht (bis auf eine Ausnahme) wieder in den konfessionell getrennten Gruppen statt.

K6: Wechsel zwischen konfessionell getrennten und gemischten Lerngruppen

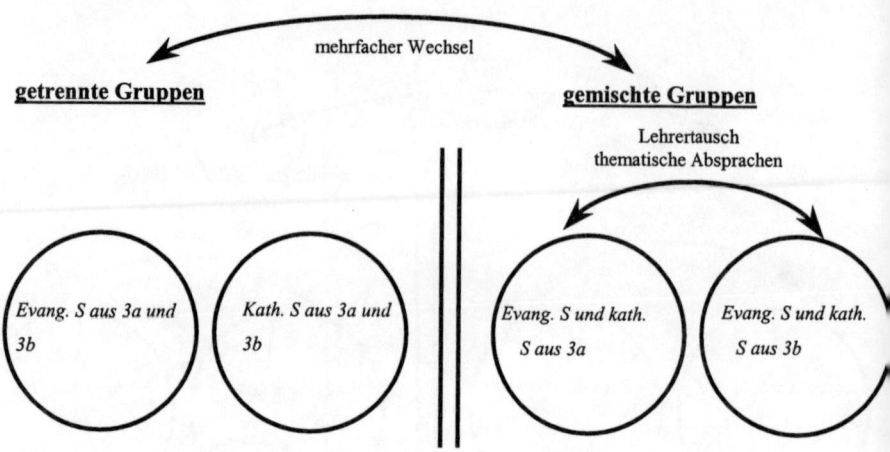

K6: In einer Stadt mit größtenteils katholischer Bevölkerung ist das Grundmodell der Unterricht in getrennten Gruppen. Die evangelische Lehrkraft unterrichtet die evangelischen Schülerinnen und Schüler der Klasse 3a und 3b, die katholische Lehrkraft die katholischen Schülerinnen und Schüler der Klasse 3a und 3b. Bei bestimmten Themen wird der »Klassenverband« hergestellt und dann phasenweise Lehrertausch praktiziert. Es finden inhaltliche Absprachen statt.

K7: Konfessionell getrennte Gruppen:

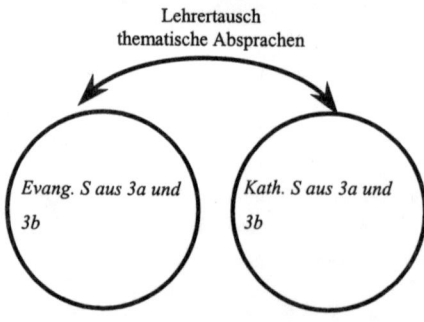

K7: In einer Stadt mit mehrheitlich evangelischer Bevölkerung unterrichtet der evangelische Lehrer die evangelischen Schülerinnen und Schüler der Klassen 3a und 3b, die katholische Lehrerin die katholischen Schülerinnen und Schüler der Klasse 3a und 3b. Dabei werden manche Themen miteinander abgestimmt, manchmal wird parallel unterrichtet. Gelegentlich findet Lehrertausch statt.

K8: Wechsel zwischen konfessionell getrennten und gemischten Lerngruppen

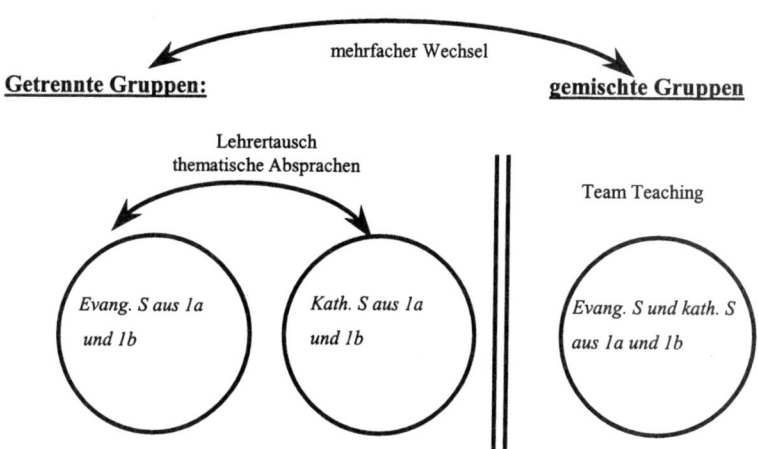

K8: In einer Stadt mit vorwiegend evangelischer Bevölkerung unterrichtet der evangelische Lehrer die meiste Zeit die evangelischen Schülerinnen und Schüler der Klasse 1a und 1b, die katholisch Lehrerin die katholischen Schülerinnen und Schüler der Klasse 1a und 1b. Bei bestimmten Themen werden beide Lerngruppen zusammengelegt und von beiden Lehrkraften im Team Teaching unterrichtet.

Zusammenfassend erkennen wir in den beschriebenen und dargestellten Einzelformen der Kooperation vier Grundformen, die wir zu Beginn von Kapitel 2 ausführlich beschreiben:
◆ Lehrerkooperation bei konfessionell getrennten Gruppen
◆ Wechsel zwischen konfessionell getrennten und gemischten Gruppen
◆ Evangelisch-katholische Lerngruppen mit und ohne Lehrertausch
◆ Team-Teaching bei konfessionell gemischter Lerngruppe.
An diesen Grundformen, die von den jeweiligen schulischen Voraussetzungen, aber auch von religionspädagogischen Vorentscheidungen abhängen, kann sich konfessionell-kooperatives Unterrichten in der Schule orientieren. Es können weitere Modelle der Kooperation als Variationen dieser vier Grundformen entwickelt werden.

3. Empirische Religionspädagogik:
Zum Forschungskontext unserer Studie

Unser Forschungsprojekt ist im Kontext einer Religionspädagogik angesiedelt, die sich sowohl empirischer (Überblick: Porzelt/Güth 2000) als auch weiterer Verfahren bedient (Englert 1995). Die Vorannahmen und Ausgangspunkte für konfessionelle Kooperation sind das Ergebnis religionspädagogischer Hypothesenbildung, doch um begründete Aussagen machen zu können, sehen wir es als unerlässlich an, empirische Forschungen durchzuführen und daraus Rückschlüsse zu ziehen. Trotz der vor mehr als 30 Jahren eingeforderten »empirischen Wendung in der Religionspädagogik« (Klaus Wegenast) hat sich empirische Forschung in der Religionspädagogik in Deutschland – etwa im Unterschied zu den angelsächsischen Ländern – bisher weithin nur in einer vermittelten Form vollzogen: durch einen stärkeren Bezug auf die (zum Teil) empirisch arbeitende allgemeine Pädagogik sowie auf die Sozialwissenschaften.

Empirische Untersuchungen in der Religionspädagogik werden zwar als wichtig angesehen, bilden insgesamt aber noch immer die Ausnahme (zur Bilanz: Ziebertz 1994, Bucher 1995, Porzelt/Güth 2000, s. auch die Beiträge in Biehl u.a. 1996). Insbesondere ist ein spezifisches Forschungsdefizit hinsichtlich der Realität ökumenischen Lernens zu verzeichnen. Keine der neueren Darstellungen zum ökumenischen Lernen kann sich auf empirische Erkenntnisse stützen – ein Defizit, das bereits vor Jahren erkannt (Nipkow 1990), aber keineswegs ausgeräumt wurde.

Die vielbeachtete Untersuchung von Anton Bucher (2000) bietet vor allem einen Überblick, der mit Hilfe quantitativ-statistischer Methoden gewonnen wurde und der weitere qualitative Studien nach sich ziehen soll (so Buchers eigene Einschätzung: »Zugegebenermaßen lässt sich mit sozialwissenschaftlichen Methoden, insbesondere quantitativen, konkreter Religionsunterricht nicht in allen seinen Aspekten erfassen«, Bucher 2000, 13). Gleichwohl enthält Buchers Studie wichtige Erkenntnisse, an die im vorliegenden Zusammenhang angeknüpft werden kann.

Auch die oben bereits mehrfach erwähnte Untersuchungen von Englert/Güth (1999), Andreas Feige u.a. (2000) sowie die Studie von Barbara Asbrand (2000) sind für den thematischen Umkreis unseres Vorhabens von Interesse. In Deutschland hat sich besonders die Hamburger Forschungsgruppe um Wolfram Weiße (1996) um entsprechende, auch empirische Untersuchungen bemüht (Knauth/Sandt/Weiße 1994, Sandt 1996, Knauth 1996, Weiße/Doedens 2000), die jedoch auf Sekundarstufe I bezogen sind – vor allem i.S. einer religionspädagogischen Jugendforschung und erst in jüngster Zeit auch als Unterrichtsforschung (Knauth u.a. 2000). Insgesamt muss bei diesen Arbeiten die Hamburger Spezialsituation (ohne herkömmlichen konfessionellen Religionsunterricht) bedacht werden (»RU für alle«) und sind keine direkten Aufschlüsse zur Situation in der Bundesrepublik insgesamt zu erwarten.

Eine wichtige Untersuchung zum interkulturellen und interreligiösen Lernen in Form von Schulportraits, teilweise auch unter Berücksichtigung von Grundschulen, stammt aus dem Comenius-Institut (Fischer u.a. 1996). Bis auf Ausnahmen stützen sich diese Darstellungen auf Befragungen von Lehrerinnen und Lehrern sowie auf Gespräche mit Kindern und Jugendlichen außerhalb des Unterrichts. Systematische Unterrichtsdokumentationen und -analysen sind bislang selten verfügbar.

Im Folgenden stellen wir die Vorgehensweisen dar, die wir für die Untersuchung und Analyse der einzelnen Perspektiven gewählt haben (Kinder, Unterricht, Lehrer, Eltern etc.). In diesem Zusammenhang verweisen wir auf weitere empirische Studien, die direkt oder für den Kontext unserer Untersuchung bedeutsam sind.

4. Verschiedene Zugänge zum konfessionell-kooperativen Unterricht

Gespräche mit den Kindern
Die Frage, ob man mit Kindern sozial-empirische Interviews durchführen kann, die sinnvolle Ergebnisse zutage bringen, ist in der Kindheitsforschung zumindest umstritten (Lange 1999, Zinnecker 1999; Petermann/Windmann 1993). Unterschiede im Entwicklungsstatus, die oft begegnende Künstlichkeit bei Befragungen sowie die Schwierigkeiten mit Motivation und Konzentration sind ernst zu nehmende Faktoren, die im Blick auf Gespräche mit Kindern zu beachten sind. Da die gedankliche und emotionale Welt der Kinder und die der Erwachsenen sehr verschieden sind, kann man in Interviews, die sich an die Gesprächsformen von Erwachsenen anlehnen, sicher nur annäherungsweise an die Sicht der Kinder herankommen (insgesamt dazu: Heinzel 2000, Honig/Lange/Leu 1999). Darum gelten qualitative Interviews mit Kindern als eine »schwierige Methode« (Fuhs 2000). Doch die neuere Kindheitsforschung entdeckt die Kinder mehr und mehr auch als kompetente Akteure, die die Realität auf produktive Weise verar-

beiten, und nimmt sie als Subjekte, die selber Auskunft geben können, ernst, was unserem methodologischen Ansatz entspricht. Unsere Studie steht bewusst im Horizont der religionspädagogischen Forderung nach einem Perspektivenwechsel hin zu der Lebenswelt der Kinder.

Um deren Sichtweisen zum Themenkreis der konfessionellen Kooperation zu erforschen, haben wir zu Beginn und am Ende des Projektes die beteiligten Kinder selbst zu Wort kommen lassen. Wir haben teilstrukturierte (halboffene) Gruppeninterviews mit den Schülerinnen und Schülern durchgeführt (vgl. Flick 1995, Lamneck 1993, 1995; Huber/Mandl 1994), die Aufschluss über die Ausgangspositionen der Kinder und über deren Denken am Ende eines Schuljahres mit konfessionell kooperativem Religionsunterricht geben. Die gemischt konfessionellen Kindergruppen umfassten anfangs sechs bis neun, am Ende vier bis fünf Kinder, da wir die Erfahrung machten, dass mit kleineren Gruppen wesentlich intensiver gesprochen werden kann. Die Gespräche wurden auf Tonband aufgezeichnet und anschließend transkribiert.

Bei den Interviews wurde selbstverständlich auf einen kindgemäßen Rahmen geachtet, der durch einen zwanglosen und vertrauenswürdigen Kontakt zu den Kindern gekennzeichnet ist. Ein nicht transkribierter Vorspann (z.B. zu Themen wie Lieblingsspeisen und zu den Namen der Kinder) sowie eine kindgemäße Erklärung zum Sinn des Unterfangens eröffneten das Interview.

Für die Entwicklung der Interviewleitfäden wurde auf die Erfahrungen und theoretischen Diskussionen in der einschlägigen Literatur zurück gegriffen. Insbesondere die oben bereits angesprochenen Untersuchungen zur religiösen Identität von David Elkind (1961, 1962, 1963) sowie die phänomenologischen und ethnographischen Studien von Robert Jackson und Eleanor M. Nesbitt (1993) bzw. deren religionspädagogische Weiterführung (Jackson 1997) gaben Impulse für qualitative Kinderinterviews im Kontext von Konfession und Religion. Ähnlich wie Elkind entschieden wir uns, Kinder direkt nach den konfessionellen Grundbegriffen »katholisch« und »evangelisch« zu befragen, deren Bedeutungsumfeld abzurufen, nach konkreten, den Kindern bekannten Personen zu fragen, die – ihres Wissens oder ihrer Vermutung nach – »katholisch« oder »evangelisch« sind. Die Frage nach der möglichen Konfessionszugehörigkeit von Haustieren übernahmen wir ebenfalls von Elkind, da sie Aufschluss über Kenntnis bzw. Vermutung der Kinder zur Genese von Konfessionalität geben soll (ein Teil der Kinder sprach diese Frage auch von sich aus an).

Exemplarisch für unsere Vorgehensweise bei den Interviews und für den Duktus unserer Fragen sei hier der *Leitfaden für die Schülerinterviews zum Schuljahresbeginn* wiedergegeben. Analoge Leitfäden wurden für das Schuljahresende, für die Erwachsenen, d.h. die Lehrerinnen und Lehrer und die Schulleitungen sowie Klassenlehrerinnen, entwickelt.

◆ Ich habe euch etwas mitgebracht und zwar zwei Wörter; das erste heißt »evangelisch«. Wer von euch weiß, was »evangelisch« bedeutet? Erklärt mir dieses Wort! – Das zweite Wort heißt »katholisch«. Wer von euch weiß, was »katholisch« bedeutet? Erklärt mir dieses Wort!

◆ Wer von euch kennt jemanden, der evangelisch ist? Wer von euch kennt jemanden, der katholisch ist?

◆ Wer von euch weiß, ob er/sie evangelisch ist? Wer von euch weiß, ob er/sie katholisch ist?

◆ Wer von euch hat ein Haustier zu Hause? Kann deine Katze/dein Hund u.a. evangelisch oder katholisch sein?

◆ Wie wird man evangelisch, wie wird man katholisch? Wie bist du evangelisch/katholisch geworden?

◆ Wer von euch war schon einmal in einer Kirche? War diese Kirche eine evangelische oder eine katholische Kirche?

◆ Wie sieht es in dieser Kirche aus?

◆ Was macht man in einer Kirche? Was macht Ihr in der Kirche?

◆ Kommt »evangelisch« und »katholisch« auch hier in der Schule vor? Wenn ja, welche Rolle spielt es?

◆ Was haltet ihr davon, dass es Religionsunterricht gibt?

◆ Was haltet ihr davon, dass es evangelischen und katholischen Religionsunterricht gibt?

◆ Was meint ihr, warum gibt es Evangelische und Katholische?

Unsere Erfahrung mit dieser Methode der Kinderbefragung stellt ein wichtiges Ergebnis der Gesamtstudie dar: Entgegen der Meinung, solche Gespräche seien entweder mit Grundschulkindern unmöglich oder wären nicht fruchtbar, zeigte sich bereits im Laufe der Erhebung, dass die Schülerinterviews wertvolle Ergebnisse zutage bringen. Es gab nur ganz wenige der mehr als 350 befragten Kinder, die sich zu den oben genannten Fragen überhaupt nicht äußerten. Die Aussagen des größten Teils der Kinder sind auswertbar und tragen zur Klärung der Fragestellung des Forschungsprojekts bei. Es zeigte sich, dass Kinder durchaus in der Lage sind, sich im Blick auf Konfessionen und Konfessionszugehörigkeit eigenständige Gedanken zu machen, eigene kindliche Konzepte dazu zu entwickeln und sie im Gespräch mitzuteilen.

Auswertungsmethode für die Kinderinterviews

Insgesamt liegen 110 Transkripte von Kinderinterviews vor. Auf Grund der großen Zahl der Interviews sowie zur Gewährleistung wechselseitiger Kontrolle wurde in Auswertungsteams gearbeitet (jeweils 2-4 Auswertende pro Team).

Weiterhin war für die Auswertung das Projektdesign entscheidend: Unser Interesse richtete sich zum einen auf Voraussetzungen zu Beginn des Vorhabens wie z.b. die Kenntnis und Wahrnehmung der Konfessionen oder die Bedeutung von Konfession im (Schul-)Leben des Kindes, zum anderen auf die Wahrnehmung konfessionell-kooperativen Unterrichts durch die Kinder am Ende des Schuljahrs sowie eventuelle Veränderungen in Kenntnis, Wahrnehmung und Bedeutung von Konfessionen bei den Kindern. Entsprechend wurden die Ergebnisse getrennt für die Eingangs- und Abschlussinterviews zusammengestellt.

Das qualitative Material lässt unterschiedliche Auswertungen zu. So kann nach *übergreifenden Tendenzen* gefragt werden, aber auch nach *individuellen Zusammenhängen*, in denen die Begegnung mit den Konfessionen bzw. mit Konfessionalität im Religionsunterricht jeweils steht. Schließlich kann, etwa entwicklungspsychologisch, nach der *Genese konfessionellen Bewusstseins* gefragt werden, wie sie sich – ansatzweise und hypothetisch – aus dem Vergleich unterschiedlicher Alters- bzw. Klassenstufen ergeben könnte.

Im einzelnen können fünf Auswertungsschritte unterschieden werden:
1. Der Auswertung der Interviews wurden Kategorien zugrunde gelegt, die die übergreifende Auswertung vorbereiten bzw. ermöglichen sollten. Diese Kategorien wurden nicht einfach dem Interviewleitfaden entnommen, sondern anhand einer ersten Interpretation einer beschränkten Zahl von Interviews (ca. fünf Interviews pro Befragungszeitpunkt und Klassenstufe) festgelegt. Auf diese Weise sollte gewährleistet werden, dass auch solche Aspekte, die im Interviewleitfaden nicht vorgesehen waren, aber von den Kindern selbst angesprochen werden, bei der Auswertung Berücksichtigung finden. Darüber hinaus wurden offene Auswertungskategorien (»Besonderheiten« usw.) mitgeführt, ebenfalls um individuellen Sichtweisen gerecht zu werden.
2. Eine Reihe von Interviews (ca. fünf Interviews pro Befragungszeitpunkt und Klassenstufe) wurde parallel durch alle Auswertende des jeweiligen Teams inter-

pretiert. Auf diese Weise wurde die Verlässlichkeit des Auswertungsverfahrens gestärkt und das gemeinsame Vorgehen präzisiert.

3. Auswertung aller Einzelinterviews: Bei den Eingangsinterviews wurden vor einer Zusammenfassung von Ergebnissen sämtliche Transkripte interpretiert, bei den Interviews am Ende des Vorhabens wurde auf Grund von deren größerer Zahl ein gestuftes Verfahren gewählt: Nach Auswertung von etwa zwei Drittel der Einzelinterviews wurde hier eine vorläufige zusammenfassende Auswertung (s.u., 4.) erstellt, das letzte Drittel der Interviews wurde dann als Gegenprobe für diese Auswertung eingesetzt.

4. Die zusammenfassende Auswertung der Interviews wurde auf der Ebene der Klassenstufen durchgeführt, jeweils getrennt nach Befragungszeitpunkt (Beginn und Ende des Vorhabens). Dabei wurde auf die aus den Interviews gewonnenen Auswertungskategorien zurückgegriffen (vgl. oben, 1.).

5. Die abschließende Auswertung der Interviews im Blick auf konfessionell-kooperativen Religionsunterricht geht über die Interpretation des Interviewmaterials insofern hinaus, als hier auch religionspädagogisch- und pädagogisch-theologische Aspekte mit ins Spiel kommen.

Interviews mit den Lehrern

Untersucht wurden die Erwartungen und Sichtweisen der Lehrerinnen und Lehrer im Blick auf konfessionell-kooperativen Religionsunterricht *vor* dem Unterrichtsversuch und die Erfahrungen und ggf. veränderten Sichtweisen zu konfessionell-kooperativem Religionsunterricht *nach* dem Unterrichtsversuch. Zu diesem Zweck wurden zu Beginn und am Ende des Projekts jeweils 14 teilstrukturierte (halboffene), ca. einstündige Interviews durchgeführt (Literatur zur qualitativen Sozialforschung s. o., Abschnitt 3). Auch diese Gespräche wurden auf Tonband aufgezeichnet und transkribiert und gemäß der Kriterien der qualitativen Sozialforschung ausgewertet. Bei der Erstellung der Interviewleitfäden standen die Leitfragen des Forschungsvorhabens im Mittelpunkt, die sich um drei Schwerpunkte gruppieren: (1) Frage nach den Schülerinnen und Schülern, ihren Voraussetzungen, ihrem beobachtbaren Wissen um kirchliche und konfessionelle Sachverhalte etc. (2) Frage nach den Lehrerinnen und Lehrern selbst, ihrer Motivation für konfessionelle Zusammenarbeit, ihrer Haltung zu Ökumene, Konfessionen, konfessionell kooperativer Religionsunterricht etc. (3) Fragen zu Unterricht und Didaktik, den konkreten Möglichkeiten konfessioneller Kooperation, den Schwierigkeiten und Chancen der Zusammenarbeit, wie sie von den Lehrerinnen und Lehrern beobachtet wurden.

Für unsere Untersuchungen der Sichtweisen der Lehrerinnen und Lehrer stellt die *religionspädagogische Lehrerforschung* einen wichtigen Anknüpfungspunkt dar (Überblick: Ziebertz 1995). In der Regel steht dabei das Rollenverständnis der Religionslehrerinnen und -lehrer im Vordergrund, teilweise aber auch ihre Einstellung zu Kirche und Konfession sowie ihre Wahrnehmung der Kinder und Jugendlichen.

Von besonderer Bedeutung ist in diesem Zusammenhang die von Rudolf Englert und Ralph Güth (1999) mit Team durchgeführte sog. »Essener Umfrage« zu »Situation und Profil des katholischen Religionsunterrichts an Grundschulen«. Neben vielen Einzelaspekten bietet sie u.a. Hinweise zur Kirchlichkeit von Religionslehrerinnen und Religionslehrern und zu deren Vorstellungen zur zukünftigen Gestalt des Religionsunterrichts, die für die Interpretationen unserer Ergebnisse von Relevanz sind (beispielsweise plädiert eine knappe Mehrheit der befragten Lehrkräfte im Bistum Essen für einen »ökumenischen Religionsunterricht«).

Die große Untersuchung von Andreas Feige u.a. (2000) »'Religion' bei ReligionslehrerInnen« ist auf die Religionslehrerschaft in Niedersachsen bezogen und hat ihren Schwerpunkt einerseits bei »berufsbiographischen Fallanalysen«, andererseits bei einer Erhebung von (Lehrer-)Einstellungen u.a. auch zum konfessionell-kooperativen Religionsunterricht (vor allem allerdings unter den spezifisch niedersächsischen Voraussetzungen).

Auswertungsmethode für die Lehrerinterviews

Zur Analyse der Lehrereingangs- und Abschlussinterviews wurde vom Gesamtteam aus den Fragen der jeweiligen Interviewleitfäden zunächst ein grobes Themenraster entwickelt. Mithilfe dieses Rasters wurden erste Transkripte von Lehrerinterviews bearbeitet. Ziel des ersten Durchgangs war es, anhand des Materials das Raster zu verfeinern, wichtige Themenbereiche zu identifizieren und weitere Fragen aufzunehmen. Ergebnis war ein Raster von zehn Fragen (mit weiteren Teilfragen) zu drei Bereichen: zu den Schülerinnen und Schülern, den Lehrerinnen und Lehrern und zu Unterricht/Didaktik. Für Eingangs- und Abschlussinterviews wurden die gleichen Themenbereiche mit ähnlichen Fragen festgelegt (spezifiziert auf die Situation zu Beginn bzw. am Ende des Projekts), um Vergleichbarkeit zu erreichen.

Diese Frageraster bildeten die Grundlage für »Queranalysen«, d.h. es wurden Sequenzen innerhalb der Interviews identifiziert, die den jeweiligen Fragen des Rasters zugeordnet werden können. Im nächsten Arbeitsgang wurden die entsprechenden Sequenzen aller Transkripte zu thematischen Blöcken zusammen gezogen, so dass ein Überblick darüber möglich wurde, was die befragten Lehrerinnen und Lehrer zum jeweiligen Thema aussagten.

Der nächste Arbeitsschritt bestand in einer Reduktion des nun vorliegenden thematisch geordneten Materials auf zentrale Aussagen, die die Aussagen der Befragten zusammenfassen. Zum Teil wurden diese Zusammenfassungen nochmals an den ursprünglichen Transkripten überprüft.

Beobachtung konfessionell-kooperativer Unterrichtsstunden

Im Verlauf des Forschungsprojekts wurden von uns 35 Unterrichtsstunden, die von den betreffenden Lehrerinnen und Lehrern in konfessioneller Zusammenarbeit unterrichtet wurden, beobachtet und auf Band mitgeschnitten. Nach fast allen Stunden konnten wir mit den Unterrichtenden Nachgespräche zum gehaltenen Unterricht führen. Insgesamt erwiesen sich 31 Unterrichtsstunden als ergiebig genug, um transkribiert zu werden. Während des Unterrichts achtete eine Projektassistentin oder ein Projektassistent vorwiegend auf die inhaltliche, didaktische und methodische Seite des Unterrichts, machte sich Notizen und identifizierte eine für konfessionell-kooperatives Unterrichten wichtige Sequenz. Die von den Lehrkräften eingebrachten Unterrichtsmaterialien wurden gesammelt, das Tafelbild und andere Medien dokumentiert. Eine studentische Hilfskraft schrieb die Namen der Schülerinnen und Schüler, die sich zu Wort meldeten, aufgerufen wurden oder anderweitig agierten zusammen mit der jeweiligen Nummer des Zählwerks des Tonbands mit. Diese Aufgabe erwies sich in vielen Fällen als schwierig, da bei besonderen Unterrichtsformen (Stuhlkreis, Gruppenarbeit etc.) die Schülerinnen und Schüler nicht an ihren Plätzen saßen, wo sie mit Hilfe der Namensschilder oder des Sitzplans namentlich identifiziert werden konnten, oder weil die Unterrichtssituation eine zu schnelle Abfolge von Schüleräußerungen ergab. Deshalb sind manche Äußerungen in den Transkripten nicht identifizierbar.

Bis auf wenige Ausnahmen (aus Zeitgründen der Lehrkraft) haben wir mit den Unterrichtenden ca. zwanzigminütige Nachgespräche geführt und auf Band aufgezeichnet.

Zum Einstieg in das Nachgespräch bekamen die Lehrerinnen und Lehrer Gelegenheit, von sich aus etwas zur Unterrichtsstunde zu sagen: Welche Anliegen und Erwartungen sie in Bezug auf diese Stunde hatten, inwiefern der Unterricht planmäßig verlaufen ist oder nicht, was ihnen besonders aufgefallen ist, welche Abweichungen es aus welchen Gründen gab und welche Konsequenzen das für den Stundenverlauf hatte, auf welche ökumenischen Sensibilitäten sie gestoßen sind und wie sie damit umgehen konnten. Die als wichtig identifizierte Passage (s.o.) wurde von einem zweiten Tonträger etwa in der Mitte des Nachgesprächs abgespielt. Die Lehrerinnen und Lehrer wurden dann – im Sinne der Methode des »nachträglichen lauten Denkens« (Weidle/Wagner 1994) – gebeten, die vorgespielten Bandausschnitte zu kommentieren. Das Abspielen einer Sequenz aus dem Unterricht diente dazu, die Gedanken des Lehrers auf die konkrete Unterrichtsstunde zu fokussieren, um weniger ins Allgemeine abzuschweifen. Auch half das Anhören der Passage den Unterrichtenden, ihre Erinnerungen nicht zu schnell durch Interpretationen zu überformen. Rückfragen durch die Interviewerin bzw. den Interviewer konnten an konkreten Unterrichtsdiskursen fest gemacht werden.

Durch die Nachgespräche hatten die Lehrerinnen und Lehrer die Gelegenheit, ihre eigene Interpretation des gehaltenen Unterrichts einzubringen. Uns bot diese Vorgehensweise die Möglichkeit, ihre Sichtweise in die Auswertung aufzunehmen. Das Miteinbeziehen der Nachgespräche stellt somit einen integralen Bestandteil der Unterrichtsanalysen dar.

Verfahren zur Analyse der beobachteten Unterrichtsstunden

Zur Analyse konfessionell-kooperativen Unterrichts gibt es in der Literatur keine direkten Vorbilder, weshalb wir im Laufe des Forschungsprojekts ein eigenes Verfahren entwickelten. Dabei wurde u.a. auf das in Tübingen im Rahmen der Forschung zur Elementarisierung entwickelte Verfahren zur Unterrichtsinterpretation zurückgegriffen (vgl. Schweitzer u.a. 1995). Noch während des Untersuchungszeitraums wurden die ersten Transkripte von beobachteten Stunden im Gesamtteam eingehend analysiert und vor dem Hintergrund unserer Fragestellung und unseres Erkenntnisinteresses diskutiert. Im Laufe der folgenden ca. zwölf Monate wurden in Auseinandersetzung mit etwa zehn weiteren Unterrichtstranskripten Analyseebenen und -kriterien festgelegt. Dabei kristallisierten sich vier Analyseschwerpunkte heraus, die auf verschiedenen Ebenen angesiedelt sind (s.u.).

Die entwickelten Analyseschwerpunkte dienten dazu, das Material insgesamt zu ordnen, für die Fragestellung wichtige Einzelsequenzen innerhalb der Unterrichtstranskripte zu identifizieren und sie den jeweiligen Forschungsfragen und Analyseebenen zuzuordnen. Sie verweisen darüber hinaus auf Kriterien für die Bewertung von konfessionell-kooperativen Unterrichtsstunden.

1. Welche expliziten und impliziten Sichtweisen von Konfession gibt es bei Kindern?
   a eigene Konfession
   b jeweils andere Konfession
2. Welche expliziten und impliziten Sichtweisen von Konfession gibt es bei Lehrerinnen und Lehrern?
   a eigene Konfession
   b jeweils andere Konfession
3. Wie greifen beide Sichtweisen ineinander?
4. Welche Fragen und Probleme gibt es für die Didaktik?
   a Welche expliziten und impliziten Lernziele sind in der Durchführung der Stunde erkennbar?
   b Welche religionsdidaktischen Entscheidungen sind erkennbar – bezüglich der Wahl des Themas, der Methoden, Medien, Organisations- und Sozialformen?
   c Inwieweit sind die gewählten didaktischen Entscheidungen hinderlich oder förderlich, um Gemeinsamkeiten zu stärken und Unterschieden gerecht zu werden?

Die dreiköpfige, gemischt konfessionelle Unterrichtsauswertungsgruppe analysierte die Transkripte der Unterrichtsstunden nach den genannten Kategorien. In Einzelarbeit wurden die Transkripte zunächst nach Aussagen und Gesprächspassagen durchsucht, die zu den Kategorien bedeutsam erschienen. Im zweiten Schritt wurden die Beobachtungen in der Auswertungsgruppe ausgetauscht und die Plausibilität der individuellen Kategorisierungen und Interpretationen diskutiert. An den Transkripten wurden die Beobachtungen gemeinsam überprüft und die stimmigste Lesart sondiert.

Elternbefragung mittels Fragebogen
Zu Beginn und am Ende des Schuljahres haben wir über die Religions- oder Klassenlehrerinnen an alle beteiligten Schülerinnen und Schüler Elternfragebögen ausgegeben und wiederum über die Lehrerinnen und Lehrer einsammeln lassen. Er wurden ca. 350 Fragebögen ausgegebenen. (Die Zahl lässt sich nicht genau ermitteln, da unklar ist, ob die Bögen von den Lehrerinnen tatsächlich an alle Schülerinnen und Schüler ausgegeben wurden und auch an die – z.B. durch Krankheit – abwesenden Kinder weitergeleitet wurden.) Der Rücklauf betrug am Schuljahresbeginn 252, am Schuljahresende 208.

Die Fragen betrafen neben statistischen Angaben wie Alter, Geschlecht etc. unter anderem die Konfession der Eltern, das Wissen um die konfessionelle Kooperation im Religionsunterricht ihrer Kinder, die Bedeutung des Religionsunterrichts allgemein, der Konfessionalität der Unterrichtenden, den Wunsch nach Fortführung der konfessionellen Zusammenarbeit und die Frage, ob es für die Eltern von Bedeutung sei, dass Ihr Kind ein Bewusstsein seiner Konfessionalität bekäme. Auf den Fragebögen wurde Raum für selbstformulierte Bemerkungen gelassen und die Eltern ermuntert, weitere Gedanken zu notieren.

Im Blick auf die Einstellung von Eltern zur Konfessionalität des Religionsunterrichts liegen nur kleinere Untersuchungen (Ebner 1993) bzw. Erfahrungsberichte (Bauer 1993) vor. In der genannten Studie von Ebner wird das im vorliegenden Zusammenhang aufschlussreiche Ergebnis berichtet, dass 54% der befragten Eltern einen neu zu schaffenden Religionsunterricht favorisieren, bei dem beide Kirchen sich »auf einen gemeinsamen Lehrplan und auf gemeinsame Unterrichtsbücher« einigen sollen, ferner sollen »bei der Ausbildung der Lehrer … Inhalte und Sichtweisen der je anderen Konfession beachtet« werden (Ebner 1993, 90).

Methode der Auswertung der Elternfragebögen

Die statistische Auswertung der Daten erfolgte mit Hilfe des Statistik-Programms SPSS, Version 9.0. Fehlende Angaben wurden als »missing value« kodiert. Sie bleiben bei der Berechnung der statistischen Kennwerte unberücksichtigt, deshalb variiert die Zahl der Fälle »n« zwischen den einzelnen Fragen der Fragebogen-Auswertung. Für die Korrelationen wurde ein Signifikanzniveau von 1% gewählt.

Methodologisch ist die Wahrnehmung der Eltern von Kindern, die an einem konfessionell-kooperativen Religionsunterricht beteiligt sind, deswegen wichtig, weil damit eine Wahrnehmungsebene eingebracht wird, die die anderen Ergebnisse (Schüler, Lehrer, Schulleiter) noch einmal in einer anderen Perspektive spiegeln. Die Fragestellungen für die Eingangsphase und die der Abschlussbefragung sind bewusst unterschiedlich konzipiert, weil in der Schlussphase konkrete Veränderungen erfragt werden sollten, die möglicherweise in der Eingangsphase noch gar nicht im Blick waren.

Die Valenz statistischer Angaben darf im Rahmen unseres Forschungsdesigns nicht zu hoch eingeschätzt werden. Die Daten aus der Erhebung durch Elternfragebögen haben flankierende Bedeutung. Dennoch lassen sie gewisse Rückschlüsse zu, die insbesondere die Wahrnehmung und Bewertung der Unterrichtsversuche zur konfessionellen Kooperation betreffen. Die qualitativen Anteile auf den Fragebögen, d.h. die selbstformulierten Äußerungen, wurden bei der Gesamtauswertung berücksichtigt und in wichtigen Fällen als Einzelbeobachtungen besonders notiert.

Interviews mit den Schulleiterinnen und Schulleitern sowie den Klassenlehre-
rinnen am Ende des Schuljahrs
In Interviews mit den Schulleiterinnen und Schulleitern ging es um Fragen
der organisatorischen Möglichkeiten konfessionell-kooperativen Religionsunterrichts im Blick auf die Schule als ganze, während die Gespräche
mit den Klassenlehrerinnen dazu dienten, Wahrnehmungen und Beobachtungen zum konfessionell-kooperativen Religionsunterricht im allgemeinen und zu Ausgestaltung der Klassengemeinschaft im speziellen zu erheben. Diese Gespräche wurden ebenfalls auf Tonband aufgenommen,
allerdings nicht transkribiert, sondern in Form von Ergebnisprotokollen
schriftlich fixiert. Das Interesse der Schulleiterinnen und Schulleiter an diesen Gesprächen hielt sich sehr in Grenzen. Die Bereitschaft der Klassenlehrerinnen, an den Interviews teilzunehmen, war ebenfalls gering; zum Teil
mussten die Interviewer mehrfach um Gespräche bitten.

Zusammenfassend zur Methodologie der Gesamtstudie kann gesagt werden, dass die Multiperspektivität, d.h. das Zusammenspiel unterschiedlicher
Zugangsweisen (Schüler, Lehrer, Unterricht, Eltern, weitere indirekt Beteiligte) sich als besonders fruchtbar erweist, da die Ergebnisse des einen Zu-
gangs die des jeweils anderen wechselseitig ergänzen, korrigieren und kommentieren.

MATERIALIEN

1. Empfehlung an die Kirchen zum konfessionell-kooperativen Religionsunterricht*

Vorbemerkung: Nachfolgende Empfehlung beruht auf theoretischen und empirischen Erkenntnissen, die insbesondere aus dem von uns durchgeführten DFG-Projekt zum konfessionell-kooperativen Religionsunterricht in der Grundschule erwachsen. Eine strenge Ableitung normativer Perspektiven bzw. von Handlungsempfehlungen aus empirischen Ergebnissen ist jedoch nicht möglich. Im Folgenden fließen deshalb immer auch religionspädagogische Voraussetzungen allgemeiner Art mit ein.

1. **Stärkung des Religionsunterrichts:** Insbesondere für die Lehrerinnen und Lehrer belegt die Möglichkeit konfessionell-kooperativen Religionsunterrichts in wichtiger Hinsicht die Reformfähigkeit von Religionsunterricht und stärkt insofern dessen Plausibilität, nicht zuletzt im Verhältnis zu den heute vieldiskutierten Alternativen (sog. »Religionsunterricht für alle«, LER usw.). Ähnliche Einschätzungen können auch im Blick auf die (bildungs-) politische Öffentlichkeit erwartet werden.

2. **Realisierbarkeit:** Die vorliegenden Erfahrungen können als Nachweis dafür angesehen werden, dass konfessionelle Kooperation auch bereits in der Grundschule möglich und sinnvoll ist. Auch Grundschulkinder sind zu Gesprächen über zum Teil sehr komplexe, auf Konfession bezogene Inhalte fähig und können von konfessionell-kooperativem Religionsunterricht auch nach eigener Einschätzung profitieren. Bei der Realisierbarkeit sind allerdings auch Faktoren wie die Größe von Lerngruppen, räumliche Voraussetzungen usw. zu berücksichtigen, die in der Praxis Schwierigkeiten bereiten können. Auch die Verfügbarkeit geeigneter Lehrkräfte ist von großer Bedeutung.

3. **Angemessene Zielsetzungen:** Die verfügbaren Erkenntnisse lassen erwarten, daß die Herausbildung eines konfessionellen (Selbst-)Bewusstseins einen lang-

---

* Die nachfolgenden Empfehlungen wurden der katholischen Kirchenleitung der Diözese Rottenburg-Stuttgart und der evangelischen Kirchenleitung in Stuttgart Anfang 2001 überreicht.

fristigen Prozess darstellt, der nicht in nur einem Schuljahr und vermutlich auch nicht in nur einer Schulstufe wie der Grundschule abgeschlossen werden kann. Die Genese eines entsprechenden Bewusstseins kann im Zusammenhang der Schule am besten durch die Verschränkung von »Identität und Verständigung« bzw. »Beheimatung und Begegnung« unterstützt werden. Dies bestärkt die auch theologisch begründete, von uns entwickelte übergreifende Zielsetzung »Gemeinsamkeiten stärken – Unterschieden gerecht werden«.

4. Leistungsfähigkeit konfessionell-kooperativen Religionsunterrichts: Unterrichtsanalysen und Lehrerbefragungen, zum Teil auch die Gespräche mit Kindern zeigen, dass konfessionell-kooperativer Religionsunterricht einen deutlichen »Mehrwert« an religiösen Lernprozessen erbringt. Die bewusstere Wahrnehmung konfessionsbezogener Ausgangsvoraussetzungen bei den Kindern und die Thematisierung sowohl von Gemeinsamkeiten als auch von Unterschieden führt im Unterricht zu einer spezifischen Qualität des Lernens, die offenbar direkt mit der konfessionellen Kooperation verbunden ist. In diesem Sinne können unsere Untersuchungsergebnisse als empirisch gestützter Nachweis von Sinn und Möglichkeit konfessionell-kooperativen Religionsunterrichts angesehen werden. Negative Effekte etwa im Sinne von Vorurteilsbildung waren nicht festzustellen. Den Beobachtungen der Lehrerinnen und Lehrer zufolge kam es bei der konfessionellen Kooperation besonders bei katholischen Kindern zu deutlichen Prozessen einer »Beheimatung« in der katholischen Konfession.

5. Unterschiedliche Realisierungsformen: Die verschiedenen Realisierungsformen in der Organisation konfessioneller Kooperation im Religionsunterricht haben deutliche Folgen für die Qualität des Lernens und müssen daran bemessen werden. Besonders wirkungsvoll ist offenbar ein von zwei Lehrkräften mit unterschiedlicher Konfessionszugehörigkeit gemeinsam erteilter Religionsunterricht (Team-Teaching). Weiterhin empfehlenswert sind gezielte, didaktisch im Einzelfall geplante oder phasenweise Formen der Kooperation. Solche phasenweisen thematischen Kooperationsformen erlauben einen Dialog, wie er bei kooperativem Unterricht anzustreben ist. Angesichts der lokal bzw. für jede Einzelschule unterschiedlichen organisatorischen und personellen Voraussetzungen sind im Einzelfall die jeweils optimalen Annäherungen an diese Form der Kooperation zu suchen, was umgekehrt bedeutet, dass mit einem Spektrum unterschiedlicher, aber gleichwohl legitimer Realisierungsformen gerechnet werden sollte, so wie dies auch sonst heute in der Schule üblich ist (»Profilierung der Einzelschule«, Schulentwicklung usw.). Steht der beschriebene, in begrenzten Phasen von zwei Lehrkräften gemeinsam erteilte Unterricht als stärkste Form auf der einen Seite dieses Spektrums, so markiert der im Klassenverband von nur einer Lehrkraft erteilte Unterricht als schwächste Form das andere Extrem.

6. Konfessionell-kooperative Didaktik: Konfessionell-kooperativer Religionsunterricht bedarf einer eigenen Didaktik, die auf die besonderen Voraussetzungen und Zielsetzungen eines solchen Unterrichts zugeschnitten ist, nicht zuletzt auch unter Berücksichtigung der Lernvoraussetzungen der Kinder und Jugendlichen. Die Entwicklung einer solchen Didaktik stellt – vor allem im Blick auf die Elementarisierung von Themen, die für die konfessionelle Kooperation besonders dringlich sind – ein wichtiges Desiderat dar.

7. Aus- und Fortbildung: Wie von den Lehrerinnen und Lehrern vielfach berichtet wird, stellt konfessionell-kooperativer Religionsunterricht vor die Aufgabe, sich der eigenen konfessionellen Bindungen zu vergewissern und Einblick in die andere Konfession zu gewinnen. Beides wird offenbar durch die bislang übliche Ausbildung nicht erreicht. Entsprechende Veränderungen in der Aus- und Fortbildung sind deshalb von besonderer Bedeutung. Hier sollte ein eigenes Fortbildungsprogramm, das nicht nur aus isolierten Einzelveranstaltungen besteht, erwogen bzw. entwickelt werden.

8. Zusammenfassung: Aus unserer Sicht ist eine Fortsetzung des konfessionell-kooperativen Religionsunterrichts unbedingt empfehlenswert. Ein solcher Unterricht sollte jedoch nicht flächendeckend eingeführt oder zentral verordnet werden, da die persönlichen Beziehungen und Kooperationsmöglichkeiten zwischen den Lehrkräften sowie die örtlichen bzw. auf die Einzelschule bezogenen Voraussetzungen eine wichtige Rolle spielen. Die Fortsetzung einer entsprechenden Praxis ist zugleich von grundlegender politischer, pädagogischer und religionsdidaktischer Bedeutung: Zu erwarten ist eine Stärkung des Religionsunterrichts, eine wirksame Unterstützung der Entwicklung konfessionellen (Selbst-)Bewusstseins (»Identität und Verständigung«, »Beheimatung und Begegnung«) sowie ein insgesamt im Vergleich zum herkömmlichen Religionsunterricht verbessertes Lernangebot (Lernanlässe, Lernmöglichkeiten usw.).

In juristischer Hinsicht ist eine solche von den Kirchen ausgehende konfessionelle Kooperation durch Art. 7,3 GG voll gedeckt.

2. Überblick über die untersuchten Stunden

Im Folgenden stellen wir in einer Tabelle die Unterrichtsstunden zusammen, zu denen wir eingeladen worden sind (vgl. Kapitel 2, Abschnitt 2). Diese Stunden sind natürlich nur ein Ausschnitt des Religionsunterrichts, der insgesamt in konfessionell-kooperativer Weise gehalten wurde. Daher sind viele interessante Themen und Unternehmungen hier nicht aufgeführt.

Verzeichnis der beobachteten Unterrichtsstunden

Klassenstufe bzw. Lerngruppe: Gemeinsam oder nach Konfessionen getrennt	Unterrichtende Lehrerinnen + Lehrer (L)	Hauptthema bzw. Hauptthemen der Stunde
Kl. 1 / gemeinsam	Kath. L	Beten, Gebet
Kl. 1 / gemeinsam	Ev. L	biblisches Thema: Josefsgeschichte *(nicht transkribiert)*
Kl. 1 / gemeinsam	Kath. L	Maria, Rosenkranz einüben
Kl. 1u.2 / gemeinsam	Team-Teaching: Ev. und kath. L	Vorerfahrungen der Kinder mit Gott, Kirche, Gebet und weiteren kirchlichen Vollzügen
Kl. 1u.2 / gemeinsam	Team-Teaching: Ev. und kath. L	Katholisch – evangelisch. Was gehört zum Ritus einer Taufe?
Kl. 1u.2 / gemeinsam	Team-Teaching: Ev. und kath. L	Nachbereitung eines Besuchs in der katholischen Kirche: Was war zu sehen?
Kl. 1u.2 / gemeinsam	Team-Teaching: Ev. und kath. L	Maria als besondere Frau, Rosenkranz kennenlernen
Kl. 2 / gemeinsam	Team-Teaching: Ev. und kath. L	Kirchenbesuch: Der katholische Pfarrer zeigt seine Gewänder *(nicht transkribiert)*
Kl. 2 / gemeinsam	Kath. L	Unterricht im Klassenzimmer zum Thema Pfarrerbekleidung (Nachbereitung des Kirchenbesuchs)
Kl. 2 / gemeinsam	Kath. L	Taufe in der katholischen Kirche, Taufe in der evangelischen Kirche: Unterschiede – Gemeinsamkeiten
Kl. 2 / gemeinsam	Ev. L	Taufe in der katholischen Kirche, Taufe in der evangelischen Kirche: Unterschiede – Gemeinsamkeiten
Kl. 2 / gemeinsam	Kath. L	Heilige, Maria, Gebet zu Maria: Unterschiede evangelisch-katholisch

Kl. 2 / gemeinsam	Ev. L	Töpfern zum Thema Franziskus *(nicht transkribiert)*
Kl. 1 / gemeinsam	Kath. L	St. Martin
Kl. 1 / gemeinsam	Kath. L	Nachbereitung des Besuchs in einer katholischen Kirche
Kl. 1 / gemeinsam	Ev. L	Nachbereitung des Besuchs in einer katholischen Kirche
Kl. 1 / gemeinsam	Kath. L	Bilder von den Leidensstationen Jesu
Kl. 1 / gemeinsam	Ev. L	Bilder von den Leidensstationen Jesu
Kl. 1 / gemeinsam	Kath. L	Maria – Mutter Jesu
Kl. 1 / gemeinsam	ev. L	Maria – Mutter Jesu
Kl. 3 / gemeinsam	Kath. L	Heilige Elisabeth; Katholische kommen über die Heiligen zu Jesus und zu Gott
Kl. 3 / gemeinsam	Team-Teaching: Ev. und kath. L	Nachbereitung der Kommunionfeier: katholische Kinder erzählen den evangelischen Kindern
Kl. 3 / gemeinsam	Ev. L	Buße
Kl. 3 / gemeinsam	Kath. L	Buße; Beichte
Kl. 3 / gemeinsam	Team-Teaching: Ev. und kath. L	Nachbereitung der Kommunionfeier
Kl. 3 / gemeinsam	Kath. L	Martin Luther, Ablass, gnädiger Gott
Kl. 3 / gemeinsam	Ev. L	Martin Luther, Ablass, gnädiger Gott
Kl. 3 / katholisch	Kath. L	Ablauf einer katholischen Messfeier
Kl. 3 / evangelisch	Ev. L	Elisabeth von Thüringen
Kl. 3 / katholisch	Kath. L	Elisabeth von Thüringen
Kl. 3 / katholisch	Kath. L	Martin Luther
Kl. 3 / evangelisch	Ev. L	Martin Luther
Kl. 1 / gemeinsam	Team-Teaching: Ev. und kath. L	Vorerfahrungen der Kinder mit Kirche
Kl. 1/ gemeinsam	Team-Teaching: Ev. und kath. L	Maria, Marienbilder, Rosenkranz, Kreuz
Kl. 1/ gemeinsam	Team-Teaching: Ev. und kath. L	biblisches Thema *(nicht transkribiert)*

3. Weitere Unterrichtsideen

Im zweiten Kapitel dieses Buches ging es um didaktische Fragen. Dort wurden unter der Überschrift »Unterrichtsthemen« (vgl. Übersichtstafel auf S. 102) auch dreizehn Unterrichtseinheiten vorgestellt, die wir besonders im Blick auf konfessionell-kooperativen Religionsunterricht formuliert haben. Einige davon wurden dort hinsichtlich ihrer unterrichtlichen Praxis genauer beleuchtet. Was wir in Kapitel 2 zu den Möglichkeiten eigener Unterrichtsgestaltung geschrieben haben, wurde auf der Grundlage der beobachteten Religionsstunden entwickelt. Zu einigen weiteren der von uns formulierten Unterrichtseinheiten, zu denen wir keine schulpraktischen Beobachtungen gemacht haben, möchten wir im Folgenden noch Impulse für den Unterricht anfügen.

»Evangelisch und Katholisch: Großeltern erzählen«

Die Unterrichtseinheit »Evangelisch und Katholisch: Großeltern erzählen« ist eine auf Unterschiede zwischen den Konfessionen bezogene Unterrichtseinheit. Weil für die Kinder in ihrer heutigen Lebenswelt solche Unterschiede kaum sichtbar und greifbar werden, dürfte es sich lohnen, einmal zurück zu schauen in Zeiten, als konfessionelle Unterschiede deutlicher zu Tage traten. Gespräche mit den Großeltern gehören häufig zur Lebenswelt der Kinder. Die Großeltern der Kinder dürften in der Lage sein, etwas vom früheren, konfessionell geprägten Alltags- und Festtagsleben zu erzählen. In einem Gespräch darüber geschieht generationenübergreifendes Lernen. Die Kinder können fragen, wie die Großeltern z.B. in ihrer Familie früher den Sonntag verbracht haben, ob im Freundeskreis die Konfessionszugehörigkeit eine Rolle spielte usw. Ein im Unterricht oder von der Lehrerin bzw. dem Lehrer vorbereiteter Fragebogen hierfür – den auch die Kinder zum Vergleich einmal für sich selbst ausfüllen – wäre zusätzlich für eine anschließende Ausstellung im Klassenzimmer geeignet.

»Was Christen gemeinsam verändern können!«

Die an Gemeinsamkeiten zwischen den Konfessionen orientierte Unterrichtseinheit »Was Christen gemeinsam verändern können!« führt den Kindern plastisch vor Augen, dass in vielen Zusammenhängen das Christentum Menschen zu gemeinsamem Handeln zusammenbringt, ohne dass konfessionelle Unterschiede dabei eine Rolle spielen. Sinnvoll erscheinen

Begegnungen mit regionalen Initiativen wie einem Eine-Welt-Laden, einem Naturschutzprojekt oder einer ökumenischen Aktionsgruppe. Dort oder in den Unterricht eingeladen, können evangelische und katholische Christen von konkreten Aktivitäten und von ihrer Motivation zur Zusammenarbeit berichten.

»Meine Gebete – unser Gebet. Christen beten das Vaterunser«

Ausgangspunkt für die Unterrichtseinheit, in der das Vaterunser als das Gebet aller Christinnen und Christen zur Geltung kommen soll, ist wieder die Erfahrungswelt der Kinder, ihre persönliche Gebetspraxis oder auch das Fehlen einer solchen Praxis. Einige Kinder kennen Gebete von Zuhause, aus dem Kindergarten oder der Kirche. Daher sollen in einem ersten Schritt die Kinder erzählen, welche Gebete ihnen wichtig sind und wie sie das Beten verstehen. Dabei werden die Kinder vielleicht von der Erfüllung von Gebetswünschen berichten, aber auch von nicht erhörten Gebeten. Die behutsame Anfrage an die kindliche Vorstellung eines Gottes, der alle Wünsche erfüllen soll, kann zu einem vertieften Verständnis des Betens überleiten: Beten als ein menschliches In-Verbindung-Treten mit Gott, als Beziehung zu Gott. Der Zusammenhang zwischen dem Gebet und dem eigenen Tun sollte deutlich werden. Dabei ist jedoch unbedingt der Eindruck zu vermeiden, das eigene Tun sei das Entscheidende.

Dass das Vaterunser in seiner Gesamtheit von Kindern erst ansatzweise verstanden werden kann, spricht nicht dagegen, es als das Gebet kennen zu lernen, das von Christen in der ganzen Welt gebetet wird und alle Konfessionen eint. Es ist eine Gabe an die Menschen und auch an Grundschulkinder.

»Wir bereiten einen ökumenischen Gottesdienst vor«

Zu Gottesdiensten im Zusammenhang konfessioneller Kooperation ist an dieser Stelle nur auf weniges hinzuweisen. Vor allem sollte in den ohnehin stattfindenden gemeinschaftlichen Gottesdiensten das Miteinander der beiden Konfessionen für die Kinder deutlich erkennbar sein. In der Regel sind auch nicht getaufte Kinder dabei, die sensibel zu integrieren sind.

In der dritten Klasse hat ein gegen Ende des Schuljahres durchgeführter ökumenischer Gottesdienst noch eine besondere Aufgabe: Nach der Feier der Erstkommunion kann er den evangelischen und katholischen Kindern das Gefühl der Zusammengehörigkeit trotz aller Unterschiede zwischen den beiden Kirchen vermitteln. Dies gilt vor allem dann, wenn der Gottesdienst zwar das Erlebte anspricht – besonders auch die erlebte Trennung der katholischen und evangelischen Kinder bei der Kommunionfeier – dabei aber speziell die Gemeinsamkeiten zwischen den Konfessionen zum Leuchten bringt.

»Unsere Eltern gehören verschiedenen Kirchen an«
Diese Unterrichtseinheit setzt ein besonders sensibles Vorgehen voraus, da unter Umständen sehr persönliche Fragen berührt werden.

Sinn der auf Unterschiede bezogenen Unterrichtseinheit »Unsere Eltern gehören verschiedenen Kirchen an« ist es zum einen, den Kindern einen Aspekt ihrer Herkunft und ihrer eigenen Lebenswelt bewusst zu machen. Die Bedeutung der Zugehörigkeit zu einer Kirche oder Religionsgemeinschaft soll auch in Bezug auf die eigene Familie thematisiert und wahrgenommen werden. Der Ansatz bei der Familie liegt besonders nahe, weil die Kinder noch weitestgehend in ihre Familien eingebunden sind und sich selbst von der Familie her verstehen. Ein weiteres Ziel der Unterrichtseinheit liegt zum anderen darin, bewusst zu machen, dass es verschiedene Kirchen gibt, denen die Familien der Kinder in der Klasse angehören können. Dies schließt ein, dass manche Eltern und Kinder keiner Kirche angehören und dass in manchen Familien mehrere Kirchenzugehörigkeiten nebeneinander bestehen. Gespräche mit den Kindern lassen erkennen, dass in konfessionsverbindenden Ehen die konfessionellen Unterschiede zwischen den Eltern für die Kinder Fragen aufwerfen können.

Kinder sagen in der Regel »Ich bin evangelisch« bzw. »ich bin katholisch«. Hier kann für konfessionslose Kinder ein Problem entstehen, das in einer Formulierung zum Ausdruck kommt, die wir bei unseren Befragungen von Kindern gehört haben, die von sich sagten: »Ich bin nichts.« Die nicht getauften Kinder brauchen Hilfe, eine andere Selbstbezeichnung zu finden – z.B.: Ich gehöre keiner Kirche an.

»Katholisch–Evangelisch: Was haben wir in der Grundschule gelernt?«
Diese Unterrichtseinheit ist weder nur auf Gemeinsamkeiten zwischen den Konfessionen bezogen noch orientiert sie sich ausschließlich an Unterschieden. Es geht hier am Ende der Grundschulzeit um eine Auswertung, eine Sicherung des Erreichten und möglicherweise einen Ausblick auf mögliche zukünftige Erörterungen des Themenfeldes in den weiterführenden

Schulen. Auch sollte die Möglichkeit genutzt werden, das eine oder andere noch einmal aufzugreifen, in Erinnerung zu rufen und gegebenenfalls zu vertiefen. Dabei werden sowohl Gemeinsamkeiten als auch Unterschiede zur Sprache kommen. Keinesfalls fehlen darf an dieser Stelle das wichtige Votum der Kinder. Wie beurteilen sie nach vier Jahren Grundschule mit konfessionell-kooperativem Religionsunterricht das Nebeneinander der beiden Konfessionen? Was denken sie über den Religionsunterricht und die verschiedenen Formen, in denen sie ihn erfahren haben? Woran können sie sich noch erinnern, was ist ihnen wichtig geworden?

LITERATURVERZEICHNIS

Asbrand, Barbara: Zusammen Leben und Lernen im Religionsunterricht. Eine empirische Studie zur grundschulpädagogischen Konzeption eines interreligiösen Religionsunterrichts im Klassenverband, Frankfurt/M. 2000.

Bauer, Hansgeorg: Ökumenischer Religionsunterricht – Elternwille? In: Evangelischer Erzieher 45 (1993), 90-96.

Baumann, Urs: Ökumene ohne Konfessionen? Individualisierte Religion und Ökumene. In: Hilberath/Moltmann 2000, 99-108.

Becker, Ulrich/Büttner, Gerhard/Gutschera, Herbert/Thierfelder, Jörg: Projekt Ökumene. Auf dem Weg zur Einen Welt. Arbeitsbuch Religion / Sekundarstufe I, Düsseldorf/Stuttgart 1997.

Beinert, Wolfgang (Hg.): Maria – eine ökumenische Herausforderung, Regensburg 1984.

Biehl, Peter/Bizer, Christoph/Degen, Roland/Mette, Norbert/Rickers, Folkert/Schweitzer, Friedrich (Hg.): Religionspädagogik seit 1945. Bilanz und Perspektiven (Jahrbuch der Religionspädagogik 12), Neukirchen-Vluyn 1996.

Biesinger, Albert/Bendel, Herbert (Hg.): Gottesbeziehung in der Familie. Familienkatechetische Orientierungen von der Kindertaufe bis ins Jugendalter, Ostfildern 2000.

Biesinger, Albert/Hänle, Joachim (Hg.): Gott – mehr als Ethik. Der Streit um LER und Religionsunterricht, Freiburg u.a. 1997.

Biesinger, Albert/Schmitt, Christoph: Gottesbeziehung. Hoffnungsversuche für Schule und Gemeinde, Freiburg im Breisgau 1998.

Bildungsplan für die Grundschule (hg. v. Ministerium für Kultus und Sport Baden-Württemberg), Stuttgart 1994.

Blankertz, Herwig: Theorien und Modelle der Didaktik, München 1969.

Böhm, Uwe: Ökumenische Didaktik. Ökumenisches Lernen und konfessionelle Kooperationen im Religionsunterricht deutschsprachiger Staaten, Göttingen 2001.

Bucher, Anton: Religionspädagogik und empirische Entwicklungspsychologie. In: Ziebertz/ Simon 1995, 28-46.

Bucher, Anton: Religionsunterricht zwischen Lernfach und Lebenshilfe. Eine empirische Untersuchung zum katholischen Religionsunterricht in der Bundesrepublik Deutschland, Stuttgart 2000.

Büttner, Gerhard/Thierfelder, Jörg: Trug Jesus Sandalen? Kinder und Jugendliche sehen Jesus Christus, Göttingen 2001.

Coles, Robert: Wird Gott naß, wenn es regnet? Die religiöse Bilderwelt der Kinder, Hamburg 1992.

Degen, Roland (Hg.): Lernort Kirchenraum. Unter Mitarbeit v. Christoph Th. Scheilke, Münster 1998.

DBK (Die deutschen Bischöfe): Die bildende Kraft des Religionsunterrichts. Zur Konfessionalität des katholischen Religionsunterrichts, Bonn 1996.

DBK/EKD (Sekretariat der Deutschen Bischofskonferenz/Kirchenamt der Evangelischen Kirche in Deutschland): Zur Kooperation von Evangelischem und Katholischem Religionsunterricht, Würzburg/Hannover 1998.

Diekmann, Hans D.: Religion und Konfession. Zur Konfessionalität des katholischen Religionsunterrichts, Hildesheim/Berlin 1994.

Doedens, Folkert: Interreligiöses Lernen im »Religionsunterricht für alle« – Vielfalt in Gemeinsamkeiten lernen. In: Doedens/Weiße 1997, 55-81.

Doedens Folkert/Weiße, Wolfram (Hg.): Religionsunterricht für alle. Hamburger Perspektiven zur Religionsdidaktik, Hamburg 1997.

Dominus Jesus (Erklärung). Über die Einzigkeit und Heilsuniversalität Jesu Christi und der Kirche (Kongregation für die Glaubenslehre. Einführung: Leo Scheffczyk. Kommentar: Joseph Ratzinger), Stein am Rhein 2000.

Ebertz, Michael N.: »Heilige Familie« – ein Auslaufmodell? Religiöse Kompetenz der Familien in soziologischer Sicht. In: Biesinger/Bendel 2000, 16-43.

Ebner, Robert: Einstellungen von Eltern zur Konfessionalität des Religionsunterrichts. Ergebnisse einer Befragung. In: Religionspädagogische Beiträge 32 (1993), 89-95.

EKD (Hg.): Ökumenisches Lernen. Grundlagen und Impulse. Eine Arbeitshilfe der Kammer der Evangelischen Kirche in Deutschland für Bildung und Erziehung, Gütersloh 1985.

EKD (Hg.): Identität und Verständigung. Standort und Perspektiven des Religionsunterrichts in der Pluralität. Eine Denkschrift der Evangelischen Kirche in Deutschland, Gütersloh 1994.

Elkind, David: The child's conception of his religious denomination. I. The Jewish child. II. The Catholic child. III. The Protestant child. In: Journal of Genetic Psychology 99 (1961), 209-225; 101 (1962), 185-193; 103 (1963), 291-304.

Englert, Rudolf: Wissenschaftstheorie der Religionspädagogik. In: Ziebertz/Simon 1995, 147-174.

Englert, Rudolf/Güth, Ralph: »Kinder zum Nachdenken bringen.« Eine empirische Untersuchung zu Situation und Profil katholischen Religionsunterrichts an Grundschulen, Stuttgart 1999.

Erikson, Erik H.: Identität und Lebenszyklus. Drei Aufsätze, Frankfurt/M. 1974.

Faust-Siehl, Gabriele: Naturverstehen von Grundschulkindern. Entwicklungsorientierte Unterrichtsforschung zum Thema »Luft/Wind«. In: Ulonska, Herbert u.a. (Hg.): Lernforschung in der Grundschule, Bad Heilbrunn 1996, 347-365.

Feige, Andreas/Dressler, Bernhard/Lukatis, Wolfgang/Schöll, Albrecht: »Religion« bei ReligionslehrerInnen. Religionspädagogische Zielvorstellungen und religiöses Selbstverständnis in empirisch-soziologischen Zugängen, Münster 2000.

Feil-Götz, Elvira/Petri, Dieter/Thierfelder, Jörg: Martin Luther und seine Zeit. Materialien für die Grundschule, Stuttgart 1999.

Fischer, Dietlind: Kinder und Konfession. Zur Aneignung von Religion beim Aufwachsen in einem konfessionell gemischten Milieu. In: ru. Zeitschrift für die Praxis des Religionsunterrichts 23 (1993), 104-107.

Fischer, Dietlind/Schöll, Albrecht (Hg.): Religiöse Vorstellungen bilden. Erkundungen zur Religion von Kindern über Bilder, Münster 2000.

Fischer, Dietlind/Schreiner, Peter/Doyé, Götz/Scheilke, Christoph Th.: Auf dem Weg zur interkulturellen Schule. Fallstudien zur Situation interkulturellen und interreligiösen Lernens, Münster/New York 1996.

Flick, Uwe u.a. (Hg.): Handbuch Qualitative Sozialforschung. Grundlagen, Konzepte, Methoden und Anwendungen, Weinheim [2]1995.

Fowler, James W.: Stufen des Glaubens. Die Psychologie der menschlichen Entwicklung und die Suche nach Sinn, Gütersloh 1991.

Freese, Hans-Ludwig: Kinder sind Philosophen, Berlin 1989.

Freudenberg, Hans (Hg.): Religionsunterricht praktisch. 3. Schuljahr, Göttingen 1991.

Frieling, Reinhard: Art. Maria. III/1. Evangelisch. In: Theologische Realenzyklopädie, Band XXII, Berlin/New York 1992, 137-143.

Frieling, Reinhard/Scheilke, Christoph Th. (Hg.): Religionsunterricht und Konfessionen, Göttingen 1999.

Fuhs, Burkhard: Qualitative Interviews mit Kindern. Überlegungen zu einer schwierigen Methode. In: Heinzel 2000, S. 87-104.

Gauger, Jörg-Dieter (Hg.): Sinnvermittlung, Orientierung, Werte-Erziehung. Bilanz und Perspektiven des Religions-, Philosophie- und Rechtskundeunterrichts an den Schulen der Bundesrepublik Deutschland, St. Augustin 1998.

Goecke-Seischab, Marie Luise: Komm, wir entdecken eine Kirche, München 2000.

Goecke-Seischab, Marie Luise/Ohlemacher, Jörg (Hg.): Kirchen erkunden, Kirchen erschließen. Ein Handbuch mit über 300 Sachzeichnungen und Übersichtstafeln sowie einer Einführung in die Kirchenpädagogik, Lahr/Kevelaer 1998.

Göllner, Reinhard/Trocholepczy, Bernd (Hg.): Religion in der Schule? Projekte – Programme – Perspektiven, Freiburg u.a. 1995.

Goßmann, Klaus (Hg.): Ökumenisches Lernen im Religionsunterricht, Münster (Comenius-Institut) 1987.

Goßmann, Klaus/Pithan, Annebelle/Schreiner, Peter (Hg.): Zukunftsfähiges Lernen? Herausforderungen für Ökumenisches Lernen in Schule und Unterricht, Münster (Comenius-Institut) 1995.

Goßmann, Klaus/Schneider, Johannes (Hg.): Das Gemeinsame stärken, das Differente klären. Ökumenisches Lernen zwischen den Konfessionen, Münster (Comenius-Institut) 1995.

Grözinger, Karl E./Gladigow, Burkhard/Zinser, Hartmut (Hg.): Religion in der schulischen Bildung und Erziehung. LER – Ethik – Werte und Normen in einer pluralistischen Gesellschaft, Berlin 1999.

Grugeon, Elizabeth/Woods, Peter: Educating All: Multicultural Perspectives in the Primary School, London/New York 1990.

Grundlagenplan für den katholischen Religionsunterricht in der Grundschule (hg. v. d. Zentralstelle Bildung der deutschen Bischofskonferenz), Bonn 1998.

Hanisch, Helmut: Die zeichnerische Entwicklung des Gottesbildes bei Kindern und Jugendlichen, Stuttgart/Leipzig 1996.

Hausberger, Karl: Art. Heilige/Heiligenverehrung III: Anfänge der christlichen Heiligenverehrung; IV: Abendländisches Mittelalter; V: Die römisch-katholische Kirche. In: Theologische Realenzyklopädie, Band XIV, Berlin/New York 1985, 646 – 660.

Heinemann, Ursula/Friedrichsdorf, Joachim (Hg.): Wege miteinander. Konfessionelle Kooperation in der Schule. Modelle und Beispiele, München/Stuttgart 1999.

Heinzel, Friederike (Hg.): Methoden der Kindheitsforschung. Ein Überblick über Forschungszugänge zur kindlichen Perspektive, Weinheim/München 2000.

Herms, Eilert: Ökumenische Einheitsvorstellungen. In: Hilberath/Moltmann 2000, 45-64.

Hilberath, Bernd Jochen: Kirchengemeinschaft – eine (römisch-)katholische Perspektive (I): Zur offiziellen römisch-katholischen Position. In: Hilberath/Moltmann 2000, 33-44.

Hilberath, Bernd Jochen/Moltmann, Jürgen (Hg.): Ökumene – wohin? Bischöfe und Theologen entwickeln Perspektiven, Tübingen 2000.

Hildebrandt, Uta: Das Grundrecht auf Religionsunterricht. Eine Untersuchung zum subjektiven Rechtsgehalt des Art. 7 Abs. 3 GG, Tübingen 2000.

Hilger, Georg: Eine Theologie des Radierens. Wie Kinder an ihren Gottesvorstellungen arbeiten. In: Katechetische Blätter 125 (2000), Heft 3, 162-170.

Hilger, Georg/Leimgruber, Stephan/Ziebertz, Hans-Georg (Hg.): Religionsdidaktik. Ein Leitfaden für Studium, Ausbildung und Beruf, München 2001.

Honig, Michael/Lange, Andreas/Leu, Hans Rudolf (Hg.): Aus der Perspektive von Kindern? Zur Methodologie der Kindheitsforschung, Weinheim/München 1999.

Huber, Günter L./Mandl, Heinz (Hg.): Verbale Daten. Eine Einführung in die Grundlagen und Methoden der Erhebung und Auswertung, Weinheim [2]1994.

Hull, John M.: Wie Kinder über Gott reden. Ein Ratgeber für Eltern und Erziehende, Gütersloh 1997.

Jackson, Robert: Religious Education. An Interpretative Approach, London 1997.

Jackson, Robert/Nesbitt, Eleanor M.: Hindu Children in Britain, Stoke on Trent 1993.

Kalmbach, Wolfgang: Formen der Zusammenarbeit der Fächer Katholische und Evangelische Religionslehre. Neue Herausforderungen – neue Chancen. In: entwurf 2/1994, 32-34.

Kirchhoff, Ilka: Gemeinsam glauben in verschiedenen Kirchen. Evangelisch-katholisch. Arbeitshilfe für die Orientierungsstufe, Loccum 1998.

Klein, Stephanie: Gottesbilder von Mädchen. Bilder und Gespräche als Zugänge zur kindlichen religiösen Vorstellungswelt, Stuttgart 2000.

Knauth, Thorsten: Religionsunterricht und Dialog. Empirische Untersuchungen, systematische Überlegungen und didaktische Perspektiven eines Religionsunterrichts im Horizont religiöser und kultureller Pluralisierung, Münster/New York 1996.

Knauth, Thorsten/Leutner-Ramme, Sibylla/Weiße, Wolfram: Religionsunterricht aus Schülerperspektive, Münster u.a. 2000.

Knauth, Thorsten/Sandt, Fred-Ole/Weiße, Wolfram: Interkultureller Religionsunterricht in Hamburg – Erste empirische Erhebungen. In: Lohmann, Ingrid/Weiße, Wolfram (Hg.): Dialog zwischen den Kulturen. Erziehungshistorische und religionspädagogische Gesichtspunkte interkultureller Bildung, Münster/New York 1994, 217-232.

Koerrenz, Ralf: Ökumenisches Lernen, Gütersloh 1994.

Krautter, Adelheid/Schmidt-Lange, Elke (Hg.): Arbeitshilfe Religion Grundschule (zum Lehrplan Evangelische Religion), 4. Schuljahr, Halbband 1, Stuttgart 1999.

Kuhl, Lena/Klöppel, Ingeborg: Religionsunterricht im 1. Schuljahr in gemischt konfessionellen Lerngruppen (Arbeitshilfe Grundschule), Heft 7, Loccum 2000; Heft 8, Loccum 2001.

Kuhl, Lena/Lögering, Aloys: Konfessionelle Kooperation im Religionsunterricht des 1. Schuljahrs. In: Katechetische Blätter 123 (1998), 409-417.

Kuhl, Lena/Lögering, Aloys u.a.: Konfessionelle Kooperation im Religionsunterricht des 2. Schuljahrs. In: Katechetische Blätter 125 (2000), 267-276.

Lamnek, Siegfried: Qualitative Sozialforschung, Band 1, Weinheim [2]1993; Band 2, Weinheim [3]1995.

Lange, Andreas: Der Diskurs der neueren Kindheitsforschung. Argumentationstypen, Argumentationsfiguren und methodologische Implikationen. In: Honig/Lange/Leu 1999, 51-68.

Langer, Michael/Laschet, Armin (Hg.): Wertorientierung im Wandel. Religionsunterricht und LER in der Diskussion, Kevelaer/Aachen 1998.

Leupolt, Edmund: Die konfessionelle Belehrung unserer Kinder. In: Pädagogische Zeitung 37 (1908), 81-107.

Lott, Jürgen (Hg.): Religion – warum und wozu in der Schule? Weinheim 1992.

mein bist du. Unterrichtswerk für Katholische Religionslehre an Grundschulen, Klassenstufe1/2. Handreichung für Lehrerinnen und Lehrer (hg. v. Bistum Rottenburg-Stuttgart; erarbeitet von Ursula Bangert, Walter Kern, Ruth Mathey-Drumm, Marianne Vögler), Stuttgart 1998.

Lumen gentium. In: Rahner/Vorgrimmler 1966.

Meyer, Harding: Ökumenische Zielvorstellungen, Göttingen 1996.

Müller, Alois/Sattler, Dorothea: Mariologie. In: Schneider, Theodor (Hg.): Handbuch Dogmatik, Band II, Düsseldorf 1995, 155-187.

Neuner, Peter: Ökumenische Theologie. Die Suche nach der Einheit der christlichen Kirchen, Darmstadt 1997.

Nipkow, Karl Ernst: Grundfragen der Religionspädagogik. Bd. 1: Gesellschaftliche Herausforderungen und theoretische Ausgangspunkte, Gütersloh 1975.

Nipkow, Karl Ernst: Ökumene – ein Thema von Jugendlichen? Empirische Annäherungen. In: Johannsen, Friedrich/Noormann, Harry (Hg.): Lernen für eine bewohnbare Erde. Bildung und Erneuerung im ökumenischen Horizont. Ulrich Becker zum 60. Geburtstag, Gütersloh 1990, 137-147.

Nipkow, Karl Ernst: Bildung in einer pluralen Welt. Bd. 2: Religionsunterricht im Pluralismus, Gütersloh 1998.

Noack, Christian: Stufen der Ich-Entwicklung und Geschichtsbewußtsein. In: Borries, Bodo von/Pandel, Hans-Jürgen (Hg.): Zur Genese historischer Denkformen (Jahrbuch für Geschichtsdidaktik 1993/94, hg. v. Bodo von Borries u.a., Band 4), Pfaffenweiler 1994, 9-46.

Oberthür, Rainer: Die Seele ist eine Sonne. Was Kinder über Gott und die Welt wissen, München 2000.

Orth, Gottfried/Hanisch, Helmut: Glauben entdecken – Religion lernen. Was Kinder glauben, Teil 2, Stuttgart 1998.

Oser, Fritz/Althof, Wolfgang: Moralische Selbstbestimmung. Modelle der Entwicklung und Erziehung im Wertebereich. Ein Lehrbuch, Stuttgart 1992.

Oser, Fritz/Gmünder, Paul: Der Mensch – Stufen seiner religiösen Entwicklung. Ein strukturgenetischer Ansatz, Zürich/Köln 1984.

Petermann, Franz/Windmann, Sabine: Sozialwissenschaftliche Erhebungstechniken bei Kindern. In: Markefka, Manfred/Nauk, Bernhard (Hg.): Handbuch der Kindheitsforschung, Neuwied/Berlin 1993, 125-139.

Petri, Heinrich (Hg.): Divergenzen in der Mariologie. Zur ökumenischen Diskussion um die Mutter Jesu, Regensburg 1989.

Pfnür, Vinzenz: Das Thema »Reformation« im Religionsunterricht und in der Erwachsenenbildung. In: Katechetische Blätter 106 (1981), 204-211.

Piaget, Jean/Inhelder, Bärbel: Die Psychologie des Kindes. Frankfurt/M. 1977.

Porzelt, Burkhard/Güth, Ralph (Hg.): Empirische Religionspädagogik. Grundlagen – Zugänge – Aktuelle Projekte, Münster 2000.

Prengel, Annedore: Pädagogik der Vielfalt. Verschiedenheit und Gleichberechtigung in Interkultureller, Feministischer und Integrativer Pädagogik, Opladen 1993.

Rahner, Karl/Vorgrimler, Herbert (Hg.): Kleines Konzilskompendium. Sämtliche Texte des Zweiten Vatikanums, Freiburg im Breisgau 1966.

Rahner, Karl/Vorgrimler, Herbert: Kleines Theologisches Wörterbuch, Freiburg im Breisgau [13]1981.

Religion in der Grundschule. Eine Stellungnahme des Rates der Evangelischen Kirche in Deutschland, Hannover 2000.

RPZ Heilsbronn (Hg.): Gemeinsame Erklärung zur Rechtfertigungslehre. Anregungen für den Unterricht, Heilsbronn 2000.

Sandt, Fred-Ole: Religiosität von Jugendlichen in der multikulturellen Gesellschaft. Eine qualitative Untersuchung zu atheistischen, christlichen, spiritualistischen und muslimischen Orientierungen, Münster/New York 1996.

Sauer, Ralph/Mokrosch, Reinhold (Hg.): Ökumene im Religionsunterricht. Glauben lernen im evangelisch-katholischen Dialog, Gütersloh 1994.

Scheibe, Ernst: Kreuz und quer durchs Kirchenschiff in über 550 Begriffen, Leipzig 1999.

Scheidler, Monika: Didaktik ökumenischen Lernens, Münster 1999.

Schlüter, Richard: Konfessioneller Religionsunterricht heute? Hintergründe – Kontroversen –Perspektiven, Darmstadt 2000.

Schulz, Frieder: Art. Heilige/Heiligenverehrung VII: Die protestantischen Kirchen. In: Theologische Realenzyklopädie XIV, Berlin/New York 1985, 664-672.

Schweitzer, Friedrich: Lebensgeschichte und Religion. Religiöse Entwicklung und Erziehung im Kindes- und Jugendalter, Gütersloh [4]1999.

Schweitzer, Friedrich: Elementarisierung als religionspädagogische Aufgabe: Erfahrungen und Perspektiven. In: Zeitschrift für Pädagogik und Theologie 52 (2000), 240-252. (a)

Schweitzer, Friedrich: Das Recht des Kindes auf Religion. Ermutigungen für Eltern und Erzieher, Gütersloh 2000. (b)

Schweitzer, Friedrich: Selbstauskunft oder Unterrichtsbeobachtung? Religionsunterricht in der Selbstwahrnehmung von Lehrerinnen und Lehrern und in der Außenperspektive von Unterrichtsforschung. In: Zeitschrift für Pädagogik und Theologie 53 (2001).

Schweitzer, Friedrich (Hg.): Der Bildungsauftrag des Protestantismus, Gütersloh 2002.

Schweitzer, Friedrich/Faust-Siehl, Gabriele (Hg.): Religion in der Grundschule. Religiöse und moralische Erziehung, Frankfurt/M. [4]2000.

Schweitzer, Friedrich/Nipkow, Karl Ernst/Faust-Siehl, Gabriele/Krupka, Bernd: Religionsunterricht und Entwicklungspsychologie. Elementarisierung in der Praxis, Gütersloh 1995.

Selman, Robert L.: Die Entwicklung des sozialen Verstehens. Entwicklungspsychologische und klinische Untersuchungen, Frankfurt/M. 1984.

Steinwede, Dietrich: Reformation – Martin Luther. Ein Sachbilderbuch zur Kirchengeschichte, Lahr 1983.

Tzscheetzsch, Werner: Religionslehrer sein – Herausforderungen und Kompetenzen. In: Theologische Quartalschrift 179 (1999), Heft 2, 100-109.

Valtin, Renate: Mit den Augen der Kinder. Freundschaft, Geheimnisse, Lügen, Streit und Strafe, Reinbek 1991.

Vetter, Martin (Hg.): Wieviel Religion braucht die Schule? Tübingen 2000.

Vorgrimler, Herbert: Neues Theologisches Wörterbuch, Freiburg im Breisgau 2000.

Weidle, Renate/Wagner, Angelika C.: Die Methode des Lauten Denkens. In: Huber/Mandl [2]1994, 81-103.

Weiße, Wolfram (Hg.): Vom Monolog zum Dialog. Ansätze einer interkulturellen dialogischen Religionspädagogik, Münster/New York 1996.

Weiße, Wolfram/Doedens, Folkert (Hg.): Religiöses Lernen in einer pluralen Welt. Religionspädagogische Ansätze in Hamburg: Novemberakademie '99, Münster u.a. 2000.

Winkel, Rainer: Team Teaching als Unterrichtsmethode. In: ders./Meyer, Ernst (Hg.): Unser Konzept: Lernen in Gruppen, Hohengehren 1991, 185-199.

Ziebertz, Hans-Georg: Religionspädagogik als empirische Wissenschaft. Beiträge zu Theorie und Forschungspraxis, Weinheim 1994.

Ziebertz, Hans-Georg: Lehrerforschung in der empirischen Religionspädagogik. In: Ziebertz/Simon 1995, 47-78.

Ziebertz, Hans-Georg/Simon, Werner (Hg.): Bilanz der Religionspädagogik, Düsseldorf 1995.

Zinnecker, Jürgen: Forschen für Kinder – Forschen mit Kindern – Kindheitsforschung. Über die Verbindung von Kindheits- und Methodendiskurs in der neueren Kindheitsforschung zu Beginn und am Ende des 20. Jahrhunderts. In: Honig/Lange/Leu 1999, 69-80.

Zoller, Eva: Die kleinen Philosophen. Vom Umgang mit »schwierigen« Kinderfragen, Freiburg 1995.

DANK

Unser besonderer Dank gilt den Religionslehrerinnen und Religionslehrern, mit denen wir eng zusammenarbeiten konnten. Ohne ihr Engagement und ihre Kreativität wäre das Forschungsprojekt in dieser Weise nicht möglich gewesen. Dank gilt auch den Schulleiterinnen und Schulleitern, der Staatlichen Schulaufsicht und den Kirchlichen Schuldekanaten sowie den Eltern, die das Projekt begrüßten und auch unterstützen. Eine ganz besondere Rolle spielten in diesem Projekt die Kinder, die uns die Augen für ihre Wahrnehmungen und Reflexionen von Glaube, Kirche und Konfession in neuer Weise geöffnet haben. Ihnen, den Kindern, widmen wir dieses Buch. Joachim Hänle war maßgeblich an der Projektentwicklung beteiligt. Mit Rudolf Englert, Universität Essen, konnten wir in der Auswertungsphase unsere Methodologie und erste Interpretationen diskutieren. Jochen Hilberath, Direktor des okumenischen Instituts der Katholisch-Theologischen Fakultät der Universität Tübingen, danken wir für seine konstruktiven Hinweise zum Kapitel »Ökumenische Kontexte und theologische Positionen«. Studentische Hilfskräfte arbeiteten insbesondere bei der Erhebung der Daten und bei der Erstellung der Transkripte mit. Rosemarie Ilg hat die statistische Analyse der Elternfragebögen vorgenommen, Matthias Gronover und Diana Hack waren kontinuierlich zwei Jahre lang in verschiedenen Bereichen tätig. Joachim Köhler war für die technische Erstellung des Manuskripts zur Zeit der Endredaktion zuständig. Phasenweise haben als studentische Hilfskräfte mitgearbeitet: Heiko Ackermann, Ursula Breul, Anja Dambacher, Miriam Dierenbach, Anja Esprester, Ulrike Federle, Sung-Hyun Kim, Melanie Knecht, Stefan Schiek, Henrik Simojoki, Eberhard Weisser und Friedemann Wenzke. Ihnen allen sind wir sehr zu Dank verpflichtet.

Die Deutsche Forschungsgemeinschaft (DFG) hat durch ihre Förderung unser Vorhaben ermöglicht. Die Evangelische Landeskirche in Württemberg, vertreten durch Oberkirchenrat Werner Baur, und die Diözese Rottenburg-Stuttgart, vertreten durch Domkapitular Peter Schmid, haben uns auf ihre Weise konstruktiv unterstützt. Auch ihnen danken wir sehr.